中青年经济与管理学者文库

山西省软科学项目（2017041015-7）研究成果
山西大学提升人才事业启动经费（rsc1341）资助

中国知识产权保护对技术创新影响的研究

张源媛 ◎ 著

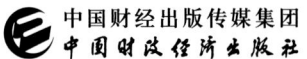
中国财经出版传媒集团
中国财政经济出版社

图书在版编目（CIP）数据

中国知识产权保护对技术创新影响的研究／张源媛著．—北京：中国财政经济出版社，2018.6

（中青年经济与管理学者文库）

ISBN 978－7－5095－8307－4

Ⅰ.①中… Ⅱ.①张… Ⅲ.①知识产权保护－影响－技术革新－研究－中国 Ⅳ.①F124.3

中国版本图书馆 CIP 数据核字（2018）第 126493 号

责任编辑：段 钢　　　　　责任印制：刘春年
封面设计：陈宇琰　　　　　责任校对：李 丽

中国财政经济出版社 出版

URL：http://www.cfeph.cn
E－mail：cfeph@cfeph.cn

（版权所有　翻印必究）

社址：北京市海淀区阜成路甲 28 号　邮政编码：100142
营销中心电话：010－88191537　北京财经书店电话：64033436　84041336
北京财经印刷厂印装　各地新华书店经销
710×1000 毫米　16 开　13.75 印张　230 000 字
2018 年 6 月第 1 版　2018 年 6 月北京第 1 次印刷
定价：58.00 元
ISBN 978－7－5095－8307－4
（图书出现印装问题，本社负责调换）
本社质量投诉电话：010－88190744
打击盗版举报热线：010－88191661　QQ：2242791300

序　言

自熊彼特探讨技术创新与经济发展的关系，并提出创新发展理论以来，各国政府和学术界对技术创新倍加关注，因为技术创新已经成为各国进行经济结构调整，保持经济持续增长的动力。全球金融危机爆发后，世界各个国家和地区基于全球价值链，积极调整产业结构，进行技术创新，寻求新的经济再平衡点。改革开放以来，中国通过对外开放，从发达国家引进先进技术，进行技术的吸收、模仿和再创新，国内多数产业的技术得到了快速发展，中国经济的整体实力显著增强；丰富的自然资源和低廉的劳动力成本优势，又促进了中国对外贸易持续增长，中国一举成为世界的制造工厂。然而，进入21世纪，世界经济内生增长动力不足，出现了逆全球化的趋势，以美国为首的发达国家贸易保护主义抬头，中国出口的产品同质化现象严重，常被指责缺乏自主的知识产权，一些中国企业陷入恶性价格竞争的困境。全球经济外部需求持续低迷，国内劳动力供给受限、生产效率低下等原因，使中国引进、吸引和模仿创新赢得的后发优势正逐渐消失，中国经济发展亟待转型。党的十八大明确提出："科技创新是社会生产力和综合国力的重要支撑，中国经济要走中国特色的创新道路、实施创新驱动发展战略。"党的十九大报告指出："创新是引领发展的第一动力，是建设现代经济体系的战略支撑。"但是，一个国家的发展要单独依赖自己的创新是远远不够的，还需要依赖其他国家的技术资源优势，通过对外交往获取正向技术溢出效应来提高自身的技术创新能力。中国国内的知识产权保护在立法水平上虽处于世界前列，但执法力度却不强，影响了实际的知识产权保护水平，进一步制约了对外交往中中国获取技术溢出效应的发挥。因此，有必要深入探讨经济转型背景下，中国知识产权保护对技术创新的影响机制，找出中国知识产权执法中存在的不足，提升知识产权保护的实际水平，探究如何通过国内、国外两种途径实现中国技术创新发展的模式及对策。

《中国知识产权保护对技术创新影响的研究》是张源媛博士在其前期研究成果之上，从知识产权角度对中国技术创新做的进一步深入研究，具有较强的专业性与学术性。在研究中，作者查阅借鉴了大量的国内外文献，在借鉴前人研究成果的基础上，从理论上探讨了中国知识产权保护、贸易或投资及对技术创新的作用机制，构建了相关理论模型，在此基础上，采用中国的数据，从国家整体、区域和微观企业的角度进行实证分析，得出了令人信服的结论，提出了前瞻性的对策建议。全书结构合理，条理清晰，各章衔接紧密，内容详尽，数据图表清晰，论证分析深入浅出，具有很强的学术性与实践价值，主要体现在以下几个方面：

第一，研究对象具有代表性。作者选取中国作为本书的研究对象，中国作为世界经济体的主要发展中国家，近些年对外贸易发展迅速，先后成为世界上第一出口大国和第二进口大国，吸引外商投资和对外投资在发展中国家居于首位。对外开放拉动了中国经济的发展，也为中国引进先进技术、进行模仿创新带来契机。中国各区域间经济发展不平衡，需要因地制宜，加大知识产权保护的执法力度，扩大技术外溢的效应。中国的工业企业是微观创新的主体，合理进口高质量的中间产品，提升企业技术创新能力，实现劳动生产率的提高，有助于中国企业积极融入全球生产价值链的高端，适度的知识产权保护为企业的发展壮大营造了良好的发展环境。以中国作为发展对象，探究后进国家技术创新的机制与途径，可以为类似国家经济转型发展提供一定的借鉴。

第二，研究方法具有典型性。本书从第三章开始就知识产权保护对技术创新的理论机制进行定性分析，从贸易、投资两个角度构建了知识产权保护对技术创新的影响机制，并比较分析了知识产权保护加强前后对发展中国家技术创新的影响。随着中间产品进口关税的降低，中间产品在企业生产中的作用也日益凸显，知识产权保护加强，可以进口更多的中间产品，带来的技术溢出效应也相应增大，促进了企业技术创新。第四章进行定量分析，采用统计分析法，通过大量翔实的数据，介绍了中国知识产权保护、中国的技术创新投入和技术创新产出的现状，基于格纳特和帕克（1997）指数，加入执法力度，重新测度了中国及各省实际的知识产权保护水平。并从研发投入、研发人员两方面分析了中国技术投入的情况，采用曼姆奎斯特指数，从生产率角度，测度中国及各省的技术产出。为了精准说明企业的技术创新水平，分别采用不同的测度方法测算了企业的生产率。定性与定量分析方法相结合，有助于随后进行深入研究。

第三，研究内容具有全面性。为了全方面、多角度衡量中国的知识产权保护水平及技术创新能力，本书选取了中国与主要贸易伙伴国贸易和投资的真实情况，测度了这些国家贸易和投资带来的技术溢出效应，分析了知识产权保护对技术溢出效应发挥的作用机理，结合中国的实际，从宏观、中观和微观三方面进行了详尽分析，指出中国近年来不断提高知识产权保护的执法力度，国内知识产权保护实际水平不断增强，东中部的多数省份知识产权保护水平已经跨越了门槛，吸引了更多国家与中国进行贸易，实际利用外商投资金额增多，技术溢出效应不断扩大，中国基于模仿的创新与国内自主技术创新能力显著增强，区域经济之间的不平衡逐渐缩小。对于中国的大型工业企业而言，加强国内的知识产权保护水平，对企业的自主创新产生了正向的激励作用，有利于我国从"制造大国"向"创新大国"转变。

第四，研究结论具有可行性。作者从全局视角出发，结合中国发展的实际，充分考虑中国面临的变化多端的国内外环境，中国通过贸易与投资等对外开放途径，可以积极融入全球生产价值链。作者创新性地提出，应从我国国家知识产权战略的高度出发，实行区域、行业、企业三方组成的知识产权保护政策，协调知识产权保护政策与其他国内政策，充分发挥对外开放带来的技术溢出效应、竞争效应、学习效应等，采取相应的技术创新策略，最终提高了中国整体的技术创新能力，这些建议具有较好的可行性与前瞻性。

纵观全书，作者理清了知识产权制度与技术创新的关系，找准了中国利用对外开放进行技术创新的途径，并进一步分析了影响技术创新的其他主要因素，指出中国进入世界经济低速增长时期，在国内外经济发展格局调整和贸易保护主义抬头的背景下，中国应如何协调二者的关系，打造好科技创新这个经济持续增长的引擎。这对于扭转国内供需之间的结构性失调，跨越"中等收入陷阱"，推动中国经济持续增长具有重要的理论意义与实践价值。这也为其他国家扩大对外开放，进行技术创新与经济转型发展，提供了颇有借鉴价值的参考。

张源媛作为我的博士生，一直以来学习努力，工作勤奋，我很高兴看到她的博士论文能以专著形式出版，希望她以此为新的起点，在今后的教学科研工作中取得新的更大成就。

是为序。

兰宜生

2018 年 3 月于上海财经大学

摘　　要

技术创新是我国深化改革、扩大开放,建设创新型国家的主要内容,技术溢出与转移不仅能催化国内科技创新,发展高科技产业,还能优化区域协调发展,加速经济增长,因此,通过对外交往获取技术溢出效应,已经成为我国缩小与发达国家的技术差距,进行技术赶超和技术创新的主要途径之一。知识产权保护作为一种重要的制度安排,对技术创新的重要性也日益凸显。从知识产权保护的直接作用机制看,提高知识产权保护力度,有助于明确创新的所有权,保护创新成果免于受到模仿和复制的威胁,引导创新资源的流向,激励创新,直接影响国内自主创新速率。从知识产权保护的间接作用机制看,强化知识产权保护力度,一方面影响了技术输出国技术转移的意愿、技术转移的方式、技术转移的数量及质量,最终影响了技术溢出效应大小;另一方面,影响了技术接受国的模仿成本和二次创新的产出效应,最终间接影响了一国的技术创新。知识产权保护还有力支撑了创新型国家的建设,成为我国实现经济可持续、健康发展的重要内容。因此,结合中国的实际,以技术创新作为基本的切入点,从知识产权保护的重要性出发,研究二者的关系就具有重要的理论与现实意义。

本书在对国内外知识产权保护与技术创新相关文献回顾与评析基础上,综合运用定性分析和定量分析、规范分析和实证分析、静态分析和动态分析等研究方法,围绕知识产权保护与技术创新的关系,从影响途径和作用机制进行了理论分析,对我国知识产权保护和技术创新的现状进行事实描述和测度,运用我国国家、省份、企业等不同层面的数据,实证考察了知识产权保护作用于国内研发投入和国际技术溢出两条途径,最终对我国创新产出的影响。

从知识产权保护对技术创新影响的理论机制看,首先,本书在南北国家贸易的框架内，假定南方国家只会进行模仿创新，北方国家从事研发和进行产品质量的创新，分析发现北方国家提高知识产权保护力度，增大了南方国家产品模仿的难度，最终拉大了南北国家间的技术差距。其次，假设北方国家通过 FDI 影响南方国家的模仿创新，发现南方知识产权保护的加强，虽加大了模仿成本，却吸引北方国家采用 FDI 扩大跨国生产，加速了南方国家工业化进程，带来了创新率的提高，同时北方国家将更多的资源配置到研发部门，国内创新速率提升，最终全球创新率提高。再其次，构建了南方国家既进行创新又进行模仿的模型，发现南方国家加强知识产权保护对创新的影响呈现出一种非线性的关系。此外，本书还分析了知识产权保护作用于融资和信息公开等中间变量，间接对技术创新的影响。发现知识产权保护的加强，提高了企业的风险融资能力，促进了企业自主创新；严格的知识产权保护还对专利信息的公开提供了强有力的制度保障，推动了社会的创新。

在现实描述和指标测度方面，本书回顾了知识产权的发展历程，我国知识产权法律法规从无到有，知识产权保护范围不断扩大，基本形成了既满足与贸易有关的知识产权（TRIPS）等国际条约的保护标准，又适应国内经济发展需要的知识产权保护体系，为了应对发达国家在反假冒协议（ACTA）、跨太平洋伙伴协议（TPP）和跨大西洋贸易与投资伙伴协议（TTIP）中日益提高的知识产权保护要求，2014 年我国大力推进知识产权建设，除在北京、广州、上海设立知识产权法院外，还颁布并实施了新《商标法》，在上海试点成立了集专利、商标和版权"三合一"的知识产权局，深入探索与国际接轨的知识产权保护法律体系。2014 年我国年均专利申请数量跃居世界首位，占到了全球专利申请总量的 32.1%。由于我国在实施知识产权保护的过程中，形成了司法保护和行政保护并行的执法体系，我国还在执法过程中不断加快转变政府职能、深化行政体制改革，在分析知识产权保护历程的基础上，选取并扩展了影响知识产权执法力度的关键指标，重新构建了我国的知识产权保护指标体系，并从国家和省级层面对我国的知识产权保护强度进行了测度，结果显示我国知识产权保护强度与 GP 指标的差距逐渐缩小，实际知识产权保护强度已接近发达国家 20 世纪 90 年代末期的保护水平，但由于在经济发展水平、公众的法律意识、政府的行政保护及执法力度等方面存在差异，我国现行的知识产权保护水平呈现出"东强西弱"的发展特征。接着选取了财政科技支出、研发经费及其占GDP的比重、研发经费的支出类型、研发人员的活动类型等指标，搜集大量数据进行分析对比，从多个层面说明了我国及各省、自治区、直辖市技术创新投入现状；还选取代表我国技术创新产出指标的全要素生产率和高新技术产品出口技术复杂度进行测度，发现无论从技术创新投入还是从创新产出看，我国总体的技术创新能力正逐步增强，各区域间的技术差距日渐缩小。

在实证分析方面，在CH知识驱动创新模型中引入知识产权变量，首先选用了我国整体的时间序列数据进行验证，实证结果表明我国现有的知识产权保护水平与经济发展阶段相适应，促进了国内研发资本投入的增加，但如果提高知识产权保护水平，则会抑制通过进口贸易和FDI获得的技术溢出效应，由于FDI可以直接提供资金、技术等生产要素，提高知识产权保护对其负向作用相对较小。在对我国整体分析的基础上，综合考察进出口贸易、内向型FDI和外向型FDI四种不同途径的技术溢出，以我国各省区市的面板数据为例进行实证分析，采用广义矩估计结果显示，从全国整体看，我国现有的知识产权保护水平，激发了我国国内自主创新的动力，还通过贸易和投资带来了显著的正向技术溢出效应，但由于我国外向型的投资主要以资源获取为主，并具有一定的出口导向性，提高知识产权保护抑制了通过这种途径获得的技术溢出效应。分地区考察显示，提高知识产权保护给东部地区带来了显著的技术溢出效应，其中通过内向型FDI获取的溢出效应最大，并且有利于东部地区加大研发投入进行自主创新，而强化知识产权保护，仅使我国中西部地区通过进口贸易和FDI获取了正向溢出效应，且西部地区获得的溢出效应小于中部地区。西部地区以模仿创新为主，如果按照全国统一标准来提高知识产权保护力度，不仅不利于当地企业"走出去"而且也会抑制当地研发投入的增加。其他因素，如人力资本积累、经济发展水平提高、基础设施的改善都有利于当地技术创新，而金融体制改革整体滞后于经济发展水平，仅为东部地区的企业提供了资金支持和制度保障，促进了当地创新能力的提升。我国整体和区域的实证分析进一步验证了我们理论分析的结论，即后进国家的知识产权保护和技术创新之间呈现出一种非线性的关系。根据前面的实证分析结论，结合我国经济和产业发展的现状，本书还采用汉森（Hansen，2000）的方法，进一步测度了我国自主创新和不同技术溢出途径下，知识产权保护的门槛值，这为我国根据不同的技术创新源泉，制定最优的知识产权保护力度指明了方向。企业作为我国创新的主体，现有的知识产权保护对其影响如何，也是我们关注的内容。本书以我国规模以上工业企业为例，考虑企业的异质性，采用国际前沿的 OP 和 LP 方法对企业的劳动生产率进行测度，从实证角度对知识产权的保护效应进行了详尽的分析。实证结果也表明我国现有的知识产权保护水平，从总体上看，显著地促进了我国企业的技术创新，进一步按照企业的所有制类型进行考察，发现强化知识产权保护对内资企业的影响显著，特别有利于以民营企业为主的非国有企业进行技术创新，而我国港澳台外资企业由于以产品的加工为主，或依托其母公司获取技术资源，加强知识产权保护反而会抑制模仿创新，最终使我国整体的技术创新速率下降。我国进行出口贸易的企业并不是生产率最高的企业，知识产权保护的提高不利于以加工贸易方式为主的产品出口，获得的技术溢出效应也因此降低。以企业所在地区进行分区检验，实证结果表明提高知识产权保护强度，仅促进了技术发达的长三角地区和中部地区企业加大研发创新速率，而且给这些地区带来了显著的出口溢出效应。企业所在产业不同对知识产权的敏感度也不同，随着产业技术密集度的提高，强化知识产权保护对企业创新的作用也逐步增强，而且随着企业出口产品技术密集度的提高，知识产权保护对出口的溢出效应也由负向转为正向。为了使我们的实证更加可靠稳健，还采用樊纲等测度的知识产权保护指数对企业的创新产出进行验证，结论也同样表明加强知识产权保护显著地促进了我国工业企业整体的技术创新能力，但却不利于企业通过出口贸易获得技术溢出，进行模仿创新。

总之，本书从理论角度分析了技术落后的发展中国家技术创新的途径，以及知识产权保护对技术创新的影响机制，在此基础上，采用中国数据进行了实证分析。本书的研究不仅检验了理论的适用性，也为我国政府及相关部门制定知识产权保护政策提供了相关的依据，并为其他发展中国家完善知识产权保护制度提供相关的经验和借鉴。

目　　录

第一章　绪论 ·· 1
　第一节　问题的提出 ·· 1
　　一、选题背景 ·· 1
　　二、选题意义 ·· 4
　第二节　研究思路、研究框架与研究方法 ································· 7
　　一、研究思路 ·· 7
　　二、研究框架 ·· 9
　　三、研究方法 ··· 11
　第三节　本书的创新与不足 ··· 12
　　一、本书的创新 ··· 12
　　二、本书的不足 ··· 14

第二章　知识产权保护与技术创新的文献述评 ························· 15
　第一节　封闭条件下知识产权保护与技术创新的研究综述 ············ 15
　　一、封闭条件下知识产权保护与技术创新关系的理论研究 ········· 15
　　二、封闭条件下知识产权保护与技术创新关系的实证研究 ········· 20
　第二节　开放条件下知识产权保护与技术创新的研究综述 ············ 22
　　一、知识产权保护、国际贸易与技术创新 ·························· 22
　　二、知识产权保护、FDI与技术创新 ······························· 29
　　三、知识产权保护、技术许可与技术创新 ·························· 34
　　四、知识产权保护、不同途径国际技术转移与技术创新 ············ 36
　第三节　对现有文献的评析 ··· 39

第三章　开放条件下知识产权保护影响技术创新的理论机制 …………… 42

第一节　知识产权保护、南北贸易与创新 ……………………………… 42
一、封闭条件下北方国家加强知识产权保护的影响 ……………… 43
二、开放条件下北方国家加强知识产权保护的影响 ……………… 50

第二节　知识产权保护、FDI 与创新 …………………………………… 54
一、基本模型 …………………………………………………………… 55
二、南方企业知识产权改革的效应 …………………………………… 60

第三节　发展中国家的知识产权保护与技术创新 ……………………… 63
一、模型的构建 ………………………………………………………… 64
二、竞争性的市场均衡 ………………………………………………… 66
三、比较静态分析 ……………………………………………………… 67

第四节　知识产权保护影响技术创新的其他机制 ……………………… 69
一、知识产权保护作用于融资影响技术创新 ………………………… 69
二、知识产权保护作用于专利信息公开影响技术创新 ……………… 70

第五节　本章小结 ………………………………………………………… 71

第四章　中国知识产权保护水平和技术创新现状 ………………………… 72

第一节　中国知识产权保护历程及水平 ………………………………… 72
一、中国知识产权保护现状 …………………………………………… 72
二、中国知识产权保护水平 …………………………………………… 78

第二节　中国的技术创新现状及水平 …………………………………… 89
一、中国技术创新投入现状 …………………………………………… 91
二、中国的技术创新产出水平 ………………………………………… 100

第三节　本章小结 ………………………………………………………… 110

第五章　开放条件下中国知识产权保护对技术创新的影响 ……………… 112

第一节　知识产权保护对技术创新的影响：基于中国整体时间序列的
实证分析 ………………………………………………………… 113

　　　　一、引言 …………………………………………………… 113
　　　　二、计量模型的构建与变量说明 ………………………… 115
　　　　三、实证结果分析 ………………………………………… 117
　　　　四、结论与政策建议 ……………………………………… 122
　　第二节　知识产权保护对技术创新的影响：基于中国省级面板数据的
　　　　　　实证分析 ………………………………………………… 123
　　　　一、引言 …………………………………………………… 123
　　　　二、计量模型的构建与变量处理 ………………………… 124
　　　　三、实证检验与分析 ……………………………………… 129
　　　　四、知识产权保护的非线性门槛效应 …………………… 136
　　　　五、结论及政策建议 ……………………………………… 143
　　第三节　知识产权保护对技术创新的影响：基于中国工业企业微观数据的
　　　　　　实证分析 ………………………………………………… 144
　　　　一、引言 …………………………………………………… 144
　　　　二、数据的处理及主要变量的说明 ……………………… 147
　　　　三、计量模型的构建及实证检验 ………………………… 153
　　　　四、结论与政策建议 ……………………………………… 163
　　第四节　本章小结 ……………………………………………… 164

第六章　研究结论与政策启示 …………………………………………… 166
　　第一节　研究结论 ……………………………………………… 166
　　第二节　政策启示和建议 ……………………………………… 170
　　第三节　未来研究展望 ………………………………………… 174

参考文献 …………………………………………………………………… 176
后记 ………………………………………………………………………… 201

图 目 录

图 1-1　本书研究的逻辑结构 …………………………………………… 11
图 3-1　封闭与开放条件下的稳态均衡 ………………………………… 53
图 3-2　开放后加强知识产权保护的均衡 ……………………………… 54
图 3-3　南方国家知识产权保护的效应 ………………………………… 63
图 4-1　中国国内外专利授权量 ………………………………………… 78
图 4-2　中国的知识产权保护指标 ……………………………………… 83
图 4-3　1985~2011 年中国知识产权保护水平 ………………………… 86
图 4-4　1978~2012 年中国财政研发投入情况 ………………………… 91
图 4-5　1995~2012 年中国研发支出情况 ……………………………… 92
图 4-6　中国与世界其他国家研发经费支出比较 ……………………… 93
图 4-7　按执行部门分类的研发支出情况 ……………………………… 95
图 4-8　全国 TFP 均值及其分解 ………………………………………… 105
图 4-9　中国高技术产业总产值占制造业总产值比重 ………………… 109
图 4-10　中国高技术产业出口技术复杂度 ……………………………… 110
图 5-1　自主研发、出口贸易、进口贸易、FDI 和 OFDI 的门槛
　　　　估计值及 95% 的置信区间 …………………………………… 139
图 5-2　各种不同计算方法测度的 TFP 值 ……………………………… 151

表 目 录

表 4-1	国内学者测算中国知识产权保护水平中执法力度的代表文献	82
表 4-2	2003~2011 年 30 个省份实际知识产权保护水平	87
表 4-3	各区域历年知识产权保护水平的水平	89
表 4-4	技术创新的代表性定义	90
表 4-5	中国 R&D 经费支出按活动类型的分类	93
表 4-6	中国 R&D 人员投入量及分类占比	96
表 4-7	1997~2012 年 30 个省（区市）研发支出情况	98
表 4-8	1997~2012 年 30 个省（区市）研发人员分布情况	99
表 4-9	2000~2012 年 30 个省（区市）Malmquist 生产率指数	106
表 4-10	高技术产业主营业务收入比重	108
表 5-1	ADF 单位根检验结果	118
表 5-2	不同方程变量之间 Johansen 协整关系	118
表 5-3	用进口作为权重计算的国外研发溢出的估计结果	119
表 5-4	用 FDI 作为权重计算的国外研发溢出的估计结果	121
表 5-5	各省份 Malmquist 指数均值	126
表 5-6	各主要变量的统计性描述	128
表 5-7	全国样本计量回归结果	130
表 5-8	东部地区样本计量回归结果	132
表 5-9	中部地区样本计量回归结果	133
表 5-10	西部地区样本计量回归结果	135
表 5-11	门槛值的检验	139
表 5-12	全国样本门槛回归结果	142

表 5-13　主要变量的定义和统计性描述 …………………………… 154
表 5-14　全国总体样本回归结果 ……………………………………… 155
表 5-15　不同所有制企业样本回归结果 ……………………………… 158
表 5-16　不同经济区域的企业样本回归结果 ………………………… 159
表 5-17　不同技术密集度产业中企业的样本回归结果 ……………… 161
表 5-18　全国样本总体回归结果 ……………………………………… 162

第一章

绪 论

第一节
问题的提出

一、选题背景

随着信息和通讯技术的飞速发展,各种贸易壁垒和非贸易壁垒的消除,商品资本及劳动力等生产要素都要求在全球范围内进行优化配置,整个世界经济已经融为一体,对各国经济发展的影响也日益凸显。根据联合国贸易和发展会议(United Nations Conference on Trade and Development,UNCTAD)统计报告,2016年全球货物贸易总额为31.25亿美元,全球外商投资总额已达到1.52万亿美元。我国作为后起的发展中国家,在整个国际经济分工体系下也扮演着越来越重要的角色。以2013年为例,我国进出口货物贸易总额为41600.09亿美元,占世界贸易总额的比例在11.05%以上,其中货物的出口和进口额分别为22096.26亿美元和19503.83亿美元,我国已成为世界货物贸易出口的第一大国和进口贸易的第二大国,我国对外贸的依存度在70%以上。实际利用外商直接投资总额为1240亿美元,在发展中国家中名列第一,居世界前十位。我国还积极进行对外直接投资(Outward Foreign Direct Investment,OFDI),OFDI流量从2003年的28.5万美元升至2011年的74.6万美元,年平均增长率高达56.5%,根据UNCTAD《2014年世界投资报告》统计显示,2014年我国对外直接投资额超出了1000亿美元,名列全球第三位，居发展中国家首位，我国已进入吸引外商直接投资和对外直接投资并举的阶段，对外开放对我国经济增长的作用也日益显著。在一些经济发达的地区，如长江三角洲、珠江三角洲，还形成了一定的产业集聚，带来了规模经济效应，有利于承接国际产业的转移和国内的技术进步。

我国开放30多年来逐渐融入到国际分工中，对外开放改进了我国国内产品的质量，提高了产品的市场竞争力，创造了国内就业机会，提高了我国国家的福利水平，对外开放已成为推动我国技术创新和经济增长的主要外部动力。但是在取得外贸辉煌成绩的同时，我们看到我国外贸的发展质量与欧美发达国家相比，仍存在较大差距。我国处在国际分工中下游环节中，加工贸易占据了我国贸易的半壁江山，由于加工贸易多为劳动密集型产品，随着国内人口结构转变和"人口红利"消失，劳动力成本上升，再加上资源性和能源性产品的供给有限，这些都使得加工贸易的增值率持续走低；我国工业制成品出口技术复杂度偏低，我国企业在对外交往中面临来自于发达国家的反倾销和反补贴调查不断；从我国的进口贸易构成来看，2002年以后，虽高新技术产品的进口占比略有提高，但进口主要以中低技术资本品和中间产品为主；发达国家为加速国内产业结构调整的步伐，对外直接投资主要投向了我国的制造业，外商投资中独资化现象突出，如2013年独资企业投资占比高达77.1%，由于环境规制成本低，外资企业还将一些污染密集度高的产业转移到我国生产，进一步加剧了国内环境的恶化。我国的对外投资以国有企业为主，投资的区域以亚洲为主，对外投资是以资源获取和促进出口为目的。要改变我国现行不合理的外贸和投资结构，提升在国际分工中的地位，推进由"中国制造"向"中国创造"的转变，提升在全球价值链环节中的位置，增强国家的国际竞争力，必须进行自主技术的升级和创新。

经济增长离不开技术的进步，技术创新是推动技术进步的引擎与发动机，也是实现我国经济增长方式转变的保障。《国家中长期科学和技术发展规划纲要（2006~2010）》明确提出要建设创新国家，到2020年使我国进入创新型国家的行列。2011年《国家"十二五"科技发展和规划纲要》中也指出，在未来五年我国要争取建成结构合理、良性互动和高效运行的国家创新体系。自创新型国家战略实施以来，我国进一步加大了研发经费投入的力度和强度，年均专利逐年上升，2014年跃居世界首位，我们已经成为科技资源大国，但是科技投入的增加，并未显著地带来创新产出的成倍增加，我国企业中拥有自主知识产权仅占我国企业总数的万分之三，我国的自主创新能力还未完全显现出来，区域间技术创新也呈现出"多元化""多层次"的特点。在这样的条件下，从增强国家创新能力出发，加强对集成创新和引进技术消化吸收再创新，仍旧是我国在今后相当长的一段时间内进行技术创新的主要途径。

一直以来发达国家利用其充裕的知识和技术，处于世界研发的前沿，成为世界技术创新的领头雁，我国主要通过与之进行技术交易或获取技术溢出来进行模仿创新，但是由于技术的特性和发达国家出于对技术垄断地位的保有，不断强化其国内的知识产权保护制度，同时也要求发展中国家提升知识产权保护强度。除1994年乌拉圭回合谈判，达成的《与贸易有关的知识产权协定》（Trade-Related Aspects of Intellectual Property Rights，TRIPS）外，近些年以欧美日等发达国家和地区在反假冒协定（Anti-Counterfeiting Trade Agreement，ACTA）、跨太平洋伙伴关系协议（Trans-Pacific Partnership Agreement，TPP）、跨大西洋贸易与投资伙伴关系协议（Transatlantic Trade and Investment Partnership，TTIP）等多边协定中又提出了更高的知识保护标准。在新一轮的国际经济竞争中，发达国家及其跨国公司凭借在技术和资源上的优势，对高技术市场交易进行垄断，发展中国家如果不提升自主创新能力，培育自主知识产权，不但与发达国家的技术与经济差距不断拉大外，甚至有会被边缘化的危险（余长林，2010）。

在这样的国际和国内环境下，作为新兴的发展中国家，我国应该实行怎样的知识产权保护制度？世界范围内商品、服务贸易及对外投资的高速增长，高新技术在国际贸易中的比重将不断提高，技术溢出也向深入扩展，我国加强知识产权保护的经济效应如何？我国应该如何安排知识产权保护制度，解决全球化过程中的技术垄断、技术溢出和自主创新之间的关系，来实现国内区域经济的协调发展？是否存在一方面有利于提高国内企业自主创新能力，另一方面又有助吸收国外先进技术的最优知识产权保护区间？我国的工业企业在国际化进程中又该如何提升自主创新能力？这一系列问题的解决成为本书的选题基础。

二、选题意义

随着全球科技浪潮的迅猛发展,任何国家和企业竞争力的提升都离不开知识产权,知识产权已经成为国家和企业参与国际市场竞争的重要因素,是国家重要的战略资源,世界发达国家发展的实践也表明,知识产权保护在激励创新、促进经济发展方面已成为重要的制度安排。我国要加速国内经济转型发展,进行科技进步和技术的创新,提高对外开放水平,深度融入世界分工体系,这些都离不开知识产权保护,因此深入研究知识产权保护和我国技术创新的关系具有重要的理论意义和现实意义。

(一)选题的理论意义

1. 内生增长理论及技术创新

在西方经济增长理论中,以索洛(Solow,1956)为代表的新古典增长理论具有开创性的意义,他将经济增长中不能被资本、劳动等要素投入所解释的部分归结为技术进步的作用。20世纪80年代中期以来,以罗默(Romer,1990)、格罗斯曼和赫尔普曼(Grossman & Helpman,1991)、阿格因与豪伊特(Aghion & Howitt,1992)等为代表的学者将新古典增长模型中的技术进步内生化,提出了新经济增长理论,这一理论认为技术进步是经济增长的最终源泉和动力,受到研发物质资本投入、人力资本投入等因素的制约,一国的技术进步主要体现为知识的积累和全要素劳动生产率的提高。由于技术创新具有高投入和风险不确定性等特点,加之知识的外部性和不完全性,只有从制度上提供一种保证,既能降低创新者投入成本和风险,增加创新者的预期利润,又能降低知识的外溢,才能形成创新持续不断的良性循环局面。知识产权保护作为一种有效的制度安排,从法律上对知识所有者及其智力劳动成果赋予了相应的专有权和垄断权,这种激励机制还激发了创新者的研发动力,受到了各国的普遍关注。特别是随着席卷全球的第三次科技革命的兴起,世界各国进入科技创新的竞技之中,民众的知识产权保护意识普遍增强,知识产权保护上已升到各国发展的战略高度,因此在内生经济增长模型的框架下,研究知识产权保护与技术创新具有重要的理论意义。

2. 对外开放及技术创新

经济的全球化和一体化的融合与发展,对外开放也从最初以商品出口为主的模式转变为包括商品、服务和生产要素等跨国间的流动模式,该模式以市场体制为基础,通过贸易、投资、国际经济与合作等方式实现了生产要素的全球最优配置。对外开放为各国间的经济交往提供了合作的基础,也为技术在国际间的溢出与传播提供了可能。

以亚当·斯密的绝对优势理论和大卫·李嘉图的比较优势理论为代表的古典贸易理论,指出国际贸易发生的原因主要在于国家间技术的差异。但是他们认为技术是外生给定的,且生产是规模收益不变的。弗农（Vernon,1966）在产品生命周期理论中,指出国际贸易中存在技术溢出与扩散效应。他认为世界上的新技术或新产品最先在技术领先的发达国家被设计或生产出来,随着技术由产生到成熟再到标准化,产品的生产也由发达国家垄断生产转移到发展中国家低成本大规模的生产,这一理论完整地描述了南北贸易模式与技术转移的动态过程。保罗·克鲁格曼（Krugman,1979）采用劳动作为单一要素,构建了南北贸易中技术转移的一般均衡模型。该模型分析发现,技术创新增加了可贸易产品的种类数,但南北方由于工资差距的存在,促使产品在跨国间进行技术转移。技术转移并未对产品种类数产生影响,但降低了新产品与旧产品交换的比率,技术创新和技术转移的增加,最终提高了全球经济效率。从分配的角度看,技术创新的增加有利于北方国家。格罗斯曼和赫尔普曼（1991）强调知识资本的积累对产品质量改进的作用,并将贸易中的技术转移纳入了内生增长模型中,分析了开放条件下技术转移和技术创新之间的关系。近年来以梅里茨（Melitz,2003）提出的"异质贸易理论",从企业异质性的角度,分析企业劳动生产率对国际化进入决策的影响,这为我们从微观视角研究技术创新和进步提供了一定的启示。综上,这些理论的发展都为在开放条件下,研究我国的技术进步与创新奠定了坚实的理论基础。

（二）选题的现实意义

我国经济的发展从封闭走向开放,伴随着对外开放程度不断提高,国际贸易和投资对中国经济的影响也日渐加深。但是，我国形成的以劳动力资源优势为主的出口贸易结构，使得我国在对外交往中，不断遭受到来自发达国家反倾销、反补贴；中国产品的出口产品数量虽不断攀升，但获利却越来越低，我国长期被锁定在低附加值的国际分工环节，"中国制造"成为我国在国际分工中最真实的写照。我国在2005年确立"创新型国家"的发展战略，加大了研发支出的投入强度，引导研发人员的合理流动，国内创新能力取得了长足的进步，2011年我国成为全球创新指数排名前30位中唯一的发展中国家，但是企业还未成为我国自主创新的主体，区域间的科技创新能力和产业发展不平衡仍然十分突出，技术的引进、改造和模仿仍是我国技术进步的主要途径，这解决了我国研发资源相对不足的困境；另一方面，发达国家为压缩我国发展高技术产业的空间，维持其对先进技术的垄断地位，不断提高知识产权保护标准与要求，对我国利用技术溢出进行模仿形成了新的技术贸易壁垒；因此，在这样的国内外宏观背景下，以技术创新作为分析研究的切入点，同时考虑知识产权保护对模仿和创新两种不同技术进步模式的作用机制，实现两种不同技术创新方式的有机结合，对我国进行经济的转型发展，探索具有中国特色的自主创新型国家的发展道路具有重大的现实意义。

首先，我国要实现由贸易大国向贸易强国的转变，提升经济增长质量，实现各地区经济平衡稳定发展，离不开自主创新能力的提高。雷钦礼（2013）研究也表明改革开放以来，我国采取了以资本和劳动节约为主的偏向型技术进步模式，导致全要素生产的增长提升较慢，要改变这种现状需要提升国内自主创新能力。为此，国家"十二五"规划中明确了科学发展的主题，指出"实现中国经济由低成本驱动向创新驱动转变"。无论是通过技术引进、模仿创新，还是通过自主创新来提高全要素生产率，都离不开制度的激励机制与保障，党的十八大和十八届三中全会指出"要深化科技体制改革，加强知识产权保护的管理和运用，健全激励创新机制"，党的十八届四中全会进一步提出"完善激励创新的产权制度和知识产权保护制度，形成促进科技成果转化的体制机制"，这与我国实现比较优势的动态升级，培育国家竞争优势的思路是一致的。

其次，随着我国对外开放程度的提高，我国与世界各国经济之间的联系日益紧密，我国已融入到发达国家主导的全球性生产网络中，这就要求我们转变发展内向型经济和制定政策的思维方式，在开放经济的背景下思考我国产业政策、贸易政策和经济发展政策间的相互依存性，要求我们利用全球开放市场体系，积极参与全球国际竞争与合作，优化对外开放的结构和质量，通过多种途径获取先进的技术资源，实现关键核心技术来源的多元化，寻找国内自主研发和外部创新资源最佳结合点，整合国内各方面的科技资源，逐步提高自主创新能力和科技实力，在国际市场的博弈中找到发展创新驱动的对策。

再其次，无论是国内发展自主创新的驱动战略，还是在对外开放的国际环境下，学习与借鉴国外先进科技成果，都离不开知识产权保护制度的建立和完善。我国国内知识产权法律体系日臻完善，不断完善与修订《商标法》《专利法》《版权法》等法律法规，特别是在 2001 年加入世界贸易组织（The World Trade Organization，WTO）后，我国公民的知识产权保护意识明显加强，1994~2012年发明、专利和实用新型的年均专利申请量为 20.56%；我国不断健全知识产权行政管理机构的设置，深化行政管理体制的改革，提高行政管理机构工作的效率。无论是从立法层面看，还是从执法强度看，我国整体的知识产权保护水平都显著提高。伴随对外交往的不断深入和面对数字技术时代，技术创新与扩散速度加速的新特征，许多发达国家出于对垄断利润的保有，不断加强和提高知识产权保护的标准，试图来限制了知识和技术成果的传播。在开放条件下推行合理的知识产权保护制度，已成为中国能否克服短期技术困境、扩大吸收技术外溢效应，实现自主创新驱动和促进经济长期稳定增长的关键因素。

第二节 研究思路、研究框架与研究方法

一、研究思路

随着全球化和一体化的飞速发展，第三次产业革命的爆发，全球兴起了技术创新的浪潮，作为对技术成果予以保护和激励创新的知识产权保护制度，引起了

世界各国的广泛关注。我国作为后起的发展中国家，尽管经济获得了一定的发展，但与发达国家间相比，仍存在相当大的技术差距，因此在技术创新方面可以采取技术引进基础上的模仿创新和自主创新两种方式并举的路径。本书按照提出问题、分析问题和解决问题的思路展开，并围绕"文献综述—理论模型分析—现状特征—实证检验—提出对策"的研究思路逐步推进。具体而言，本书的研究思路如下：

一是对国内外知识产权保护和技术创新文献从理论和实证方面进行系统的梳理和总结。先是对封闭条件下的知识产权保护与技术创新的关系进行研究，接着扩展到开放下，分析了知识产权保护对国际贸易、外商直接投资（Foreign Direct Investment, FDI）和技术转移的影响，进而分析知识产权保护如何影响技术转移方式和创新。通过对现有文献的梳理，找出其中的不足之处，为后文的研究找到方向。

二是在前人研究的基础上，从理论上分析和构建知识产权保护对技术创新的作用模型。在南北国家内生增长理论的框架内，分别分析了知识产权保护对出口贸易产品结构和FDI流动率的影响，接着分析贸易和FDI的变化对技术引进国的影响；除了提高产品质量促进技术创新外，产品种类数的增加也会对技术创新产生水平效应，本书接着以中间产品种类增加模型为基础，分析了后发国家在模仿创新和自主创新两种技术创新模式下知识产权保护制度的选择。此外，还分析了知识产权通过信息公开和融资对技术创新的影响。

三是从事实特征出发，通过大量数据分析我国知识产权保护和技术创新的现状，为实证分析奠定基础。从我国知识产权保护的历史演变及特征出发，构建了我国的知识产权保护体系，测度了我国总体及各省份的知识产权保护水平。从技术投入和技术产出的两个不同视角，介绍我国的技术创新现状，并从研发投入和研发人员两方面细分和比较了我国与主要发达国家的技术投入情况；借助全要素生产率从技术产出的角度分析和介绍我国及各省份技术创新的变化及特征。

四是分别采用我国国家、省份和企业层面的数据对开放条件下我国知识保护和技术创新的关系进行实证分析。首先在科埃和赫尔普曼（Coe & Helpman, 1995）国际研发溢出模型的基础上，采用中国整体的时间序列数据，比较分析了知识产权保护对进口贸易和FDI技术溢出效应的制约及其对我国技术创新的影响。接着从进出口贸易、FDI和OFDI四种不同途径的技术溢出角度,采用我国省级数据,从动态的角度分析了知识产权对我国及各区域技术创新的影响基于不同的技术溢出途径,得到最优的知识产权保护区间。最后,鉴于工业企业在我国制造业中的重要地位,采用2000~2007年存活的工业企业非平衡面板微观数据,分析知识产权保护对不同所有制、不同区位和不同产业技术密集度的企业技术创新的影响。

五是在前面理论分析和实证分析的基础上,对全书进行总结,提出我国建立和完善知识产权保护体系方面的建议和对策。

二、研究框架

根据本书的研究思路及内容,本书的研究可分为六章,写作的基本框架为:

第一章为绪论。指出本书选题的背景及研究的意义,重点介绍了本书的研究思路和研究过程中用到的主要方法,指出本书尝试性创新与不足之处。

第二章为文献述评。依据本书研究的主题,对知识产权与技术创新的相关文献从理论和实证两方面进行梳理,主要从两方面开展:一是一国在封闭条件下分别根据独立创新、序贯创新和产品质量提高或产品种类增加这几种类型的创新,来分析知识产权保护对技术创新的影响。二是在开放条件下,分析知识产权如何影响了贸易、FDI和技术许可等不同途径的技术转移,进而对技术创新产生影响。根据对现有文献的梳理,概括总结这一领域的主要的研究成果,为下文的分析研究找到方向和提供借鉴。

第三章为知识产权保护影响技术创新的理论基础。首先,基于产品质量改进和产品种类增加的内生增长模型,分析了北方国家采取国际贸易方式进行技术转移时,加强知识产权保护对南方国家模仿、北方产品创新的影响。其次,基于产品种类增加的内生增长模型,分析了知识产权保护对北方国家FDI方式及其创新的影响。再其次,基于中间产品种类增加的模型,运用一般均衡分析法,分析了知识产权保护在对后进国家模仿创新和自主创新两种不同的作用机制下,如何影响其国内的创新。最后,分析了知识产权保护作用于融资和信息公开两种方式,对技术创新的间接影响。

第四章，全面考察我国知识产权保护和技术创新的现状特征。首先，对我国知识产权的保护历程及其发展现状进行了简要回顾，借鉴国内外现有对知识产权保护力度的研究，重新构建了我国的知识产权保护体系，并对我国整体及各省的知识产权保护强度进行测度和比较分析。其次，在搜集大量数据、分析整理的基础上，从我国及各省近年来的财政支出中科技支出、研发经费及其占国内生产总值（Gross Domestic Product，GDP）比重、研发主体、研发人员四方面考察我国研发投入的现状，采用非参数的方法，测度了我国及各省1999~2012年曼姆奎斯特（Malmquist，1953）生产指数变动情况，结合我国高新技术产业营业收入、高新技术产业总产值占制造业总产值比、高新技术产业出口产品技术复杂度等，从这几方面介绍我国的技术产出的事实特征。

第五章，具体结合我国的国别特征，对知识产权保护与技术创新进行实证检验。首先，在CH（1995）国际R&D溢出模型的基础上，采用我国1985~2011年时间序列数据，分别以进口贸易和FDI作为权重，考察知识产权保护对国外研发存量的影响，结合知识产权保护对国内研发投入的影响，进一步分析知识产权保护对我国的全要素生产率的影响；其次，采用我国省级的面板数据，全面考察了知识产权保护强度对通过进出口贸易、FDI和OFDI四种渠道获取的国际R&D溢出效应大小，进而动态分析知识产权对我国整体及各个区域全要素生产率的影响，在此基础上还计算了不同途径下知识产权保护的门槛值，找到有助于我国技术创新的最优知识产权保护区间；再其次，采用我国制造业微观企业数据，从企业异质性角度，实证分析我国现有的知识产权保护对企业技术创新的影响，考虑到企业在所有制、区域和产业方面的差异，分别考察了知识产权保护对不同所有制、不同区位和不同技术密集度产业中企业全要素生产率的影响，为了使实证结果更加可靠，采用樊纲等学者从立法角度测度的知识产权保护指标进行相关的稳健检验。

第六章，对全书进行总结与展望。根据前面的理论和实证研究对全书进行总结，并根据我国经济和产业发展的特点，从我国不同地区、不同产业和企业技术创新的现状出发，提出了完善我国现有知识产权保护制度的政策措施和建议。同时指出本书研究中存在的不足，为未来进一步研究指明方向。

根据上述的研究思路和框架，确定本书研究的逻辑结构，如图1-1所示。

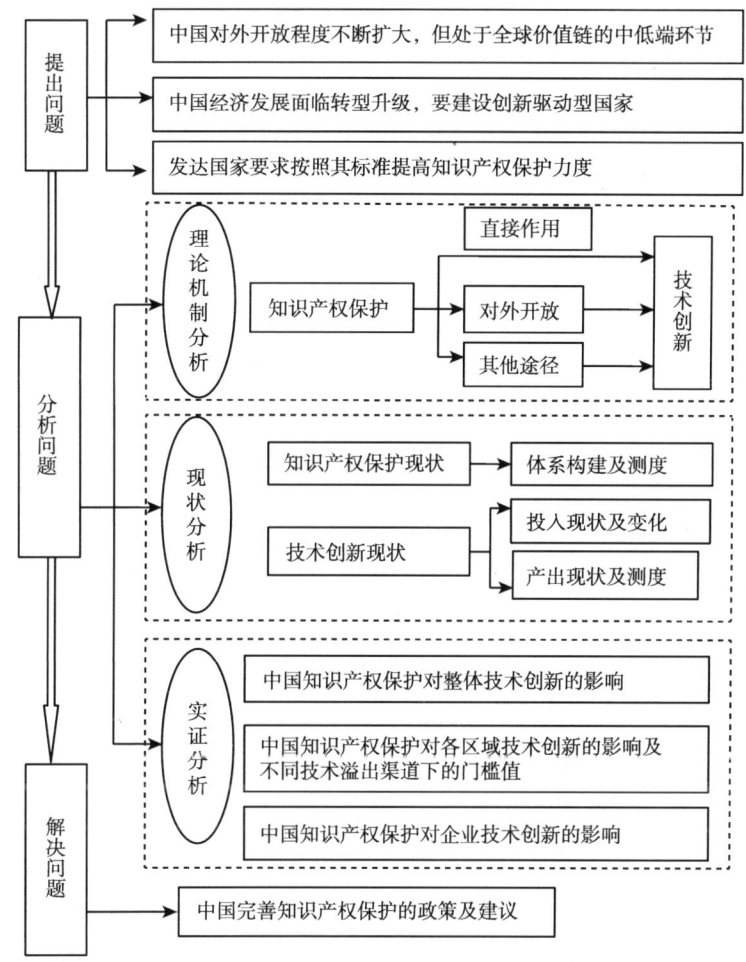

图1-1 本书研究的逻辑结构

三、研究方法

本书在借鉴国内外研究的基础上，采用理论和实际相结合、宏观和微观相结合的方法，从多维度研究了知识产权保护与技术创新二者间的关系，研究方法如下：

第一，规范分析与实证分析相结合。本书在借鉴国内外关于知识产权保护对技术创新影响的文献基础上，从产品质量提升、产品种类增加及后发国家模仿创新和自主创新三方面，分析了知识产权保护对技术创新作用的理论机制。并基于我国国家、省份和企业方面的相关数据，采用混合截面回归、固定效应和差分广义矩等计量方法，进行了实证分析，为研究我国现有的知识产权保护和技术创新的关系提供了详尽的分析思路。

第二，静态分析和动态分析相结合。在对我国知识产权保护与技术创新进行静态分析的基础上，综合考虑了知识产权保护对进出口贸易、FDI 和 OFDI 多种途径国际技术溢出的影响，在自变量中加入技术创新滞后一期，从动态角度对中国总体及各区域技术创新进行了分析，并测算了在自主创新和不同溢出途径下，知识产权保护门槛值。静态分析和动态分析相结合的方法，更符合我国技术创新的现实，实证结论也更具可靠性。

第三，宏观分析和微观分析相结合。为了使本书的实证结论更加可靠，在实证过程中，除了采用国家和省份的宏观数据进行了实证分析外，还重点考查了我国企业技术创新的异质性，从微观视角分析了开放条件下知识产权保护对技术创新的影响。为了使结果更加详尽，还对比分析了知识产权保护对不同性质、不同区域、不同产业企业技术创新的影响。

第四，定性分析和定量分析相结合。本书在借鉴前人研究成果基础上，分析并构建了我国知识产权保护体系，在此基础上，对我国和各省的知识产权保护力度进行定量分析，而且还分别从国家、地区和企业层面对我国的技术创新现状进行了定量考察。定性和定量分析相结合，使我们更加清晰、准确地把握我国的知识产权保护和技术创新现状。

第三节 本书的创新与不足

一、本书的创新

第一，分析视角的创新。已有的研究多探讨一国封闭条件下最优的知识产权

第一章 绪 论

保护，或在开放条件下分析知识产权保护对商品进出口结构或投资结构的影响，或分析国际技术溢出对技术创新的影响。本书将对外开放、知识产权保护和技术创新纳入统一的分析框架，基于国内自主创新和多种渠道的国际技术溢出，结合我国的具体特征，分析了知识产权保护对我国技术创新的影响，这是本书在研究视角上的一个创新。

第二，理论分析上的创新。本书基于拓展的中间产品种类增加模型，在南北贸易技术扩散的分析框架下，假定发展中国家对国外技术模仿的同时，还可以进行自主创新，分析了知识产权保护对国内创新和对国外技术模仿的"促进"效应与"挤出效应"，克服了以往文献中发展中国家只进行模仿创新的假设；模型中还加入了人力资本、技术差距等其他影响创新的因素，模型的构建更贴近发展中国家技术创新的现实，进一步完善了知识产权保护对发展中国家技术影响的作用机制分析。

第三，研究方法的创新。本书借鉴前人的研究成果，从立法强度和执法力度两方面构建了我国的知识产权保护体系，对影响知识产权执行力度的因素进行了扩展，这些因素包括了司法保护、行政保护、经济发展、公众的法律意识、政府的执法态度、国际监督机制等六个方面，更贴近中国执法的现实。在此基础上，还进一步测算了我国及各省份的知识产权保护水平。并且在实证研究中还对比分析了本书和樊纲等学者测度的知识产权保护水平对技术创新的影响。

第四，实证分析方法上的创新。现有部分研究虽定量分析了知识产权保护对技术创新的影响，但都局限于静态分析，本书考虑了技术创新的动态调整特点，将技术创新的滞后期加入自变量中，从动态角度分析了知识产权保护对技术创新的影响；另外已有的研究多在自变量中加入知识产权保护的二次项来分析其与技术创新的非线性关系，本书采用汉森（2000）的门槛变量法，测度了知识产权保护在不同技术溢出途径下的门槛值，从而确定了中国最优的知识产权保护区间。

第五，实证研究上的创新。现有对知识产权保护和技术创新关系的实证研究多采用省级方面的数据进行分析，本书采用规模以上 2000~2007 年存活的中国工业企业非平衡面板数据，运用奥莱和帕克斯（Olley & Pakes, 1996）和莱文索恩和彼德林（Levinsohn & Petrin, 2003）方法从产出角度测度的企业的全要素劳

· 13 ·

动生产率，并分析了知识产权保护对其影响。考虑到企业异质性，还对比分析了知识产权保护对不同所有制、不同区域、不同技术密集度的产业企业技术创新的影响。

二、本书的不足

本书虽在已有文献研究的基础上，对开放条件下知识产权保护与技术创新关系进行了系统研究，但由于个人学识水平有限，本书仍存在以下的不足：

第一，基于发展中国家既模仿又创新的现实特征，本书从一国经济稳态均衡的角度出发，对构建的理论模型进行了分析，但这一理论模型并未分析知识产权保护对技术溢出渠道选择的影响，只是从进口中间产品模仿的角度分析了知识产权保护对技术溢出效应的影响；对构建的模型也未采用我国中间产品进口方面的数据，运用数值模拟法进行验证。

第二，本书分别采用科埃在赫尔普曼（1995）与利希滕贝格和波特（Lichtenberg & Potterie，1998）及贝亚特和吉瓦瑞克（Beata & Javorcik，2004）对技术溢出效应的直接与间接测度法，从货物贸易、投资、对外投资等不同的技术溢出渠道衡量了技术溢出效应，并在此基础上分析知识产权保护作用于技术溢出而对我国技术创新产生了不同的影响，并未对技术溢出进行分类，即从水平（行业内）溢出和垂直（行业间）溢出两方面来探究知识产权保护变革的效应，另外也未考虑服务贸易的溢出对技术创新的作用。

第三，由于工业企业微观数据只提供了企业出口贸易方面的数据，我们仅从出口贸易的渠道分析了技术溢出，并在此基础上分析知识产权保护对工业企业创新的影响；另外在实证检验中，基于数据的可得性，采用省（区市）有关数据对知识产权保护水平进行衡量，未构建国家—产业层面的知识产权保护体系，从产业层面对知识产权保护水平进行测度。

第二章

知识产权保护与技术创新的文献述评

技术创新和进步是一个古老而又常新的话题,它是一个企业成功的关键,是一国经济持续发展的驱动力和增长的源泉,是一国国际竞争力的基石。由于技术具有非竞争性和非排他性的特点,很容易被模仿和复制,政府有必要对技术创新者给予一定时期的保护,但是严格的知识产权保护又限制了知识的传播,影响了技术溢出效应的发挥,采取最优的知识产权保护成为各国关注的核心议题,随着各国对外开放的扩大和国际分工向纵深方向发展,20世纪90年代后全球的知识、技术贸易交易量飞速增加,贸易中知识化现象兴盛,在世贸组织(WTO)的框架下签订的与贸易有关的知识产权协议(TRIPS)的实施,将知识产权保护推到一个前所未有的高度,发达国家不仅利用TRIPS强化知识产权保护标准,还通过不断签订国际协定来提高知识产权保护要求,这引发了全球范围内对知识产权保护和技术创新关系新一轮的研究热潮。本章主要在经济学的框架下,对现有的文献从理论和实证两个层面,进行总结、梳理和评述,找出研究的方向,以期为以后几章的研究提供一定的借鉴和分析思路。

第一节 封闭条件下知识产权保护与技术创新的研究综述

一、封闭条件下知识产权保护与技术创新关系的理论研究

关于知识产权保护与技术创新关系的理论研究,最早可以追溯到20世纪60

年代，阿罗（Arrow，1962）构建了一个竞争、垄断和创新的分析框架，指出与一般的生产不同，创新是知识的生产，具有不确定性，而且知识还可以以较低的成本或零成本被传递，创新的这些特点使得单依靠市场竞争，无法实现创新资源的有效配置。产权制度的建立杜绝了免费搭车行为，保障了技术创新者的利润，激发了其创新的动力，解决了市场失灵的问题，促进了经济持续增长。从现有文献看，随着研究的深入，对专利与创新之间的关系也从局部均衡分析扩展到一般均衡分析，下面我们依据研发的特点，分别从研发的独立性、研发的序贯性（sequential of cumulative innovation）和研发的内生性三个方面来对相关文献进行回顾。

（一）独立创新的角度来探讨最优专利保护

1. 从专利的保护期来分析最优专利保护

诺德豪斯（Nordhaus，1969）最早构建理论模型，分析专利保护成本和专利的收益对企业和社会的影响，他认为延长专利保护期限，增强了创新者的创新动力，带来了创新的动态收益；但是专利保护给予了技术创新者技术的专有权，会产生垄断效应，阻碍了技术创新的发展，导致了静态福利损失的产生，为保证一国福利最大化，应该在动态收益和静态损失间进行权衡，来确定最优专利保护期限。谢雷尔（Scherer，1972）在此基础上通过图形分析，得出了专利保护期是有限的结论。诺德豪斯（1972）研究指出，从理论上看，固定专利保护期限并不是最优的，从现实来看，由于专利保护的收益远远大于专利垄断的福利损失，且创新风险、产品市场的不完善和专利"周围创新"等问题的存在，使得给予专利长期的保护才是最优选择。如果最优专利保护期限小于实际的专利期，可以采取强制许可的办法来延长专利保护期。凯密恩和施瓦兹（Kamien & Schwartz，1974）认为由于潜在竞争对手也在进行创新，研发创新者为了最先获取专利及收益，往往会减少研发投入量或缩短研发周期，因此，专利授予的保护期应该足够长。而德布鲁克（Debrock，1985）指出，在竞争的市场结构中，研发竞争者和R&D创新过程相互影响，当研发期望利润为零时，市场中的研发竞争者数量达到均衡。专利的保护期是政府在考虑专利带来的扭曲和研发竞争对手带来利润侵蚀因素后，权衡作出的最佳保护时期，并不是之前学者所提出的足够长的保护期。

2. 结合专利保护范围来分析最优专利保护

克伦佩勒（Klemperer，1990）最先提出了专利保护的范围，他认为保护的范围体现了产品的空间差异。① 构建专利保护期限和专利保护范围关系的模型分析发现，一方面，消费者可以在专利保护的产品和未受专利保护的产品之间进行选择，由于未受专利保护的产品价格较低，专利保护的范围会扩大，使消费者选择消费产品的类别发生变化，增加消费者选择的无谓损失，因此，在专利的保护范围较小时，专利的保护期限应该长些，这样才有助于创新。反之，如果一国扩大专利保护范围，短期的专利保护期是最优选择。吉尔伯特和夏皮罗（Gilbert & Shapiro，1990）将专利的宽度定义为专利所有权人在专利保护期内可得垄断利润的总额，最优的专利是在专利长度和专利宽度间权衡的结果，随着专利保护范围的增大，社会无谓损失增大，在同类产品市场，为了激励创新，最优的专利保护应该是无限期的。与上述观点不同，加利尼（Gallini；1992，1996）认为短期的专利保护是最优的，她认为扩大专利保护范围会降低社会模仿成本，因此如果产品的市场结构是古诺竞争的，较大的专利保护范围要求较短的专利保护期。德尼科洛（Denicolo，1996）认为缩小专利的保护范围会促使产品市场的创新竞争更加激烈，导致进入成本的重复、无效的生产等社会成本增加，因此主张扩大专利的保护范围。

（二）序贯创新角度探讨最优专利保护

格林和斯科奇姆（Green & Scotchmer，1995）考虑了创新的序贯性，他认为创新具有阶段性和累积的特点，后从事创新的企业，会分享一部分先从事创新企业的利润，因此，为了激励先从事创新企业的积极性，扩展先从事创新企业的专利保护期，成为专利制定者可选择的策略；专利制定者还可以根据专利的宽度来划分每一阶段企业获得利润的多少。当多个企业进行序贯创新时，不能仅给予最

---

① 专利的范围指专利许可的产品可以在多大的区域范围内销售。

先从事创新企业以利润，这时专利的保护期应尽可能长些。

奥多诺休、斯科奇姆和蒂斯（O'Donoghue, Scotchmer & Thisse；1998）指出创新的累积性会产生溢出效应，给后从事创新的企业带来收益，同时也会对后从事创新的企业产生威胁，由于创新的这种特性应在综合考虑专利保护范围和专利法律期限基础上，建立一种有效的专利保护期。他们进一步把专利的保护范围分为滞后宽度和领先宽度两类，滞后宽度虽抵制了未受专利保护产品的模仿行为，但也造成投资的不足，而领先宽度可以抵制高质量产品的竞争，激励R&D，使专利的保护更为有效，所以最优的专利保护是无限领先宽度和有限专利保护期的结合。

贝森和马斯金（Bessen & Maskin, 2009）认为在一些像软件、计算机等行业创新具有序贯性和互补性，从静态角度看，模仿行为减少了创新者的一些收益，但从动态角度看，模仿可以提高创新者进一步创新的可能性，提高了整个社会的创新率，从而使社会福利增加。因此，理想的专利政策应该是限制"山寨"模仿的同时，允许开发人员做出类似的、具有潜在价值的、互补性的模仿。

（三）内生增长框架下对最优专利的探讨

罗默（1990b）、克鲁格曼和赫尔普曼（1991）将技术内生化到经济增长模型中，认为除了产品种类增加和质量提高外，模仿也有助于技术创新，而一国制度特别是知识产权制度却限制了模仿行为，一些学者也将产权制度的研究纳入到内生经济增长模型中，试图用一般均衡分析法研究最优的产权保护。

1. 产品种类增加模型与专利保护

戈尔和奥利维尔（Goh & Olivier, 2002）发现在两部门模型中，下游部门和上游部门具有垂直联系，在动态均衡条件下，给予下游部门较宽的专利保护范围虽然有利于这一部门的创新，但在市场效应的作用下，却抑制上游部门的创新，阻碍了经济的增长，因此应给予上游部门更强的专利保护。

科瓦和莱（Kwan & Lai, 2003）把知识产权保护内生到基于产品种类扩张的创新增长模型中，发现中间产品的增加提高了研发部门的劳动生产率，加强知识产权保护延长了这些中间产品创新者垄断地位的持续期，在一般动态均衡中，与加强知识产权保护招致的消费损失进行比较,可以得到最优的知识产权保护力度。在研发部门投资不足时,进行知识产权的保护非常必要。

古羽(Furukawa,2007)认为国家加强知识产权保护,提高了对垄断的预期持续时间,增加了创新动力,创新活动又提高了经济增长率。但另一方面,如果假定技术成熟是生产最终产品的经验累积的结果,加强知识产权保护会提高垄断部门占有率,垄断价格带来的是生产规模的下降,经验积累的减少,最终产品部门生产率下降,对中间机器产品的需求减少,需求的减少又进一步弱化了新机器设备创新的动力,经济增长陷入停滞状态。如果后者的作用超过前者,加强知识产权保护会阻碍经济增长,因此有必要实行宽松的知识产权保护政策。古羽(2010)构建了不存在规模经济的内生增长模型,指出研发创新和学习创新是经济增长的两大动力,知识产权保护的加强为研发创新增添了动力,但却不利于学习创新,一国的创新率主要依赖于劳动力的多少,是知识产权的单峰函数,知识产权保护和创新之间是一种倒 U 形的关系,过弱或过强的知识产权保护度都会降低创新率,适度的知识产权保护是最优的。

2. 质量阶梯模型与专利保护

奥多诺休和茨威穆勒(O'Donoghue & Zweimüller,2004)把专利引入了质量阶梯模型中,研究发现,如果创新率一定,减少创新在位者的利润会增强阻止专利(blocking patent)的效应;如果领先创新的专利宽度保持不变,后从事创新的创新动力会降低。在一般均衡质量阶梯模型中,每项创新都来源于新创新者,获得专利保护后就成为创新的在位者,在现实中由于利率变化快于增长率,延迟创新者的专利获取,会减少创新者收入的现值,专利的保护扭曲了行业内 R&D 资源的配置,不利于行业生产率的增长。

海耶和米切尔(Hopenhayn & Mitchell,2001)在产品质量阶梯框架下,分析了创新的异质性和专利保护范围的关系,首先,如果创新的异质性在于专利产品和非专利产品水平模仿成本的不同,在授权保护专利范围有限的情况下,最优专利的保护期不可能是无限的。其次,如果创新的异质性在于创新是否更具有启发性和激励性,则创新的技术溢出会激励整个社会的创新速度,但也会使创新者利益受损,在这样一个处于质量阶梯创新的社会中,专利的授权者应该扩大专利的授权范围，并且尽量缩短专利的保护期。

掘井和伊瓦萨科（Horii & Iwaisako，2007）认为研发有两个特性，它受到两个因素的影响。一是垄断和竞争的市场结构差异对研发的影响不同，后从事创新的企业只有制造出一系列更高质量的产品时，创新才能成功，这种跳跃式创新在竞争部门更易实现。二是，项目的研发需要时间，只有项目完成后才能决定研发是否成功。将研发部门置于内生增长的质量阶梯模型中，假定创新受到时间的限制，发现当产权保护加强时，模仿的可能性降低，但长期来看，会造成竞争部门研发工人创新竞争的加剧，竞争部门的规模缩小，垄断部门的规模扩大，所以产权保护过于严格时，阻碍了经济的增长，为了不断激励创新，应该采取适度的产权保护。

二、封闭条件下知识产权保护与技术创新关系的实证研究

为了对理论研究进行验证，学者们先后采用不同国家、产业和企业层面的数据，对知识产权保护与创新关系进行了相关的实证检验，与理论研究类似，加强专利保护与创新之间的关系是线性的还是非线性的、是正向的还是负向的，并未得出统一的定论。

科蒂姆和勒纳（Kortüm & Lerner，1998）发现美国在20世纪80年代专利的申请呈现增长趋势，为了验证这种制度的变化对美国创新的影响，他们以创新产出为因变量，分别采用美国国内和国际专利的申请数和授权数作为自变量，进行实证检验，研究发现专利申请数和授权数的变化并不会激发美国的创新，而对研究开发管理的变化才是激发美国创新的动力。

榊原和布兰施泰特（Sakakibara & Branstetter，2001）以日本1987年的专利改革为背景，采用日本各行业的微观企业数据，用专利的宽度代表专利的保护强度，分析了加强知识产权保护与创新之间的关系，发现专利的改革不会对企业的研发支出产生任何正向显著的影响。根据专利集中度对企业的创新进行分组回归，采用药物行业的企业数据进行稳健性检验，也都发现专利的改革并未促使研发部门出现大量投资，这与雅费（Jaffe，2000）用美国行业数据实证检验的结论

一致。

霍尔和济耶多尼斯（Hall & Ziedonis, 2001）以1979~1995年美国半导体行业的数据为例进行分析，首先，他们发现美国法律环境的变化，促使企业进入申请专利的竞争中，专利的加强对这一行业企业产生了两方面的影响：一是策略反应。最容易在新的产权范围内被阻碍（holdup）的企业，面对体制变化，做出的策略反应是扩展它们现有的专利范围；二是专业化效应，专利的加强使这一行业出现垂直专业化的趋势，涌现出大批的技术专家。其次，研究发现先进入这一行业的企业会降低研发强度，而后进入的企业研发强度也是先高后低，这充分说明了美国这一行业专利的增加与对专利敏感（patent-intensive）高的企业申请专利增多有关，这与贝森和马斯金（2000）的研究一致。再次，稳健性检验中，他们选取了贸易产品为半导体和其相关设备的110个美国企业，进行最大似然和泊松估计，发现法律环境的变化是促使企业更多地申请专利的原因，但专利申请的增加并未促使企业进行更多的研发投资。

千一（Yi Qian, 2007）运用26个国家1978~2002年医药行业的数据，分析执行医药专利保护对研发和创新的影响，研发发现二者的关系具有国家差异的特点，如果一国经济发展水平和教育程度较高，专利的执行会激励创新，反之，专利的加强不会马上对研发产生影响。这一实证结果表明了IPR加强和创新之间是一种倒"U"的非线性关系，知识产权保护对创新的影响存在门槛值（Gallini, 1992; Horwitz & Lai, 1996）。

勒纳（2009）主要考察了60个发达经济体国家在1850~1999年间，177项产权政策变化对创新的影响。以专利政策变化两年前和两年后的专利申请量为依据，构建"调整不同"的指数进行分析，发现不论是美国还是英国，专利政策的变化不利于国内专利申请者进行专利申请，但却有利于国外专利申请者进行专利申请。他对美国出现专利保护加强并未促进创新的谜题进行了解释，认为可能的原因在于：一是采用专利申请量来衡量创新产出有偏颇；二是只考虑了政策变化前后共计四年的影响，时间上较短。三是影响创新的诸多因素，如技术溢出等因素都未考虑。

第二节

开放条件下知识产权保护与技术创新的研究综述

开放条件下,各国的技术创新不再局限于本国国内资源,国际间商品或服务的进口及技术的引入,满足了国内经济发展对中间产品、资本品和技术日益增长的需求,另一方面,产品或服务中附着的知识、技术对国内相关产业和企业也带来了技术溢出效应,间接地影响了技术落后国的技术创新与进步。利用全球范围的技术资源进行创新,节省了创新研制时间和成本,成为技术落后国进行技术赶超的主要途径。而制度变量特别是知识产权保护强度对技术模仿和技术创新会产生不同的影响。本小节主要基于不同途径的技术转移对知识产权保护与创新相关文献进行系统梳理。

一、知识产权保护、国际贸易与技术创新

现有理论文献多在南北方国家贸易的框架内,探讨南方国家加强知识产权保护对贸易量、贸易模式等的影响,虽然未直接定位于国际贸易技术溢出,但这为我们分析知识产权保护、国际贸易技术溢出和技术创新提供了分析的思路。为了更好地理解和比较不同的理论模型,在研究之前我们先明确下研究文献的理论框架,模型中主要有两类国家:北方国家(North Country)和南方国家(South Country),北方国家的企业进行研发投资,从事新产品的开发,它们拥有这些产品的知识产权,北方国家知识产权保护力度较高,北方国家可以通过出口方式将其拥有专利的产品销售到南方国家,也可以对南方国家进行对外投资(FDI),在南方国家设立分公司来生产产品,还可以采取技术许可协议,将产品生产的技术授权给南方国家使用;南方国家不进行创新活动,只从事模仿,国内的知识产权保护力度较为宽松。

(一)知识产权保护影响国际贸易的理论研究

泰勒(Taylor,1993)指出北方国家为了避免南方国家对其产品进行模仿,

在出口时会"隐藏"产品所包含的技术,这加大了南方国家模仿产品的难度,除了"隐藏"成本外,南方国家在模仿时还面临产品的进口成本和模仿成本,加强知识产权保护,增加了南方企业总的模仿成本,因此在考虑市场和制度因素对模仿的限制作用后,一国应设定专有知识产权保护机制。

赫尔普曼(1993)建立了南北贸易的动态模型,从贸易条件、跨区域制造业的分配、产品的可得性、研发投资模式四方面分析南方国家加强IPR保护效应的变化,及对南北国家福利的影响。具体如下,南方国家对从北方国家进口的产品进行模仿创新,加强知识产权(Intellectual Property Rights,IPR)保护,使北方国家创新产品的价格提高,南方国家贸易条件恶化,北方国家转向从事高价格产品的生产,创新行业在北方国家进行重新分配;最初加强知识产权保护,南方国家创新率会提高,但由于人力资本有限,其创新率随后逐渐降低,最初创新的收益无法补偿南方居民由于产品的可获得性降低产生的损失,最终,南方国家福利受损。而北方国家由于具有较高的创新性,IPR加强,北方国家在研发模式上产生变化,但这种福利效应的损失小于生产更多高价格产品带来的收益,因此北方国家最终受益。

马斯库斯和佩努巴蒂(Maskus & Penubarti,1995)基于Helpman-Krugman模型分析南方国家加强知识产权保护对北方国家出口的影响。一方面,南方加强知识产权保护,抑制了当地的模仿,提高了北方企业的垄断力量,出口产品的价格提高,产品的出口量减小,南方国家福利受损。另一方面,知识产权保护的加强,南方企业的模仿产品退出市场,北方企业出口的市场范围扩大,市场扩张效应会提高产品需求,产品大规模的生产,降低了出口的成本,北方产品竞争力更强。加强知识产权保护的效应具有不确定性,最终取决于市场垄断效应和市场扩张效应两种力量的对比,一般在当地模仿企业竞争比较激烈的大国,市场扩张效应显著,但在模仿受限的小国,则以市场垄断效应为主。

威驰亚诺德(Vichyanond,2009)在李嘉图(Ricardian,1817)连续产品生产和格罗斯曼-莱(Grossman-Lai,2004)中间产品生产模型的基础上,分析知识产权保护对贸易模式动态均衡的影响。研究发现南方国家知识产权保护水平低,从事创新密集度低的产品生产,北方国家知识产权保护水平高,从事创新密集度高的产品生产。南方国家加强知识产权保护，激励了北方国家的创新活动，但市场垄断效应，提高了专利产品的加成，最终产品价格上涨；知识产权保护带来了研发中间产品增多的"种类效应"（variety effect），南方国家可以低价进口多种类的中间产品，最终产品的生产成本减少，价格降低；但是进口中间产品种类的增加，会带来每一种中间产品的进口数量减少的"挤出效应"（crowding effect），降低了创新企业的期望利润，抑制了企业的创新活动。进一步研究发现，企业由于面临不同的知识产权保护水平，产品种类效应和市场效应共同作用，决定了一国产品的贸易模式。由于产品种类效应容易受到研发部门劳动报酬递减规律的影响，提高知识产权保护对研发新种类产品的影响较小；而市场垄断效应不受规模报酬递减规律的影响，因此，加强知识产权保护，市场垄断效应大于种类扩展效应，企业会出口创新密集度较高的专利型产品，反之出口创新密集度较低的非专利产品。

伊武什（Ivus，2011）构建了均衡动态模型，按照模仿率的不同，将行业细分为出口和非出口两大类，研究发现南方国家加强知识产权保护力度，北国国家会加大对模仿率高行业产品的出口，减少对模仿率低的行业的出口。南方国家加强知识产权保护力度会对不同行业产生四种潜在的效应，这四种效应相互影响，决定了总效应的大小。第一，市场垄断效应。南方国家加强知识产权保护，抑制了南方企业对进口产品的模仿行为，北方企业会减少了每一行业对南方出口的贸易品份额，北方的生产企业获得了更强的垄断力，可以出口更多的产品到南方（intensive margin）；第二，市场扩张效应，知识产权保护的加强使出口的风险减小，北方一些非出口行业的企业开始出口，出口的行业的范围扩大（extensive margin）；第三，市场稀释效应，在市场扩张效应的作用下，北方出口产品的范围增大，但是在南方国家收入一定的情况下，每种可贸易品的消费份额减少，北方减少了每种产品的出口量。最后一个是贸易条件效应，在上述三种效应的共同作用下，北方企业的相对工资会发生变化，均衡条件下如果北方相对工资下降（上升），北方出口的贸易条件会上升（下降）。伊武什（2012）进一步研究，认为加强知识产权保护对北方企业出口的影响，体现在产品种类、产品数量和产品价格三方面。知识产权保护的加强使市场扩张效应增强，出口产品的种类增加；

由于市场扩张的效应超过了市场稀释的效应,出口产品的数量也增加;由于行业模仿率不同,知识产权保护对出口产品价格的影响也随之呈现出一定的差异。

(二) 知识产权保护影响国际贸易的实证研究

前面的理论模型分析发现,知识产权保护对的贸易影响取决于各种效应的对比,TRIPS 协定签订以后,学者们对知识产权保护与国际贸易的影响从国家、产业和企业层面进行了实证研究,下面分别对相关文献进行回顾。

1. 运用国家数据分析知识产权保护对贸易的影响

马斯库斯和佩努巴蒂 (1995) 采用经济合作与发展组织 (Organization for Economic Co-operation and Development,OECD) 国家和 22 个发展中国家 1984 年的截面数据进行实证分析,混合回归结果显示发展中国家加强知识产权保护对双边出口贸易存在显著的正影响,在一些较大的发展中国家,这种正效应更加显著。

史密斯 (Smith, 1999) 研究发现当进口国家提高知识产权保护力度抑制其模仿行为时,美国对其出口量会发生变化。在加入 TRIPS 协定后,美国出口到中等收入发达国家的贸易额显著增加,但是在一些最不发达和一些富裕的 OECD 国家,知识产权保护的加强,对美国出口额的影响为零甚至为负。其他学者如拉菲居芒 (Rafiquzzaman, 2002)、刘和林 (Liu & Lin, 2005) 分别采用加拿大和中国台湾的出口数据进行实证检验也得出了与史密斯 (1999) 类似的结论。

上述研究主要关注贸易对象国为一个北方国家和多个南方国家,且分析了南方国家加强知识产权保护对贸易量的影响,阿沃克和英 (Awokus & Yin, 2010) 基于 Anderson-Van Wincoop (2003) 的引力模型,分析了一个发展中国家—中国加强知识产权保护对来自 OECD 国家和非 OECD 国家进口贸易的影响,实证分析表明中国知识产权保护的加强对这些国家的出口产生了显著的影响,证实了模仿程度较高的国家加强知识产权保护市场扩张效应显著的论断。余长林 (2015) 加入模仿威胁,分析了进口国的知识产权保护对中国制造业出口的影响,分析发现进口国的知识产权保护效应以市场扩张为主,且市场扩张效应又呈现出显著的行业效应,与劳动密集型和资本密集型行业相比,技术密集型行业对知识产权保护更加敏感,其市场扩张效应也更为显著。在弱模仿威胁的进口国,市场势力效应减弱了中国对这些国家产品的出口。

2. 运用产业层面数据分析知识产权保护对贸易的影响

芬克和布拉加（Fink & Braga，1999）实证分析了加强知识产权保护对非燃料品和高技术产品两类不同产品贸易的影响机制，发现知识产权保护的加强对非燃料品贸易的影响为正，而对高技术产品的影响却不显著。

措（Co，2004）采用美国1970~1992年出口到71个国家的贸易数据进行研究，发现专利制度本身并不重要，它和进口国的模仿吸收能力结合影响了贸易量，在一国吸收能力一定的情况下，知识产权保护的加强会促使美国研发密集型产业出口增加4%~9%，而使非研发密集型产业出口减少8%~11%。

伊武什（2010）注意到一些发展中国家知识产权的变化和它们的殖民地起源有着很强的联系，以1990年作为加入TRIPS的分界点，采用倍差估计法，分析了加强知识产权保护对来自24个OECD创新国家和模仿能力较强的55个发展中国家贸易流量的影响。实证结果显示，不论是加入TRIPS协定前还是协定后，发展中国家加强知识产权保护有利于从发达国家进口更多的专利密集型产品，这也说明知识产权保护确实与贸易量有着很强的联系。艾沃库斯和英（2010）分析还发现知识产权保护加强的市场效应在知识密集的产业要优于非知识密集的产业。

国内学者沈国兵和姚白羽（2010）以中国高新技术产品进口为例，分析发现从整体看中国高新技术产品的进口与知识产权保护水平无显著的关系；进一步考察发现不同国家对中国高新技术产品的进口存在差异，法国、美国等技术创新国家对中国知识产权保护力度较敏感。余长林（2011）采用中国行业方面的进口数据，考察了加强知识产权保护对进口贸易的影响。总体来看，加强知识产权保护显著增加了中国技术密集型行业的进口贸易。按照不同国别的分组检验，估计结果表明，对来自高收入国家技术密集型行业的进口贸易，知识产权保护的市场扩张效显著，对来自低收入国家非技术密集型行业的进口贸易，知识产权保护的市场扩张效应相对更加显著。柴江艺与许和连（2011）将文化差异、距离等因素纳入最新引力模型中，以38个与我国贸易关系密切的国家为研究样本，以中国高新技术产品进口贸易为例，研究发现知识产权保护的市场扩张效应大于市场垄断效应。余长林（2016）考察了中国知识产权与行业相匹配的效应对贸易伙伴国出口的作用机制与影响，从总体上看，知识产权与行业相匹配的效应显著促进了中国制造业的出口，进一步从不同行业分析，发现此效应在低研发密集度和低技术密集度的行业出口中效果显著，而在高研发密集度和高技术密集度的行业的出口不显著。对不同的贸易伙伴国分组回归，实证结果表明这种匹配效应显著地促进了中国对发展中国家制造业产品的出口，但未能促进中国对发达国家制造业的出口。宋伟良、王炎梅（2016）以高新技术为例，分析了不同进口国的知识产权保护水平对中国出口的影响，从总体上看，进口国提升知识产权保护会阻碍中国对这些国家高新技术产品的出口，将高新技术产品细分发现这种影响效应因不同敏感度的产品而不同，高收入和中等收入国家提高知识产权保护会抑制中国高新技术产品的出口，而中低收入或低收入国家提升知识产权保护水平，会提高这些国家模仿成本，使得中国自主知识产权得到保护，从而促进中国对这些国家高技术产品的出口。魏浩（2016）以九大类高新技术产品进口为例，分析了中国国内加大知识产权保护力度对它的影响。研究发现，中国国内加强知识产权保护总体上增大了高新技术产品的进口，这种促进效应高于世界的平均水平，而且在保护水平低的发展中国家效果更明显。具体看在航空器材、电子通信设备及化学材料等七类高新技术产品进口的促进作用显著为正。

3. 从二元边际角度分析知识产权保护对贸易的影响

新新贸易理论在分析参与贸易的微观主体企业的行为时，注意到可以从扩展边际（extensive margin）和集约边际（intensive margin）来分析一国的贸易增长。① 一些学者从这一研究视角出发，分析了知识产权保护如何从这两方面影响企业产品的出口。

布里格斯（Briggs，2013）采用赫尔普曼、梅里茨和鲁宾斯坦（Helpman, Melitz & Rubinstein; 2008）的方法，分析了发展中国家专利改革对发达国家企业出口行为及高技术产品出口量的影响。实证检验表明，进口国实施专利改革以来，高技术产品进口的增加，依赖于进口国的经济发展水平，低收入和高收入的

---

① 扩展边际主要指一国贸易增长主要是基于参与国际贸易的企业数量增加、可贸易产品的种类的增加、贸易国的数量增加；集约的边际体现为一国的贸易增长主要来源于现有贸易企业和可贸易产品在单一方向上量的扩张。

国家加强知识产权保护，不会吸引新的出口企业进入这些国家，但是却在现有的贸易伙伴的基础上增加了高技术产品的进口数量，集约边际效应显著。与之相反，低收入水平国家的专利改革会吸引新的企业进入这些国家，但是不会扩大现有的贸易对象国已有的贸易量。特别是对于一些中等收入的国家而言，专利改革吸引了新贸易伙伴国的加入，增加了新的高技术产品进口，还会促使现有贸易伙伴国扩展其出口行为，分享了更多的技术溢出效应。

福斯特（Foster，2014）实证分析了 OECD 国家知识产权保护对来自发达国家与发展中国家出口产品种类和出口贸易额的影响。实证表明加强知识产权保护会显著地增加进口，具体而言对扩展边际产生了显著的负影响，对集约边际产生了显著的正影响。按照市场大小、模仿能力等发展水平对国家进行分类检验，实证检验表明知识产权保护的加强在一些次发达国家和模仿能力较强的大国正效应非常显著。

余长林（2015）从理论角度分析了知识产权保护对出口的边际作用机制，在此基础上采用中国出口到 95 个国家制造业产品的数据，分析了知识产权保护对出口二元边际的影响，分析发现，知识产权保护正向增大了中国出口的扩展边际，负向影响了中国出口的集约边际。对制造业基于不同的技术密集度、对出口边际采用新的估计方法、对知识产权保护采用不同的测算指标进行估计同样支持上述结论。余长林（2016）在之前研究的基础上，采用了中国海关统计的企业出口微观数据进行分析，同样发现知识产权是通过扩展边际来促进中国出口增长的，采用不同的贸易方式、不同所有制企业和不同的知识产权保护进行测算，研究结果依然稳健。翁润、代中强（2017）采用中国出口到 69 个国家和地区的贸易数据，并将出口总量分为扩展边际、价格边际和数量边际，从实证角度分析知识产权保护对中国出口的三元影响，研究结果表明知识产权保护对出口产品的种类数、出口产品的数量都产生了正向的影响，且对出口数量的影响更大；而中国知识产权保护的市场扩张和市场势力效应相当，因此加强知识产权保护对中国的出口边际未产生任何影响。

总之，从理论文献上看，加强知识产权保护对贸易的影响，并无明确统一的定论；从实证文献看，虽然加强知识产权保护对产品贸易的影响会因产品的差异、进口国的吸收能力和技术发展水平等显示出一定的差异性，但实证检验大都表明加强知识产权保护会促进国际贸易，带来正向的技术溢出效应。

二、知识产权保护、FDI与技术创新

除国际贸易带来物化的技术溢出效应外，外商直接投资（Foreign Direct Investment，FDI）解决了东道国国内经济发展所需资金不足的问题，在东道国设立分公司，给当地创造了就业机会，外资企业在技术、研发和管理上的优势，还间接影响了同一行业上下游产业的发展，带来了技术溢出。因此，在全球范围内，无论是发达国家还是发展中国家，都积极采取了税收等方面的一系列优惠政策来吸引FDI，但一国国内知识产权的保护力度，影响了外商在我国的投资的质量和结构，下面还是遵循从理论到实证分析的思路对主要文献进行回顾。

（一）知识产权保护对FDI影响的理论研究

关于知识产权保护和FDI关系的理论模型一般框架如下所述，南方国家工资水平较低，吸引了北方的n个企业进行直接投资，北方的企业在对外投资时，产品面临被模仿的危险。南方企业对北方企业产品模仿是有成本的，南方国家加强知识产权保护，提高了模仿成本，抑制了模仿行为的发生，降低了北方跨国企业面临的模仿风险。北方企业扩大它们在南方的生产活动，利用南方的劳动力资源优势来弥补其产品被模仿的利润损失。

赫尔普曼（1993）假定模仿是外生的，将FDI引入南北贸易模型中，研究发现加强知识产权保护进一步降低了南方的模仿率，北方企业出售产品的价格提高，获得的利润增加，会进行更多的对外投资。

莱（Lai，1998）将模仿内生化到赫尔普曼（1993）的模型中，假定南方企业的模仿行为必须在北方企业进行对外投资后才可以进行，发现如果模仿的唯一渠道是通过FDI获得技术转移，南方知识产权保护的加强，抑制了北方国家创新的积极性，南方国家工人的工资水平降低，北方国家对南方国家的技术转移减少。格拉斯和赛根（Glass & Saggi，2002）研究发现南方国家加强知识产权保护，

降低了北方企业 FDI 时被模仿的威胁，提高了南方企业的模仿成本，南方企业的模仿效率降低，南方资源紧缩对北方企业的对外投资造成了挤出效应；而那些在北方从事创新的企业，被本国企业模仿的威胁仍然存在，在资源有限的条件下，北方企业只能更多从事生产活动，从事创新的企业减少。因此，南方国家如果采取更强的知识产权保护，北方企业进行 FDI 期望利润不会增值，北方企业不会进行跨国的 FDI。

布兰施泰特和赛根（Branstetter & Saggi，2011）基于产品生命周期的模型，假定南方知识产权保护的变化对北方企业 FDI 影响是由模型内生决定；且将南方国家模仿率也内生化到模型中；假定北方企业的创新率外生给定。分析发现南方国家加强知识产权保护，抑制了国内企业的模仿行为，北方企业更愿意到南方国家投资设厂，知识产权保护的加强促进了东道国国内区域内部和区域间生产资源的配置，提升了南方生产的产品在国际市场中的份额。

近年来，国内学者就知识产权保护对 FDI 影响机制进行了一系列探讨。朱东平（2004）构建了发达国家企业和发展中国家企业构成的寡头垄断竞争模型，分析表明不同性质的 FDI 影响了发展中国的社会福利大小。当 FDI 为"削减成本型"，加强知识产权保护力度抑制了 R&D（Research and development，R&D）投资的溢出效应，损害了发展中国家企业的利益；当 FDI 为"贴近市场型"，不管发展中国家对知识产权的保护力度如何，FDI 的流入都对发展中国家有利。

杨全发和韩樱（2006）分析了东道国的知识产权保护与 FDI 投资模式动态博弈的过程，当东道国的知识产权保护率较高的情况下，跨国公司会选择投资模式（FP 模式）进入东道国市场，当东道国的知识产权保护缺乏效率时，跨国公司会分给当地公司更多的股权份额（FS 模式）。

孙赫（2007）认为技术的创新在于成本的节约，如果 FDI 是获得技术转移的唯一途径时，发展中国家知识产权保护对发达国家的创新企业、发展中国家的模仿企业将产生不同的影响。发展中国家和发达国家在两阶段博弈的过程中，发现发展中国家加强知识产权保护有助于吸引更多的外商直接投资流入。

陈诗阳（2008）以产品生命周期模型为基础，探讨了南方国家知识产权保护力度变化对北方国际技术溢出渠道的影响，研究发现当北方国家采取出口贸易进行技术转移时，南方国家模仿产品，需要花费较长的周期，因此，北方国家多采取 FDI 的方式进行技术转移。随着南方国家模仿技术的成熟，北方国家会采取其他形式的出口以便在南方进行更多的 FDI。

（二）知识产权保护对 FDI 影响的实证研究

1. 知识产权保护对 FDI 流入数量的影响

对知识产权保护与 FDI 流入的实证研究较多，主要有以下几种不同的观点：

第一，南方国家加强知识产权保护力度会吸引更多的 FDI 流入。李和曼斯菲尔德（Lee & Mansfield，1996）最早使用美国 1991 年对来自 6 个制造业 100 个跨国企业的调查数据，分析发现东道国知识保护变化有助于吸引更多的 FDI 流入。努纳凯姆和斯帕茨（Nunnenkamp & Spatz，2004）基于美国 1995~2000 年对 58 个国家分行业的股票投资的数据，采用 GP 指数和 WEF（World Economic Forum）进行分析，发现东道国知识产权保护的加强是美国对外股票投资的主要决定因素，特别是在发展中国家加强知识产权的作用尤为明显，这主要是因为在这些国家，对技术的保护力度不强，IPR 指数的变化，反映出这些国家政策的变化，而在一些发达国家，影响 FDI 的主要因素是投资环境，如市场规模大小、基础设施、劳动者技能等，因此加强知识产权保护的作用相对弱些。杜等人（Du et al.，2008）采用 1993~2001 年 6288 个美国跨国企业对中国各区域投资调查数据，发现由于东部地区政府对企业行为干预较少、政府的腐败程度低及合同的执行力度较好等原因，吸引了美国的跨国企业在这些地区投资设厂从事生产经营活动。采用 Fan 的市场化指数代替知识产权保护指标，对子样本进行估计，同样支持之前的结论。艾沃库斯和英（2010）以每年国外专利申请数和 GP 指数为衡量知识产权保护力度指标，考察了中国知识产权保护与外商直接投资量的关系，研究结果表明当中国的知识产权保护提高 1% 的水平，会吸引 0.6% 的外资流入。

第二，南方国家加强知识产权保护力度会抑制 FDI 流入。马斯库森（1998）发现由于南方国家提高知识产权保护水平，北方企业会由原来的 FDI 转向技术许可行为。迈耶和菲斯特（Mayer & Pfister，2001）认为专利法的变化带来技术转移密集度的变化，影响了跨国企业的选址，采用法国 1981~1992 年间 36 个国家跨国企业的数据为例进行实证分析，发现发展中国家知识产权保护的加强与企业的选址呈现出一种倒"U"的关系，这说明知识产权保护力度存在门槛值，当超过这个值时，对跨国选址的影响由正转为负。贝尔德伯斯（Belderbos，2008）将研发投资细分为与研究相关的投资和与发展相关的投资，采用日本跨国制造企业在42个国家进行投资的调查数据进行分析，发现知识产权保护的加强激发了本土企业从事研究开发活动的积极性，增加了本土研究与发展的支出，提高了东道国企业的创新与模仿能力，抑制了FDI的流入。

第三，加大南方国家知识产权保护力度对FDI流入无显著影响或二者之间是非线性的关系。布拉加和芬克（1998）在控制行业特征的前提下，采用1992年美国和德国在42个国家股票或投资的数据分析，得出了南方国家知识产权保护加强对吸引更多FDI或股票流入没有任何影响。麦卡尔曼（McCalman，2004）采用好莱坞与40个国家的跨国数据进行研究，发现知识产权保护和FDI之间呈现出非单调的关系，如果一个地区的知识产权保护水平较低，最初提高知识产权保护水平更容易引致北方国家采用许可协议的形式进行技术转移，进一步加强知识产权保护才会吸引更多的FDI流入。而且，适度的知识产权保护水平有助于更多地采取协议形式进行技术转移，非常弱或非常严格的知识产权保护水平只会吸引企业进行更多的FDI。

2. 知识产权保护对FDI流入质量及构成的影响

南方国家的政府意识到FDI的溢出效应不仅与FDI溢出的数量有关，还与FDI溢出的质量有关。李和曼斯菲尔德（1996）对美国14个主要化学工业企业的数据抽样分析，发现知识产权的变化影响了FDI的组成，知识产权保护力度的加强会促使跨国企业把更新或更有效的技术转移到其全资附属的外国公司。

吉瓦瑞克（2004）采用东欧和前苏联经济转型国家1989～1994年跨国企业数据检验提高知识产权对FDI流入构成的影响，[①] 实证检验发现弱的知识产权保护水平对外商直接投资的构成呈现出显著的行业特征，弱的知识产权保护不利于知识敏感高技术行业外资的流入，知识产权保护及其执行力度也会影响跨国公司

---

① 除了采用GP指数外，还考虑转型国家法律涵盖范围，并加入法律执行力度构建了新的知识产权保护指标。

在其他部门的投资活动。除此之外,弱的知识产权保护还会促使外国投资者关注的重点发生变化,由在当地投资设厂以生产活动为主转向销售活动,不利于FDI质量的提高。

布兰施泰特等学者(2006)以美国跨国企业对外投资的活动为例,除了检验知识产权保护的垄断效应外,还用当地子公司的销售、就业、股票资本、研发和工业产出等这些与对外投资活动相关的一系列变量衡量对外投资的质量,检验知识产权保护的"质量效益",检验结论表明知识产权保护的加强确实带来了跨国公司销售收入的提高、就业扩大、投资增多、技术转移增加等,特别当企业对专利的依赖度较高时,这些效应更加显著。

国内学者对知识产权保护与FDI溢出实证方面进行了众多研究。李平(2007)分析了知识产权保护对中国1996~2005年15个高技术行业对外投资技术溢出效应的影响,总体研究看,现阶段的知识产权保护水平降低了FDI溢出效应,但对两种溢出效应作用方式又不尽相同。从水平溢出看,知识产权保护抑制了内资企业的模仿,提高了模仿成本。从垂直溢出看,外资技术垄断对下游企业反向工程的限制,导致内资企业比较优势分工地位的弱化。余长林(2009)利用发展中国家跨国面板数据考察了知识产权保护对发展中国家FDI的影响。研究结果显示:加强知识产权保护对发展中国家FDI的影响受到东道国经济发展水平、市场规模、吸收能力、开放政策、关税政策和制度质量等因素的制约,研究结论具有不确定性。许和连(2010)认为从国家总体看,知识产权保护加强吸引了FDI流入;但从区域看,知识产权保护的加强对东部区域FDI的流入产生了正向的效应,但对中、西部地区效应却不明显。代中强(2010)以中国省份数据为例,分别采用专利侵权案件和数量占专利申请数量的比重,构建了两个指标测度知识产权保护程度,发现随着知识产权保护程度的加强,会吸引更多的FDI流入,空间地理的区位优势会强化FDI的流入。从行业角度看,高技术行业的外商直接投资对知识产权保护水平变化的敏感性要高于低技术行业。柴江艺、许和连(2010)在考虑国内环境和企业特征基础上,分析了知识产权保护对外资企业技术选择的影响机制,实证结果显示加强国内知识产权保护水平显著地促进了从产出视角衡量的外资企业技术水平,进一步采用分位数回归,发现外资企业选择的技术水平过高或过低时,对知识产权的保护作用不敏感;只有处在 0.25~0.95 间适度的技术水平才容易受知识产权保护的影响。王平与田彬彬(2011)指出一国加强知识产权保护会促进技术密集型跨国公司的投资,提高流入的 FDI 的质量,以中国制造业细分数据为例,实证分析发现知识产权保护的加强改善了中国 FDI 的质量与优化了 FDI 结构。

总之,从现有研究来看,理论模型大都分析认为加强知识产权保护会对 FDI 流入产生影响,但是实证研究表明,知识产权保护对 FDI 的影响,无论是从流入的数量、流入的质量和流入结构看,在不同的行业与不同的部门都呈现出不同的结论。除知识产权保护这一制度因素外,还存在诸多影响 FDI 流入的因素,提高知识产权保护水平对 FDI 流入的影响具有不确定性。

三、知识产权保护、技术许可与技术创新

开放条件下,北方国家对南方国家进行技术转移可以给南方国家带来技术溢出效应,除了国际贸易、外商直接投资的技术转移方式外,技术许可被认为是技术转移最直接的方式,它提升了南方国家的创新水平,促进其国内经济的发展。这一小节我们将对国内外相关文献进行回顾。

(一) 知识产权保护对技术许可影响的理论研究

维什瓦斯饶(Vishwasrao,1994)将信息不对称引入甄别博弈中,分析企业三种不同的国际市场进入模式。北方国家的企业可能会采取许可形式将其产品授权给其在南方国家的子公司,然后再把这些产品采取出口或 FDI 出售给予其有业务关联的南方企业进行生产。弱的知识产权保护会促使通过 FDI 或垄断生产进行技术转让的北方企业采取的策略行为发生变化。

杨格和马斯库森(Yang & Maskus,2001a)分析了东道国知识产权保护加强对技术许可的影响机制。首先,知识产权保护的加强降低了技术合同中模仿风险、不确定性和交易成本,鼓励企业采取技术许可形式进行技术转移。其次,强的知识产权保护影响了企业跨国经营的途径,与 FDI 相比,企业更愿意采取技

许可的方式。第三，知识产权保护强度降低了技术接收方模仿可能性，增加了技术许可方的租金收益。知识产权保护的加强最终会促使企业更多采取技术许可的形式。

杨格和马斯库森（2001b）构建了动态的产品生命周期模型，分析南方国家知识产权保护对北方国家采取技术许可的影响。北方国家的企业首先致力于创新，创新成功后它会选择是否进行技术许可，南方国家工资水平较低，采取技术许可会立即获得收益，但是北方国家为了抑制南方技术模仿，保证技术许可合同顺利执行会产生一系列成本，强的知识产权保护提高了许可方的租金和降低了许可合同的成本，许可和创新的收益都因此提高，社会可用于研发的资源增多，结果是创新技术转移速率得到提升。

迪诺普洛斯和塞格斯特伦（Dinopoulo & Segerström，2010）将跨国公司的技术转移加入南北产品生命周期模型中，假设北方企业一方面为生产高质量的产品从事创新研发，另一方面为将现有产品转移到劳动力成本低的南方国家生产，从事适应性研发，发现南方国家提高知识产权保护力度，加速了北方企业和南方企业子公司间的技术转移率，短期内提升了北方国家的创新速率。古斯塔夫森纳德和塞格斯特伦（Gustafssonand & Segerstrom，2011）也得出了相似的结论。

车等人（che et al.，2013）认为北方企业进入南方市场时，会面临两类不完全信息。一是对南方企业生产产品的质量高低不清楚，二是对南方知识产权保护强度不明确。北方企业和南方企业进入两阶段的寡头博弈中，由于信息不完全，北方企业在第一阶段会采取许可协议的形式进入南方市场，然后在第二阶段采取对外投资的形式进入。把知识产权加入模型中，发现知识产权保护的加强会促使北方企业更多采取许可协议的形式进入南方国家的市场。

（二）知识产权保护对技术许可影响的实证研究

杨格和马斯库森（2001a）使用美国商业部门对企业商业行为的调查数据，考察知识产权保护对独立的技术许可费、附属许可费与版费、与贸易相关的独立技术许可费的影响，发现知识产权保护率的提高与技术许可间呈现出"U"的关系，当知识产权保护标准超过临界值时，独立技术许可费会随着知识产权保护力度的提高而增加；与贸易相关的独立技术许可费也随着知识产权保护的加强而提高，说明知识产权保护在技术贸易中的作用突出；知识产权保护对附属许可费与版费无显著的影响，这验证了跨国公司的内部化理论。进一步研究发现如果技术接受国的人均 GDP 较高，劳动力资源比较丰富，美国收到的独立的技术许可费和附属许可费与版费相应也较高。

布兰施泰特等学者（Branstetter et al.，2006）分析了美国的跨国企业 1982～1999 年间对 16 个发展中国家子公司技术转移的情况，研究表明加强知识产权保护，美国子公司为获得技术转移而付出的特许使用费呈现出上涨的势头；进一步研究发现在这些国家实施专利改革后，子公司的研发支出增大，国外专利申请数也不断上升。这些表明随着知识产权保护的加强，跨国公司内部出现了技术转移增多的趋势。

除了使用美国跨国企业数据检验知识产权和许可的技术溢出外，一些学者还采用了其他国家的企业数据进行验证。纳长岗（Nagaoka，2004）、若杉和伊托（Wakasugi & Ito，2005）分别采用日本跨国公司授权许可协议与未授权许可协议的数据，发现增强知识产权保护的力度会提高日本企业采用技术许可交易的可能性。

从上述研究看，开放条件下如果北方企业进入国际市场只采取了技术许可这种单一方式，不论是从信息不对称角度，还是基于内生增长模型进行分析，都发现南方国家知识产权保护力度的提高，会使北方企业更多采用技术转让的形式，实证检验也大都支持这一结论。

四、知识产权保护、不同途径国际技术转移与技术创新

到目前为止我们讨论的都是开放条件下知识产权保护对单一途径的技术溢出影响，但是现实生活中，企业进入国际市场时面临着多种途径的选择，邓宁（Dunning，1981）最早提出国际生产折中理论，从企业拥有的所有权优势、区位优势和国际化优势的变化分析了企业的国际市场进入方式；新新贸易理论认为企业任何一种国际进入模式都会产生成本（梅里茨，2003），在经济往来国家国内

制度变革的前提下，为了保证对外开放获得最大利润，企业可能会权衡选择一种或联合几种方式进入国际市场。近年来分析知识产权保护变化对技术溢出的实证检验也从最初对技术溢出的总量和构成影响的研究，扩展到知识产权保护与几种国际技术转移模式的相互选择与相互影响。

（一）知识产权保护与不同途径国际技术转移的理论研究

斯密斯（2001）从理论机制角度分析外国知识产权保护的加强对美国企业进入国际市场的方式的影响，分析认为知识产权保护的加强，提高了美国企业对其知识的产权，这种所有权优势促使美国企业更多采取公司内部交易或技术许可方式进行技术转移；但产权的加强使美国企业垄断效应加强，减少对模仿能力较强国家的出口。知识产权保护的加强还强化了企业的区位优势，与出口和公司销售交易方式相比，提高了美国企业采取许可方式销售产品的可能性。这也进一步验证了采取强有力的知识产权保护，在降低非公司内部技术转移被模仿的风险方面的作用。

尼科尔森（Nicholson，2002）假定创新外生给定，基于产品质量模型，分析发现企业对知识产权保护的要求依赖于其所处行业的特征，而知识产权保护力度的变化又影响了企业国际技术转移的方式。生产技术复杂或技术成熟产品的企业更倾向采用 FDI 的方式进行公司内部交易来进行技术转移；当企业交易时，面临被模仿风险较小或国外技术相对落后时，企业常常会采取技术许可的方式进行技术转移。知识产权保护对技术转移水平和技术转移方式的影响依赖于企业所拥有的专有资产的价值。

马斯库森等学者（2005）构建成本函数分析加强知识产权保护对企业采取 FDI 或技术许可交易进行技术转移方式的选取，分析发现，企业技术转移的方式是技术交易合同执行成本和模仿威胁之间权衡的结果，在模仿率较高的国家，知识产权保护的加强，提高了企业 FDI 的模仿成本，降低了执行技术许可交易合同的成本，因此，企业多采取技术许可方式进入市场；此外，世界的创新率也会影响企业技术转移的方式，加强知识产权保护，会使创新率低的行业采取 FDI 方式进行技术转移，而技术创新率高的行业采取技术许可方式进行技术转移。

杨格和马斯库森（2009）假设在古诺寡头竞争模型中，南方国家的企业和北方国家的企业在各自的市场进行产量的竞争，知识产权的改革降低了南方国家的企业吸收技术的边际成本，也降低了技术转移的成本，增大了企业采取技术许可与出口方式进行技术转移的可能性。因此，北方国家拥有技术优势企业，会依据南方国家知识产权政策来决定其进入南方市场的方式。

（二）知识产权保护与不同途径国际技术转移的实证研究

斯密斯（2001）采用 50 个国家的跨国数据进行实证检验，发现技术转移接受国知识产权保护的加强增大了国内模仿的难度，扩大了通过出口、FDI 和技术许可技术转移的规模，其中通过技术许可和 FDI 获得技术溢出效应相对较大，这一检验也证实了邓宁的国际生产折中理论（OLI）。

尼科尔森（2003）采用美国跨国企业的数据检验了行业特征、知识产权保护和国家间技术转移方式三者之间的关系。结果表明企业所处行业的资本密集度决定了对知识产权力度变化的敏感度，进而影响了企业进入国际市场的行为，当 OECD 国家知识产权保护力度还不强时，资本密集度高行业的企业对其生产过程中的知识进行管控的能力较强，多会采取 FDI 的方式在跨国企业内部进行技术转移。随着对方国家知识产权保护力度的增强，转而会采取技术许可的方式进行技术转移。而对于那些除 OECD 外的国家，不管企业所属产业的资本密集如何，知识产权保护对企业的 FDI 或技术许可行为没有任何显著的影响。这进一步说明发展中国家获得的技术转移的正向效应，主要依赖于知识产权保护加强带来的垄断价格效应，而不在于垄断带来的产品数量增多。

马斯库森等学者（2005）以行业的研发投入占销售收入是否超出 3% 为准则，将行业分为低研发密集度和高研发密集度两类进行实证检验，结果表明强的知识产权保护提高了研发密集度高行业进行 FDI 可能性，降低了研发密集度低行业技术许可交易的可能性。

帕克和利波尔特（Park & Lippoldt，2005）采用美国的国家数据和企业数据研究了知识产权保护和各种技术转移方式的关系，在研究中他们把专利保护、版权法和商标管理法规都囊括到知识产权保护的范围内，与之前的研究结论类似，他们发现无论是发达国家还是发展中国家,强的知识产权保护增强了企业采取FDI或技术许可方式进行技术转移的可能性。进一步研究发现强的知识产权保护加强会使企业更多地在发展中国家采取FDI进行技术转移,随着知识产权保护力度的不断提高,采取FDI方式进行技术转移呈现减少的趋势,企业更倾向采用技术许可的协议进行技术转移。

上面的这几篇文章都是运用美国跨国企业数据进行的研究,福斯弗里(Fosfuri,2003)采用来自美国、日本和欧洲化学工业的企业数据进行研究,得出知识产权的保护对三种方式的技术转移不会产生任何影响的结论。特别地,如果知识产权保护和模仿能力相互作用,知识产权保护的加强会减少对那些模仿能力较弱的国家技术许可的投资。

第三节

对现有文献的评析

本章研究了国家由封闭条件扩大到开放条件知识产权保护对创新的影响,在每一小节又分别从理论机制和实证检验两方面进行了相关文献的回顾,对其中一些文献进行了细致的讨论,一些文献仅进行了简要概述,通过对上述文献回顾,发现随着研究的不断深入,考虑一国经济发展的现实情况,模型的构建也日趋成熟,结合数据的可得性和计量方法的多样化,实证研究也日趋详尽和细致,但是由于模型构建的假设前提不同,实证数据采用的不同,知识产权保护对技术创新的影响没有得出一个明确的结论。这就需要我们在研究中结合我国具体的情况,进行分析。对于目前已有的研究文献,我们认为还存在以下几方面的内容,需要做进一步的研究与探讨。

第一,我们应该在统一的理论分析框架下,考虑加强知识产权保护对贸易、FDI和技术许可不同方式技术转移的机制,进而分析其对技术创新的影响。随着各国对外开放的扩大和融合,各国在积极致力于国内自主创新的同时,还会采取多种方式进行技术转移,加强知识产权保护会对各种不同的技术转移方式同时产生影响。如果我们只从单一渠道来分析加强知识产权保护的效应,可能会导致结论出现偏误。而且在现实中，企业可能在对外交往中采取多种方式，知识产权保护对每种单一途径下技术转移的影响可能会相同，也可能会正好相反，这就需要企业权衡加强知识产权保护的不同效应，在各种不同技术转移方式间做出灵活多样的选择。

第二，应从发展中国家的特点出发，分析知识产权保护对技术创新的影响。首先，在理论机制方面，我们发现多数文献主要从发达国家的角度出发，假设发展中国家只会进行模仿创新，忽视了发展中国家自主创新的现实，而且在分析中多假设模仿率外生给定，未考虑随着发展中国家经济的发展，其模仿率会降低的现实。这就需要我们把模仿内生化到模型中，同时加入自主创新的变量，综合考虑对外开放的现实，结合知识产权保护制度，构建更加符合发展中国家创新的理论分析框架。其次，现有文献对知识产权保护与技术创新的实证验证中，主要基于发达国家的经验特征，采取了知识产权方面相关的立法指标对知识产权保护水平进行测度，如果采用同样的指标来衡量发展中国家的知识产权保护水平，并对理论模型进行分析验证，往往会得到不同的结论，有些结论甚至还与理论模型相悖。这就需要从我国知识产权保护现实特征出发，除了知识产权方面相关的法律、法规外，还应把专利、著作、商标、商业秘密等相关内容都纳入知识产权立法体系中，考虑我国知识产权保护在不同地区和行业中的执行力度，构建更加全面的知识产权指标体系，准确评价我国的知识产权保护力度。此外，在知识产权保护的实证验证过程中，还忽视了知识产权保护的内生性问题。一国的经济发展水平、产业政策等都会影响知识产权保护的力度，忽视他们之间的相关性，会导致实证估计结果出现偏误，这就需要我们从动态的角度来分析知识产权保护对技术创新的效应。

第三，需要更精准的微观数据，从企业角度来分析知识产权保护对技术创新的影响。目前现有文献多从国家或产业宏观角度分析知识产权保护的技术创新效应，一部分微观研究也主要是从发达国家角度，如对美国、日本、加拿大等国的跨国企业进行了研究，对发展中国家知识产权保护与技术创新之间关系研究的文献并不多。特别是目前对我国知识产权保护与技术创新的实证研究也多集中在国家、区域和高新技术产业层面，从微观角度对中国实证的定量研究并不多见。我国的工业企业数据库为我们从微观视角研究知识产权保护和技术创新提供了可能，但由于该数据库只提供了企业的出口交货值，仅依靠这项无法分析出口企业的类型，这就需要我们结合其他数据库，丰富企业的信息，对企业创新进行更加详尽而细致的研究。

第三章

开放条件下知识产权保护影响技术创新的理论机制

通过对第二章代表文献的总结和回顾，不难看出作为重要的制度变量，知识产权保护有助于实现一国内部创新资源的有效配置，保障技术创新者的收益，为技术创新提供动力机制和制度保障，推动一国国内技术创新和进步的速度。在开放条件下，发展中国家完善的知识产权保护制度，使发达国家更多采用贸易、对外投资和技术许可等途径进行技术的转移与溢出，这为发展中国家通过模仿进行反向工程提供了可能，但如果发达国家一味地提高知识产权保护力度，并且要求发展中国家按其标准来相应提高知识产权保护水平，这不仅影响了发达国家技术创新的速率和技术溢出方式，还会对发展中国家的技术创新和进步模式产生重要影响。本章在现有研究的基础上，试图在开放经济条件下从理论机制角度，分析发达国家或发展中国家提高知识产权保护对技术创新的影响。根据发展中国家技术演进的特征，我们首先假设发展中国家不进行国内的自主创新，而是主要依赖贸易渠道获得技术溢出效应，进行模仿创新，并假定模仿创新是外生给定的；然后将模仿创新内生化到模型中，分析知识产权保护加强对通过 FDI 进行模仿式技术进步的影响；接着将发展中国家技术创新模式扩展至自主创新和技术溢出两条途径，进一步分析知识产权保护对技术创新的作用。

第一节 知识产权保护、南北贸易与创新

国际贸易是发展中国家获取国际技术溢出的最主要的途径之一，知识产权保

护的完善减少了发展中国家的模仿、仿制行为,发达国家更愿意出口高技术密集度的资本品和中间品到发展中国家,这不仅解决了发展中国家内部资本品供给不足的问题,也有助于获取这些产品所蕴含的先进技术或研发成果的溢出进行技术创新。

赫尔普曼(1993)最早从贸易条件、制造业的跨区分配、产品的可得性和跨期消费,四方面分析了严格的知识产权保护对南北国家福利和技术创新的影响,并且假定模仿是外生且不需要任何代价。莱和邱(Lai & Qiu,2003)、斯科奇姆(Scotchmer,2004),塞因特和保罗(Saint & Paul,2008)等学者在此基础进行了进一步研究,但都未得出统一的定论。博拉塔(Borota,2012)发现一国不仅生产高质量的产品,还在同一产品质量生产线上生产不同种类的产品,研发部门更关注产品质量提升的空间,南北方国家进行产业内贸易,会促使南北国家在同一产业内部不同质量产品间进行专业化生产,这一模型更符合当今贸易发展的现状。因此,本节主要借鉴博拉塔(2012)的研究思路,分析北方国家提高知识产权保护力度对南方国家技术创新的影响。

一、封闭条件下北方国家加强知识产权保护的影响

(一)模型的构建

假设全球由北方国家 N 和南方国家 S 构成,北方国家的工资要高于南方国家 $[W_N(t) > W_S(t)]$。劳动力是唯一的生产要素,两个国家生产一系列连续的产品:$j \in [0, m(t)]$,南北方研发能力不同,每一种类产品由不同质量的产品构成,北方国家生产一系列的产品,$z(i,t) \in [n_0(j), n_N(j,t)]$,$n_N(j,t)$随着北方国家的创新而变化。南北方国家间不存在贸易,但想法可以自由流动,南方国家的工人从事模仿性的研发,它模仿的最高质量的产品用 $n_S(j,t)$ 表示,则南方北国家的技术差距为 $d(j,t) = n_N(j,t) - n_S(j,t)$。在均衡状态下,南方国家和北方国家的技术差距为正,在 $[n_N(j,t) - d(j,t), n_N(j,t)]$ 范围内产品未被南方国家模仿,仅在北方国家生产。

1. 消费者

南方国家和北方国家代表性家庭的数量不变,北方家庭和南方家庭成员数量

分别为 $L_N(t)$ 和 $L_S(t)$，其增长率为 g_1，每个家庭成员提供一单位的产品，获得 $w(t)$ 单位的工资，研发部门的工资和生产部门的工资一样，因此，南方国家和北方国家工人的工资分别为 $W_S(t)$ 和 $W_N(t)$。

两个国家消费者的偏好一样，并且最大化其终身效用，函数如下：

$$U = \int_0^\infty e^{-(\rho-g_1)t} \ln u(t) dt \tag{3.1}$$

其中 ρ 为贴现因子。$u(t)$ 为瞬时效用函数，形式为：

$$u(t) = \left\{ \int_0^{m(t)} \left[\int_{n_0(j)}^{n(j,t)} [q(j,z) x(j,z,t)^\alpha] dz \right]^{\frac{\sigma}{\alpha}} dj \right\}^{\frac{1}{\sigma}} \tag{3.2}$$

其中 $x(j,z,t)$ 为消费产品的种类，$q(j,z)$ 为消费品的质量，由于已有产品研发溢出会影响新种类产品的研发，因此，新产品的质量指数是之前产品质量指数和后研发产品质量提高幅度的函数，我们将其定义为（3.3）的表达形式，σ 表示产品之间的替代弹性，为了简化分析，假定 $\sigma = \alpha$。

$$q(j,z) = \begin{cases} e^{(1-\alpha)\int_0^z \gamma(j,s)ds} & \text{if } z \geq 0 \\ e^{-(1-\alpha)\int_0^z \gamma(j,s)ds} & \text{if } z < 0 \end{cases} \tag{3.3}$$

变量 $\gamma(j,z)$ 表示每个后续种类产品质量提高的大小，则每一种类 z 的质量指数函数为 $q(j,z) = q(j,z_{-1}) e^{(1-\alpha)\gamma(j,z)}$，$\alpha$ 为每一产品种类的替代弹性。

给定产品的价格，则消费者的支出函数为：

$$C(t) = \int_0^{m(t)} \int_{n_0(j)}^{n(j,t)} p(j,z) x(j,z,t) dz dj$$

面对支出，消费者最大化瞬时效用函数，可以得到每一类产品的需求量为：

$$x(j,z,t) = \frac{(p(j,z,t)/q(j,z)^\alpha)^{\frac{1}{\alpha-1}}}{\int_0^{m(t)} \int_{n_0(j)}^{n(j,t)} (p(j,z,t)/q(j,z))^{\frac{\alpha}{\alpha-1}} dz dj} C(t)$$

$$= \frac{(p(j,z,t)/q(j,z)^\alpha)^{\frac{1}{\alpha-1}}}{P(t)^{\frac{\alpha}{\alpha-1}}} C(t) \tag{3.4}$$

其中 $P(t)$ 为每一种类的产品在消费中的份额，由每种产品的质量—价格比占所有消费种类产品质量—价格比决定。

家庭的预算约束为：

$$\dot{A}(t) = w(t) - C(t) + r(t)A(t) - g_1 A(t) \quad (3.5)$$

$A(t)$ 表示个人资产，$r(t)$ 表示市场利率，则消费者动态最优化的欧拉方程为：

$$\frac{\dot{C}(t)}{C(t)} = r(t) - \rho \quad (3.6)$$

2. 生产者

北方国家的企业进行高成本的研发活动，成为高质量产品的垄断生产者。高昂的成本研发和伯川德竞争的市场结构，使得在北方国家的市场上，不存在任何对其产品模仿的企业，因为任何其他模仿企业的进入都会使市场利润降为零，国内没有实行知识产权保护必要。每个企业雇佣 $l(z,t)$ 劳动力，结合现有技术生产产品，生产函数为 $x_N(z,t) = l(z,t)q(z)^{-\phi}$。①

垄断企业在产品价格和消费者需求一定的情况下，最大化其收益

$$\max p_N(j,z,t)x(j,z,t) - w_N(t)q(j,z)^{\phi}x(j,z,t)$$

可得垄断价格为：$p_N(j,z,t) = \frac{1}{\alpha}w_N(t)q(j,z)^{\phi} \quad (3.7)$

南方的企业从事模仿性的研发，当北方的产品被仿制成功后，模仿者使用与北方企业相同的技术在其国内市场进行产品的生产，产品的边际成本为 $w_S(t) \cdot q(j,z)^{\phi}$，南方企业的垄断定价为 $p_S(j,z,t) = \frac{1}{\alpha}w_S(t)q(j,z)^{\phi}$。

南方和北方国家的企业在其各自的市场获得如下的垄断利润：

$$\Pi_N(j,z,t) = (1-\alpha)q(j,z)^{\frac{\alpha}{1-\alpha}}\left[\frac{p_N(j,z,t)}{P_N(t)}\right]^{\frac{1}{1-\alpha}}C_N(t)L_N(t) \quad (3.8)$$

$$\Pi_S(j,z,t) = (1-\alpha)q(j,z)^{\frac{\alpha}{1-\alpha}}\left[\frac{p_S(j,z,t)}{P_S(t)}\right]^{\frac{1}{1-\alpha}}C_S(t)L_S(t) \quad (3.9)$$

---

① 鲍德温和哈里根（Baldwin & Harrigan, 2007）采用了类似的生产函数，每一产品的边际成本和产品质量成正向关系。

3. 研发过程

(1) 水平创新

产品的水平创新是居民偶然创新的结果,假设北方所有居民都有创新的意愿且意愿相同,则水平创新的函数为:①

$$m\dot{N}(t) = \delta L_N(t) \tag{3.10}$$

其中 δ 为北方国家的居民创新的能力水平,由上可得北方产品的创新率为

$$g_m = \frac{\delta L_N(t)}{m_N}$$

(2) 垂直创新

北方的企业雇佣 $R_N(j,t)$ 劳动力在给定同一生产线上从事产品的创新,设计出新的高质量的产品,高质量产品的函数可以表示为:

$$q[\dot{n}_N(j,t)] = \frac{h_N R_N(j,t)}{\beta} q[n_N(j,t)] \tag{3.11}$$

h_N 和 β 分别为人力资本参数和产品质量创新的技术难度参数。质量指数和最新创新的质量指数正相关,这表明在每一产品线上也存在技术溢出效应。新产品线受益于来自其他产品知识溢出的影响,在新产品线内制造出的第一个产品种类会随着社会最新产品质量而提升。

南方企业雇佣 $R_S(j,t)$ 单位劳动力对北方企业产品进行模仿,h_S 和 $\theta(d)$ 分别表示人力资本系数和模仿的难度,模仿的难度主要取决于南北技术差距 d②,则南方企业产品质量函数为:

$$q[\dot{n}_S(j,t)] = \frac{h_S R_S(j,t)}{\theta(d(j,t))} q[n_S(j,t)]$$

南方企业在模仿北方产品时,面临质量的跳跃 $\gamma(j)$,所以南方企业在稳态下质量指数增长率为 $\gamma(j)(1-\alpha)\dot{n}_s(j)$。

---

① 豪伊特(2000)将水平创新的函数设定为此表达形式。
② 阿西莫格鲁等(Acemoglu et al., 2006)假设 $\theta = \theta(d)$,θ 是 d 的递减函数,即随着技术差距的缩小,模仿难度也减少。

南方国家模仿的难度 θ 是北方国家的研发创新系数 β[①]、南北技术差距 d 和南方产品质量跳跃 γ 的函数,因此,南方国家模仿难度的函数为:

$$\theta(d) = \eta\beta \frac{e^{\gamma(n_N - d)(1-\alpha)}}{e^{\gamma n_N(1-\alpha)}} = \eta\beta e^{-\gamma d(1-\alpha)} \quad (3.12)$$

模仿率取决于南方企业最高产品质量和北方企业最高产品质量的比例,η 表示北方国家知识产权保护力度,体现了南方国家模仿的难度。

4. 研发的最优化

研发和模仿部门的期望利润是北方创新或南方模仿的贴现值,由于工资和开支不随时间变化,利润随着质量—价格指数的变化而变化,在稳态下创新 $V_N(j)$ 和模仿 $V_s(j)$ 的价值为:

$$V_N(j) = (1-\alpha)\left[\frac{q(j,n_N)}{p(j,n_N)}\right]^{\frac{\alpha}{1-\alpha}} C_N(t) \int_{n_N}^{\infty} P_N(z)^{\frac{\alpha}{1-\alpha}} L_N(z) e^{-\gamma(z-n_N)} dz \quad (3.13)$$

$$V_s(j) = (1-\alpha)\left[\frac{q(j,n_s)}{p(j,n_s)}\right]^{\frac{\alpha}{1-\alpha}} C_S(t) \int_{n_S}^{\infty} P_S(z)^{\frac{\alpha}{1-\alpha}} L_S(z) e^{-\gamma(z-n_N)} dz \quad (3.14)$$

引入或模仿新产品的价值是该地区质量—价格比和总消费支出的增函数。

企业可以自由进入研发过程,假定所有进入研发的企业可以获得同样的研发技术,在稳态均衡条件下,创新的收益等于研发的成本。所以,北方企业创新的研发成本如下:

$$w_N R_N(j) = w_N \frac{1}{h_N} \beta \gamma(j)(1-\alpha) \quad (3.15)$$

在稳态均衡时,研发的利润等于研发的成本。假设在不同的产品线内部和不同的产品线之间,具有相同的产品种类替代率和相同的生产与研发技术,劳动力自由流动,研发的利润和成本与产品成本线无关,它们是总的开支、价格指数和新种类产品质量水平的函数。因此,北方创新率和南方模仿率在所有产品间都相同,所有产品的质量跳跃是 γ(j) = γ,质量指数是 z。由于 dz = dt,价格质量指数可以写成:

[①] 巴罗和萨拉-马丁(Barro and Sala-i-Martin, 1997)认为 β 是南北方国家间质量差距的反函数。

$$P_N(t) = \left[\int_{-\infty}^{n_N(t)} m_N(z)(p_N(z)/q(z))^{\frac{\alpha}{\alpha-1}}dz\right]^{\frac{\alpha-1}{\alpha}}$$

将其代入（3.13），新产品的价值函数可以写为：

$$V_N = (1-\alpha)\frac{g_m + \gamma\alpha(1-\phi)}{r - g_1 + g_m + \gamma\alpha(1-\phi)}\frac{C_N L_N}{m_N} \tag{3.16}$$

由于创新成本不随时间发生变化，在稳态平衡增长路径上创新价值增长率与产品线的增长率相等，则产品线的增长率与人口增长率也相等，有 $g_m = g_1$ 和 $\frac{L_N(t)}{m_N} = \frac{1}{\delta}g_1$。

使研发部门收益和成本相等的套利条件，可写为：

$$\frac{g_1 + \gamma\alpha(1-\phi)}{r + \gamma\alpha(1-\phi)}\frac{1}{\delta}g_1 C_N = w_N \frac{1}{h_N}\beta\gamma \tag{3.17}$$

采用类似的推导，同样可以得到南方企业的模仿成本，质量—价格指数和新产品的模仿价值分别如下：

$$w_S R_S = w_S \frac{1}{h_S}\theta(d)\gamma(1-\alpha)$$

$$P_S(t) = \left[\int_{-\infty}^{n_S(t)} m_S(z)(p_S(z)/q(z))^{\frac{\alpha}{\alpha-1}}dz\right]^{\frac{\alpha-1}{\alpha}} \tag{3.18}$$

$$V_S = (1-\alpha)\frac{g_m + \gamma\alpha(1-\phi)}{r - g_1 + g_m + \gamma\alpha(1-\phi)}\frac{C_S L_S}{m_S}$$

使南方模仿部门利润最大化的套利条件为：

$$\frac{g_1 + \gamma\alpha(1-\phi)}{r + \gamma\alpha(1-\phi)}\frac{C_S L_S}{m_S} = w_S \frac{1}{h_S}\gamma\theta(d) \tag{3.19}$$

由于南方以 $dn_S = dt$ 模仿所有产品线上的产品，产品线模仿增长率与人口增长率相等 $g_m = g_1$，则 $\frac{L_S}{m_S} = \frac{L_S}{m_N e^{-dg_1}} = \frac{L_S}{L_N}\frac{g_1}{\delta}e^{dg_1}$ 不会随着时间发生变化，并且是技术差距 d 的内生函数。

5. 劳动力市场

南方国家和北方国家的劳动力在研发部门或生产部门实现完全就业，在 $dz =$

dt 的情况下，在每个时间点，每个研发部门的劳动力等于设计新产品或模仿新产品的劳动力需求，因此两国劳动力市场出清条件为：

$$L_N = m_N R_N + \int_{-\infty}^{n_N} m_N(z) q(z)^\phi x(z) L_N dz \qquad (3.20)$$

$$L_S = m_S R_S + \int_{-\infty}^{n_N - d} m_S(z) q(z)^\phi x(z) L_S dz \qquad (3.21)$$

（二）稳态均衡分析

把劳动力市场出清的条件（3.20）、（3.21）和研发最优的条件（3.17）、（3.19）结合起来，得到了北方和南方国家均衡的稳态条件。

$$h_N \frac{g_1}{\delta} = \beta \gamma \left[(1-\alpha) + \alpha \frac{\rho + \gamma \alpha (1-\phi)}{g_1 + \gamma \alpha (1-\phi)} \right] \qquad (3.22)$$

$$h_S \frac{L_S}{L_N} \frac{g_1}{\delta} e^{dg_1} = \theta(d) \gamma \left[(1-\alpha) + \alpha \frac{\rho + \gamma \alpha (1-\phi)}{g_1 + \gamma \alpha (1-\phi)} \right] \qquad (3.23)$$

从北方的均衡条件（3.22）不难看出，研发部门的劳动生产率 $\frac{1}{\beta}$ 和研发部门的人力资本水平（h_N）对北方产品质量的创新产生正向影响，高的市场利率和高的产品替代率降低了创新产品的市场价值，对产品质量创新的影响为负。均衡条件下，由于高水平的水平创新产生了更多的产品生产线，创新参数对产品质量创新的影响负向。南北国家不进行贸易的情况下，南方国家落后的技术对产品质量跳跃不会产生任何影响，产品质量的跳跃仅由北方生产条件决定。因此，在稳态条件下，北方国家产品质量跳跃 γ 和技术差距 d 在二维平面内是正向垂直关系，如图 3-1 North^A 曲线所示。

在南北国家开展对外贸易时，将（3.12）代入南方国家的稳态均衡条件（3.23）中，可以得到南方技术差距和产品质量跳跃间呈现正向的关系，① 因此 South 曲线在（γ, d）二维平面内是正向关系（见图 3-1）。在南方国家稳态

---

① $d = \frac{1}{g_1 + \gamma(1-\alpha)} \ln \left[\beta \gamma \left((1-\alpha) + \alpha \left(\frac{\rho + \gamma \alpha (1-\phi)}{g_1 + \gamma \alpha (1-\phi)} \right) \right) \frac{\delta}{g_1} \frac{L_N}{L_S} \eta \right], \frac{\partial d}{\partial \gamma} > 0$

均衡时，产品的质量创新由南方国家外生决定，高质量创新意味着南方国家的模仿率较高，对研发部门的劳动力需求量也增大，但是南方国家对北方国家高质量产品的模仿受到其技术差距的约束。南北国家封闭条件下，在 E^A 点实现了均衡。

将北方国家和南方国家的稳态条件结合起来，可得出南北技术差距和创新之间的关系：

$$d = \frac{1}{g_1 + \gamma(1-\alpha)} \ln\left[\frac{h_N L_N}{h_S L_S}\eta\right] \tag{3.24}$$

由式（3.24）可以看出，如果产品的替代率和信息的保护程度的提高，南方国家模仿产品的价值会降低，这会降低南方国家研发部门生产率，南北方国家技术差距的扩大。

进一步求得南北国家总的社会福利如下：

$$U_N^A = \bar{m}_0^{\frac{1-\alpha}{\alpha}} \left[L_N - \bar{m}_N(1-\alpha)\frac{1}{h_N}\rho\gamma\right]\left[\frac{e^{n_N(g_1+\gamma\alpha(1-\phi))}}{g_1+\gamma\alpha(1-\phi)}\right]^{\frac{1-\alpha}{\alpha}} \tag{3.25}$$

$$U_S^A = m_0^{\frac{1-\alpha}{\alpha}} \left[L_S - m_S(1-\alpha)\frac{1}{h_S}\theta(d)\gamma\right]\left[\frac{e^{(n_N-d)(g_1+\gamma\alpha(1-\phi))}}{g_1+\gamma\alpha(1-\phi)}\right]^{\frac{1-\alpha}{\alpha}} \tag{3.26}$$

在南北国家不进行贸易，但想法可以自由流动的情况下，南北国家的福利函数由最初生产产品的产品线、可生产的产品的种类数、产品质量总指数三部分构成。北方国家加强知识产权保护力度，对其总体福利没有影响，但却加大了南方国家模仿的难度，降低了南方国家国内消费品的质量，最终使得南方国家总体福利下降。

二、开放条件下北方国家加强知识产权保护的影响

（一）模型的变化

南北方国家进行产品贸易时，存在冰山成本 $\tau \geq 1$，北方国家的产品仍旧可以流动到南方国家，南方国家模仿、生产的产品与北方国家生产的产品间的技术差距为 d。只要 $\tau w_N > \frac{1}{\alpha} w_S$，南方国家就会对北方国家的产品进行模仿，并且在国

内市场进行销售；在 $w_N > \frac{1}{\alpha}\tau w_S$ 条件下，南方国家还会将其模仿的产品出口到北方国家。北方国家生产并出口未被南方国家模仿的高质量的产品，其生产的产品范围为 $[n_N(t)-d, n_N(t)]$，南方国家则专业化生产低质量的产品。

由于南方国家通过贸易可以从北方进口各种种类中不同质量的产品，北方国家和南方国家消费产品的构成是相同的。但是贸易中冰山成本的存在，使得南方国家和北方国家产品的质量价格指数不同，如下：

$$p_N = \left\{ \frac{e^{n_N(g_1+\gamma\alpha(1-\phi))}}{g_1+\gamma\alpha(1-\phi)} \left[m_0^N \left(\frac{w_N}{\alpha}\right)^{\frac{\alpha}{\alpha-1}} (1-e^{-d(g_1+\gamma\alpha(1-\phi))}) + m_0^S \left(\frac{\tau w_S}{\alpha}\right)^{\frac{\alpha}{\alpha-1}} e^{-d(g_1+\gamma\alpha(1-\phi))} \right] \right\}^{\frac{\alpha-1}{\alpha}}$$

$$p_S = \left\{ \frac{e^{n_N(g_1+\gamma\alpha(1-\phi))}}{g_1+\gamma\alpha(1-\phi)} \left[m_0^N \left(\frac{\tau w_N}{\alpha}\right)^{\frac{\alpha}{\alpha-1}} (1-e^{-d(g_1+\gamma\alpha(1-\phi))}) + m_0^S \left(\frac{w_S}{\alpha}\right)^{\frac{\alpha}{\alpha-1}} e^{-d(g_1+\gamma\alpha(1-\phi))} \right] \right\}^{\frac{\alpha-1}{\alpha}}$$

在封闭条件下，北（南）方国家在其现有的新产品线上从事产品创新（模仿）的研发活动，创新者（模仿者）在消费者需求一定的情况下，来最大化其利润，则最优的垄断价格为 $p_i(z,t) = p_i(z) = \frac{1}{\alpha}w_i q(z)^\phi, i=N,S$。但是在开放条件下，南北方国家的收益不仅来自于国内还来自国外，北方国家出售 $[n_N(t)-d, n_N(t)]$ 种类的产品来获得收益，南方国家则出售 $[-\infty, n_N(t)-d]$ 种类的产品获得收益。北方国家出售到南方国家的产品一旦被模仿成功，其在北方的生命周期也就结束了，由于南北方国家创新和模仿的利润来自不同生命周期的产品种类，两个国家的利润也各不相同，北方国家和南方国家创新和模仿的利润分别如下：

$$V_N = (1-\alpha)\left(\frac{w_N}{\alpha}\right)^{\frac{\alpha}{\alpha-1}} \frac{g_1+\gamma\alpha(1-\phi)}{r+\gamma\alpha(1-\phi)} k_N e^{-n_N g_1}(1-e^{-d[r+\gamma\alpha(1-\phi)]})$$

$$V_S = (1-\alpha)\left(\frac{w_S}{\alpha}\right)^{\frac{\alpha}{\alpha-1}} \frac{g_1+\gamma\alpha(1-\phi)}{r+\gamma\alpha(1-\phi)} k_S e^{-n_N g_1} e^{-d[g_1+\gamma\alpha(1-\phi)]}$$

其中 $k_N = \left[\frac{c_N L_N}{P_N} + \frac{\tau^{\frac{\alpha}{\alpha-1}} c_S L_S}{P_S}\right]$，$k_S = \left[\frac{\tau^{\frac{\alpha}{\alpha-1}} c_N L_N}{P_N} + \frac{\tau^{\frac{\alpha}{\alpha-1}} c_S L_S}{P_S}\right]$

从上可以看出，南方国家和北方国家生产的产品价值是世界需求的函数。它们同时也是新种类产品不同生命周期长度的函数。在北方，其不再生产低质量种类的产品,新产品的生命周期可以用 $(1-e^{-d[r+\gamma\alpha(1-\phi)]})$ 来代表。在南方国家,生产产品的生命周期不会以一种产品有限生命周期的形式出现,而是在最高质量的产品生命周期结束后,其进行模仿的结果,所以从这个意义上看,$e^{-d[g_1+\gamma\alpha(1-\phi)]}$ 代表了南方国家生产产品的质量与市场上最高产品质量相比,在质量位置上的损失,也可以看成是这些种类产品需求份额相对于消费者总需求的损失。

研发部门的生产技术和在封闭条件下一样,则研发部门收益最大化的套利条件为:

$$V_N = w_N \frac{1}{h_N}\beta\gamma(1-\alpha) \tag{3.27}$$

$$V_S = w_S \frac{1}{h_S}\theta(d)\gamma(1-\alpha) \tag{3.28}$$

(二) 稳态均衡分析

南方国家和北方国家完全就业时的劳动力市场均衡条件为:

$$L_N = m^N \frac{1}{h_N}\beta\gamma(1-\alpha) + m_0^N \left(\frac{w_N}{\alpha}\right)^{\frac{\alpha}{\alpha-1}} k_N (1 - e^{-d[r+\gamma\alpha(1-\phi)]}) \tag{3.29}$$

$$L_S = m^S \frac{1}{h_S}\theta(d)\gamma(1-\alpha) + m_0^S \left(\frac{w_S}{\alpha}\right)^{\frac{\alpha}{\alpha-1}} k_S e^{-d[g_1+\gamma\alpha(1-\phi)]} \tag{3.30}$$

把北方国家和南方国家研发均衡与劳动力市场均衡条件结合起来,可得南北方国家在进行贸易时稳态均衡条件,如下所示:

$$\frac{h_N L_N}{m_N} = \beta\gamma\left[(1-\alpha) + \alpha\left(\frac{\rho+\gamma\alpha(1-\phi)}{g_1+\gamma\alpha(1-\phi)}\right)\frac{1-e^{-d[g_1+\gamma\alpha(1-\phi)]}}{1-e^{-d[\rho+\gamma\alpha(1-\phi)]}}\right] \tag{3.31}$$

$$\frac{h_S L_S}{m_S} = \theta(d)\gamma\left[(1-\alpha) + \alpha\left(\frac{\rho+\gamma\alpha(1-\phi)}{g_1+\gamma\alpha(1-\phi)}\right)\right] \tag{3.32}$$

在南方国家和北方国家进行贸易的情况下,上述均衡条件共同决定了产品质量跳跃的大小 (the size of quality jump) γ 和南北方国家间的技术差距 d。在北方生产的产品种类只能维持 d 时期,创新损失的价值可用 $(1-e^{-d[\rho+\gamma\alpha(1-\phi)]})$ 来代表。北方的创新者需要进行更大幅度的产品质量创新来保证其产品在市场中拥有更多需求。产品种类的削减与其在产品总生产中低质量范围的产品相对应,由于低质量的产品种类主要由南方生产,北方生产的产品种类缩减,多余的劳动力被分配到研发部门,结果是北方产品质量跳跃幅度进一步提高,生产新种类产品的劳动力需求也增加,到社会全部的劳动力就业,社会实现了均衡,这时北方国家的均衡条件 $North^T$ 在 (γ, d) 平面内成一条向下倾斜的曲线(见图3-1)。但从另一方面看,南方国家和北方国家相比,技术更加落后,北方国家面临来自南方产品的竞争压力减小,北方国家会减小其产品质量跳跃的幅度。两种力量最终作用的结果是北方国家生产的产品质量跳跃幅度不高。

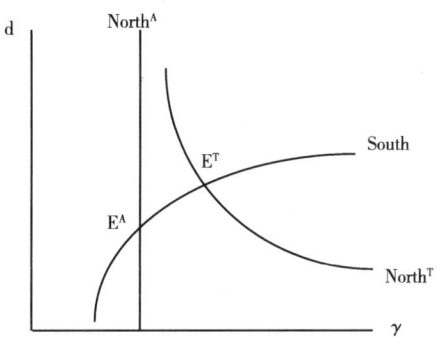

图3-1 封闭与开放条件下的稳态均衡

开放条件下,南方国家生产的产品周期仍是无限的,南方国家的均衡条件不会变化,均衡条件下 (γ, d) 仍是向上倾斜的曲线,但是由于北方均衡条件的曲线发生了变化,最终在均衡点发生变化,由 E^A 变到了 E^T,产品质量提高了。

在开放的均衡条件下,南北方国家间的技术差距变为:

$$d = \frac{1}{g_1 + \gamma(1-\alpha)} \ln\left\{\beta\gamma\left[(1-\alpha) + \alpha\left(\frac{\rho + \gamma\alpha(1-\phi)}{g_1 + \gamma\alpha(1-\phi)}\right)\right]\frac{\delta}{g_1}\frac{L_N}{h_S L_S}\eta\right\} \quad (3.33)$$

与封闭条件下均衡时的技术差距(3.24)相比,γ 变大,$\beta\gamma\left[(1-\alpha) + \alpha\left(\frac{\rho + \gamma\alpha(1-\phi)}{g_1 + \gamma\alpha(1-\phi)}\right)\right]$ 也增大,因此 d 也进一步扩大。从图3-1也不难看出,在开放条件下,均衡点由 E^A 变到 E^T,北方国家产品质量进一步提高,南北方国家

间的技术差距也进一步拉大,如图3-2所示。

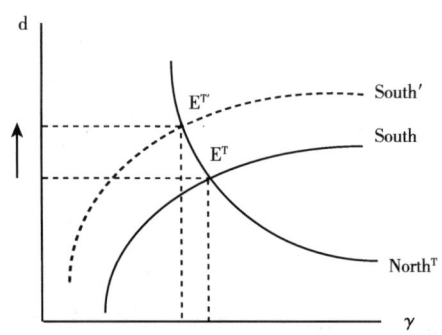

图3-2 开放后加强知识产权保护的均衡

开放条件下,北方国家提高产品的质量,提高知识产权的保护力度,都会增大南方国家对北方国家产品模仿的难度,拉大了南北方国家的技术差距,这促使南方国家在均衡条件下的曲线向上移动至 South′,均衡点变为 $E^{T'}$,北方国家质量提升的幅度减弱。我们得到如下命题:

命题1:北方国家通过提高产品质量进行创新,南方国家通过对北方产品进行模仿创新,在开放条件下,南北方国家进行贸易虽然会使两国的经济增长率和社会福利提高,但北方国家加强知识产权保护,加大了南方国家对产品模仿的难度,南北方国家的技术差距进一步拉大。

第二节　知识产权保护、FDI 与创新

除了进口贸易外,外商直接投资解决了投资国资金、管理方面的不足,还带来显著的技术溢出效应,成为发展中国家最直接、最有效地获取技术的渠道之一。莱(1998)将FDI引入赫尔普曼(1993)模型中,发现南方国家采取严格的知识产权保护,对技术创新的效应主要取决于北方国家技术溢出的途径。当北方国家采用FDI作为技术溢出的途径时,严格的知识产权有利于南北方技术的提升,当模仿是技术转移渠道时,知识产权保护不利于南北创新。但这一模型不足之处在于假定模仿不需要任何成本。格拉斯和赛根(2002)放松这一假设,分析

了知识产权保护对 FDI 跨国公司技术转移和南方公司模仿两类不同活动的影响，发现知识产权保护对 FDI 的影响因北方创新的性质而不同。布兰施泰特、菲什曼、福利和赛根（Branstetter，Fishman，Foley & Saggi；2007）进一步指出，南方国家吸收的对外投资会因知识产权保护力度变化产生内生性反应，因此将模仿和 FDI 内生化到构建的模型中，本节主要借鉴这一模型，从产品种类增加角度来分析南方国家知识产权保护对北方国家跨国技术转移和技术创新的影响。

一、基本模型

1. 消费者

假设全球存在两个国家（南方和北方），劳动是唯一的生产要素，每个国家的劳动禀赋相等为 L^i，$i = N, S$。两个国家消费者偏好相同，他们选择瞬时支出来最大化时间效用函数：[①]

$$U = \int_t^\infty e^{-\rho(\tau-t)} \log D(\tau) d\tau \tag{3.34}$$

$D(\tau)$ 为瞬时效用函数，其函数形式可表示为：

$$D = \left[\int_0^n x(j)^\alpha dj\right]^{\frac{1}{\alpha}} \tag{3.35}$$

其中 ρ 表示时间偏好率，$x(j)$ 为对产品 j 的消费，n 是可消费产品的数量，α 为产品的边际替代率，任何两个商品的替代弹性为 $\varepsilon = \dfrac{1}{1-\alpha}$。

消费者面对的跨期预算约束为：

$$\int_t^\infty e^{-r(\tau-t)} E(\tau) d\tau = \int_t^\infty e^{-r(\tau-t)} I(\tau) d\tau + A(t) \tag{3.36}$$

r 为名义利率，$I(\tau)$ 为瞬时收入，$A(t)$ 为其资产现值。

给定支出 E，消费者对产品 j 的需求为：

[①] 格罗斯曼和赫尔普曼（Grossman & Helpman，1991a）中采用了相同的函数表达形式。

$$x(j) = \frac{Ep(j)^{-\varepsilon}}{P^{1-\varepsilon}} \qquad (3.37)$$

p(j)为商品j的销售价格，P是价格指数，且其形式为：

$$P = \left[\int_0^n p(j)^{1-\varepsilon} dj\right]^{\frac{1}{1-\varepsilon}} \qquad (3.38)$$

在稳态时，消费者的最优支出可表示为如下欧拉方程：

$$\frac{\dot{E}}{E} = r - \rho \qquad (3.39)$$

2. 产品市场

市场销售的产品由三个类型的企业制造，分别是北方企业（N），南方的产品模仿企业（S），北方的跨国公司（M）。北方企业可以选择在北方和南方进行产品的生产，北方企业中一个工人可生产一单位的产品，南方企业需要$\theta(\theta \geq 1)$单位的工人来生产一单位的产出。在产品需求函数给定的情况下，南北企业的边际成本加成分别为：

$$P^N = \frac{W^N}{\alpha} \quad P^M = \frac{\theta W^S}{\alpha} \qquad (3.40)$$

南方企业模仿成功后进行产品的生产，南方企业和北方的跨国公司在产品间进行价格竞争，均衡时可得：

$$P^S = \theta W^S \qquad (3.41)$$

当且仅当南方企业的垄断价格超出北方跨国企业产品的边际成本时，南方企业对模仿产品的定价才是最优的。

$$\frac{W^S}{\alpha} > \theta W^S \Leftrightarrow \theta < \frac{1}{\alpha} \qquad (3.42)$$

x^J为企业的产出，$J = N, S, M$。由需求函数，我们可得：

$$\frac{x(i)}{x(j)} = \frac{p_i^{-\varepsilon}}{p_j^{-\varepsilon}} \qquad (3.43)$$

将三个企业生产产品的定价代入（3.43），我们可得：

$$\frac{x^S}{x^M} = \alpha^{-\varepsilon} \quad \frac{x^M}{x^S} = \left(\frac{\theta W^S}{W^N}\right)^{-\varepsilon} \tag{3.44}$$

则北方企业、北方跨国公司和南方企业的利润为：

$$\pi^N = (P^N - W^N)x^N = \frac{(1-\alpha)W^N x^N}{\alpha} \tag{3.45}$$

$$\pi^M = (P^M - W^S)x^M = \frac{\theta(1-\alpha)W^S x^M}{\alpha} \tag{3.46}$$

$$\pi^S = (\theta W^S - W^S)x^S = (\theta - 1)W^S x^S \tag{3.47}$$

3. 创新、模仿和 FDI

假设市场上存在 n 个产品，北方企业、南方企业模仿生产和北方跨国企业在南方生产的产品种类数分别为 n_N、n_I 和 n_M，则南方企业生产产品种类数为 $n_S = n_I + n_M$，FDI 的比率为 $\phi = \frac{\dot{n}_M}{n_N}$，模仿率为 $\mu = \frac{\dot{n}_I}{n_N}$。南方工业的发展取决于其在全球工业生产中的份额，即取决于 FDI 的产品转移率和产品模仿率。产品在稳态条件下的增长率如下：

$$g \equiv \frac{\dot{n}}{n} = \frac{\dot{n}_N}{n_N} = \frac{\dot{n}_I}{n_I} = \frac{\dot{n}_M}{n_M} = \frac{\dot{n}_S}{n_S} \tag{3.48}$$

将（3.48）分别代入产品转移的 FDI 比率和模仿率式子中，可得：

$$\frac{n_M}{n_N} = \frac{\phi}{g} \quad \frac{n_S}{n_N} = \frac{\phi}{g}\left(1 + \frac{\mu}{g}\right) \tag{3.49}$$

$$\frac{n}{n_N} = 1 + \frac{\phi}{g}\left(1 + \frac{\mu}{g}\right) \quad \frac{n_I}{n_N} = \frac{\mu}{g} \tag{3.50}$$

一个成功的北方企业可以选择在北方生产也可以在南方生产，由于南方劳动力成本偏低，北方企业选择在南方生产时，产品成本较低，但是在南方生产时，还面临模仿的威胁。创新企业选择在北方生产产品的终身价值为：

$$v^N = \frac{\pi^N}{\rho + g} \tag{3.51}$$

如果企业选择成为跨国公司,则产品的终身价值为:

$$v^M = \frac{\pi^M}{\rho + \mu + g} \quad (3.52)$$

与此类似,可得南方企业产品的终身价值为 $v^S = \frac{\pi^S}{\rho + g}$。

4. 相对工资

所有的北方企业都可以选择成为跨国公司,有 $v^N = v^M$,可得:

$$\frac{\pi^M}{\pi^N} = 1 + \frac{\mu}{\rho + g} \quad (3.53)$$

由利润函数有 $\frac{\pi^M}{\pi^N} = \left(\frac{\theta w^S}{w^N}\right)^{1-\varepsilon}$,代入上式可得:

$$\frac{w^S}{w^N} = \theta \left(1 + \frac{\mu}{\rho + g}\right)^{\varepsilon - 1} \quad (3.54)$$

由式(3.54)可知,北方的相对工资会随着北方企业跨国生产难度(θ)和模仿率(μ)的增加而提高。

相对工资还可以写为 $\frac{w^S}{w^N} = \theta \left(\frac{n_S}{n_M}\right)^{1-\varepsilon}$,如果跨国公司在南方生产中的份额越大,北方企业的相对工资就越低。相对工资内生性调整意味着随着北方企业 FDI 的增大,进行 FDI 投资的动力也会随之降低。

5. 企业对创新活动的自由选择

北方企业依据其经营业绩选择是否从事创新,如果企业从事创新活动,则要求创新的价值必须等于创新的成本:

$$v^N = \frac{w^N \alpha_N}{n} \Leftrightarrow \frac{\pi^N}{\rho + g} = \frac{w^N \alpha_N}{n} \quad (3.55)$$

α_N 是创新的单位劳动需求,从式(3.55)不难看出随着创新产品量的增加,创新的成本呈现下降趋势。[1] 创新企业的利润随着创新品种的增加而下降;如果

---

[1] 说明创新带来的知识溢出会促使进一步创新,这与格罗斯曼和赫尔普曼(Grossman & Helpman, 1991)文献中的关于知识溢出的假设相同。

创新成本没有随着创新品种的增加而下降,则长期来看,创新的动力则会消失。

将(3.51)代入(3.55)有:

$$x^N = \frac{\alpha_N \alpha (\rho + g)}{n(1-\alpha)} \tag{3.56}$$

令模仿的单位成本需求为 α_I,则模仿的成本为 $c_I = \frac{w^S \alpha_I}{n_S}$,会随着南方模仿产品量的增加而降低。① 南方企业自由进出模仿活动有:

$$v^S = \frac{w^S \alpha_I}{n_S} \Leftrightarrow \frac{\pi^S}{\rho + g} = \frac{w^S \alpha_I}{n_S} \tag{3.57}$$

由 $v^S = \frac{\pi^S}{\rho + g}$ 有:

$$x^S = \frac{\alpha_I}{n_S} \frac{(\rho + g)}{(\theta - 1)} \tag{3.58}$$

由公式(3.44)可得:

$$x^M = \frac{\alpha_I}{n_S} \frac{(\rho + g)}{(\theta - 1) \alpha^{-\varepsilon}} \tag{3.59}$$

再由公式(3.55)和(3.57)有:$\frac{n}{n_S} \frac{\alpha_I}{\alpha_N} \frac{v^N}{v^S} = \frac{w^N}{w^S}$

将公式(3.45)和(3.46)代入上式,可得:

$$\frac{n}{n_S} \frac{\alpha_I}{\alpha_N} \frac{\frac{(1-\alpha) w^N x^N}{\alpha}}{(\theta - 1) w^S x^S} = \frac{w^N}{w^S} \Leftrightarrow \frac{n}{n_S} \frac{\alpha_I}{\alpha_N} \frac{(1-\alpha) x^N}{(\theta - 1) x^S} = 1 \tag{3.60}$$

利用公式(3.54)、(3.56)和(3.58)可将上式重新调整为:

$$\frac{n_S}{n_N} \frac{n_N}{n} \frac{\alpha_N}{\alpha_I} \frac{\alpha^{1-\varepsilon}(\theta - 1)}{(1-\alpha)} \left(\frac{\rho + g + \mu}{\rho + g}\right)^{\frac{\varepsilon}{\varepsilon - 1}} = 1 \tag{3.61}$$

将(3.49)(3.50)代入(3.61)式,可得到三个内生变量②和模型的外生参数的第一个均衡条件:

---

① 这主要是由于 FDI 和模仿会带来知识溢出,因此模仿成本随着模仿量的增加而减小。从长期来看,为了维持模仿,模仿的成本也必须降低,因为随着模仿产品数量的增加,模仿企业的利润将会降低。

② 分别为北方企业的创新率 g、FDI 投资率 φ 和南方企业的模仿率 μ。

$$\frac{\dfrac{\phi}{g}\left(1+\dfrac{\mu}{g}\right)}{1+\dfrac{\phi}{g}\left(1+\dfrac{\mu}{g}\right)}\frac{\alpha_N}{\alpha_I}\frac{\alpha^{1-\varepsilon}(\theta-1)}{(1-\alpha)}\left(\frac{\rho+g+\mu}{\rho+g}\right)^{\frac{\varepsilon}{\varepsilon-1}}=1 \qquad (3.62)$$

企业的活动受到现有资源的约束,北方企业将劳动分配到创新和产品生产中:

$$\frac{\alpha_N}{n}\dot{n}+n_N x^N = L^N$$

将公式 (3.49)(3.50) 代入上式,可得第二个均衡条件:

$$\alpha_N g + \frac{g}{g+\phi\left(1+\dfrac{\mu}{g}\right)}\frac{\alpha_N\alpha(\rho+g)}{1-\alpha}=L^N \qquad (3.63)$$

南方企业将劳动分配到模仿、跨国公司产品生产和当地企业的生产活动中

$$\frac{\alpha_I}{n_S}\dot{n}_I + \theta n_M x^M + n_I x^S = L^S$$

将公式 (3.49)(3.50)(3.58)(3.59) 代入上式,可得第三个均衡条件:

$$\alpha_I\frac{g\mu}{g+\mu}+\theta\frac{g}{g+\mu}\frac{\alpha_I\rho}{(\theta-1)\alpha^{-\varepsilon}}+\frac{\mu}{(g+\mu)}\frac{\alpha_I(\rho+g)}{(\theta-1)}=L^S \qquad (3.64)$$

二、南方企业知识产权改革的效应

公式 (3.62)、(3.63) 和 (3.64) 定义了模型的三个变量模仿率、创新率和 FDI 比率的稳定均衡条件。下面我们用模仿成本 α_I 来度量知识产权保护力度,分析知识产权保护对南北国家生产分配的影响。

由前面的推导,可知北方跨国企业总销售额与南方企业模仿产品总价值的比率及北方跨国公司相对于北方厂商销售量比率。

$$\frac{n_M P^M x^M}{n_S P^S x^S}=\frac{g}{\mu}\alpha^{\varepsilon-1}$$

$$\frac{n_M P^M x^M}{n_N P^N x^N} = \frac{\phi}{g}\left(\frac{\theta w^S}{w^N}\right)^{1-\epsilon} = \frac{\phi}{g}\left(\frac{\rho+g}{\rho+g+\mu}\right) \qquad (3.65)$$

从第一个式子不难看出，在所有其他变量不变的前提下，降低南方企业模仿率和提高北方企业创新率的因素会提高北方跨国企业相对南方企业的总销售比率；第二个式子中，其他变量保持不变的前提下，FDI 转移率的提高会增加北方跨国企业相对于北方企业的销售比率。

由公式（3.62）可以求解出，用创新率和模仿率来表示的 FDI 比率，如下：

$$\phi(\mu,g) = \frac{A(\mu,g)(1-\alpha)\alpha_I g^2}{(\mu+g)[B(\alpha)\alpha_N(\theta-1) - A(\mu,g)\alpha_I(1-\alpha)]} \qquad (3.66)$$

其中 $A(\mu,g) = \left(\frac{\rho+g}{\rho+g+\mu}\right)^{\frac{1}{\alpha}} < 1 < B(\alpha) = \alpha^{\frac{\alpha}{\alpha-1}}$

对（3.66）式取模仿成本取导数，可得：

$$\frac{\partial \phi(\mu,g)}{\partial \alpha_I} = \frac{A(\mu,g)B(\alpha)(1-\alpha)\alpha_N g^2(\theta-1)}{(\mu+g)[B(\alpha)\alpha_N(\theta-1) - A(\mu,g)\alpha_I(1-\alpha)]^2} > 0 \qquad (3.67)$$

由上式可知在南方企业模仿率和北方的创新率为常数的情况下，FDI 的比率会随着南方知识产权保护力度的提高而上升。这一结论，亦可由公式（3.61）的分析中得到，该公式要求创新回报率和模仿率相等，由于方程的右边恒等于 1，所以知识产权保护力度 α_I 的提高，要求由南方生产比率 $\frac{n_S}{n}$ 提高。

由于南方劳动力市场的约束条件独立于 $\phi(\mu,g)$，将 $\phi(\mu,g)$ 代入南方劳动力市场约束条件中，可以得到两个未知变量的方程，令 $L^S(\mu,g) = L^S$，结合公式（3.64），得到南方对劳动力的总需求，对模仿率求导，有：

$$\frac{\partial L^S(\mu,g)}{\partial \mu} = \frac{\alpha_I g[g\theta(B(\alpha)-1) + \rho(B(\alpha)-\theta)]}{(\mu+g)^2 B(\alpha)(\theta-1)} > 0 \qquad (3.68)$$

可知保持创新率不变，提高模仿率的因素会增加对南方劳动的需求。

同样可求得对创新率的导数，如：

$$\frac{\partial L^S(\mu,g)}{\partial g} = \frac{\alpha_I[B(\alpha)\mu(\mu\theta-\rho) + \theta(\rho\mu+2g\mu+g^2)]}{(\mu+g)^2 B(\alpha)(\theta-1)} > 0 \qquad (3.69)$$

由上可得南方劳动市场约束条件的斜率：

$$\left.\frac{d\mu}{dg}\right|_{L^S(\mu,g)=L^S} = -\frac{\dfrac{\partial L^S(\mu,g)}{\partial g}}{\dfrac{\partial L^S(\mu,g)}{\partial \mu}} < 0 \qquad (3.70)$$

由于南方企业的劳动力资源固定，提高南方企业的模仿率，会使全球经济依赖的创新率下降，即资源的约束使南方劳动力市场在（g，μ）二维平面中呈现出向下倾斜的形状。

同样，求北方劳动力需求对模仿的导数：

$$\frac{\partial L^N(\mu,g)}{\partial \mu} = \frac{\alpha_1(\rho+g)A(\mu,g)}{(\rho+\mu+g)B(\alpha)(\theta-1)} > 0 \qquad (3.71)$$

南方企业的模仿率越高，北方企业对劳动力的需求也越大。

北方企业劳动力需求对创新的导数为正向关系，即 $\dfrac{\partial L^N(\mu,g)}{\partial g} > 0$，[1] 表明提高北方的企业创新率，促使对劳动力的需求增加，因此北方劳动力市场的约束曲线也是向下倾斜的。

由第三个均衡条件（3.64）可知，在模仿率和创新率都为常数，不变的情况下，增加模仿所需劳动力会使南方国家的模仿、南方厂商生产和跨国生产对劳动的需求增加，南方劳动力市场约束曲线如图3-3所示，会向左移动。由式子（3.67）分析得知，南方国家加强知识产权保护会促使FDI比率增加，如果模仿率和创新率都为常数，由均衡条件二（3.63）不难看出FDI比率φ提高，要使等式成立，则 L_N 减小，即北方的需求曲线向右移动。反映到图3-3中，均衡点由A移动到B，带来的结果是南方国家的模仿率下降，北方国家FDI比率上升，FDI在南方生产中的份额（n_M/n_S）增加，南方国家在世界市场中的份额（n_S/n）也增加。因此得到如下命题：

命题2：南方国家知识产权保护力度（α_1）的加强，加大模仿风险，南方国家模仿率下降，吸引北方企业会更多采用FDI的方式进行跨国生产，FDI速率提

---

[1] 函数形式复杂，略去，但是根据参数值的推导可知其值为正。

高，FDI 速率的增加抵消了模仿减少的效应，加速了南方工业的发展，南方国家的发明创造率提高，北方国家可将更多资源转向 R&D 部门，最终全球创新率上升。

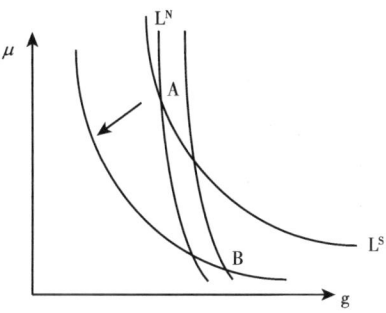

图 3-3　南方国家知识产权保护的效应

第三节

发展中国家的知识产权保护与技术创新

前两节我们分析了北方国家从事自主创新，南方国家进行模仿创新，严格的知识产权保护通过影响贸易或 FDI 渠道的技术溢出，制约了发展中国家的创新。近年来中间产品贸易占世界贸易的比重迅速提升，以 2010 年为例，其占比高达 48.56%，一些新兴的发展中国家，如中国、巴西、印度等国，为提升在全球价值链环节中的地位，实现最终产品价值的增值，十分重视中间产品的引进，体现为中间产品进口种类的多样化，中间产品的进口质量提升等，带动了这些国家国内的技术创新，它们的经济增速位居世界前列。这一现象引起了国内外学者的关注。易先忠等（2006、2007）基于扩展的内生经济增长模型，分析发现后发国家知识产权保护对技术创新的影响，主要取决于后发国家和技术领先国家之间的技术差距以及后发国家的模仿能力。张亚斌等（2006）也认为在技术创新初期，后发国宽松的知识产权保护会促进技术创新，但要实现长期的技术创新必须实行严格的知识产权保护。福斯特（2014）在梅里茨（2003）异质框架下，从发达国家出口中间产品的二元边际出发，分析认为发展中国家加强知识产权保护对技创新的影响主要取决于发展中国家的技术进步模式,为此,本节主要在巴罗和萨拉－马丁（Barro & Sala-i-Martin,1997）中间产品种类数增加的分析框架内,引入知识产权变量,假设后发国同时进行技术模仿和自主研发创新,来分析后发国家知识产权保护制度的选择。

一、模型的构建

考察一个开放的发展中国家,这个国家包括三个部门,分别是最终产品部门、中间产品部门和研究与开发（R&D）部门。其中,最终产品部门生产可供消费的最终产品,假定经济中只有一种最终产品,中间产品部门负责生产新的中间产品。技术创新和模仿创新主要在研究开发部门进行,模仿创新主要建立在贸易、FDI 等渠道获得的技术溢出之上。投入到最终产品生产部门和研发部门的人力资本量分别为 H_Y 和 H_R,社会中总的人力资本存量不变。

（一）技术

1. 最终产品部门

发展中国家运用人力资本和中间产品来生产最终产品,生产函数形式如下:

$$Y = AH_Y^{\alpha}\left(\int_0^N x_i^{\beta}di + \int_0^{N^*} x_j^{\beta}dj\right), 0 < \alpha, \beta < 1 \qquad (3.72)$$

最终产品的产量用 Y 表示,A＞0 代表技术水平的高低,国内生产的 x_i 单位的中间产品,对外交往中获得 x_j 单位的中间产品。N 和 N^* 分别表示国内和国外中间产品生产的种类数,种类数的多少体现了生产技术水平的高低,全部中间产品的使用量构成了社会最终产品的物质资本投入（刘小鲁,2011）,即投入到发展中国家的中间产品可看作是物质资本投入 $K = \int_0^N x_i di$。$N < N^*$ 意味着发达国家的技术水平高于发展中国家的技术水平。α 和 β 分别为劳动力资本和物资资本的产出弹性,在柯布—道格拉斯的生产函数下满足 $\alpha + \beta = 1$。

2. 中间产品部门

发展中国家和发达国家的企业分别生产 [0, N] 和 [0, N^*] 种类的中间产品，为了分析的简便，采用与巴罗和萨拉－马丁（1997）类似的假设，即每个企业只能生产某一种类的中间产品，产品间不能替代或互补。企业向研发部门购买中间产品的设计方案来生产新的中间产品。

3. 研究与开发部门

研究与开发部门，将其部门内的人力资本和研发资本结合起来，开发新中间产品或设计新产品的方案。由于技术具有外溢效应，在开放条件下，一国的研发不仅取决于国内研发的知识存量，还取决于从国外获得研发溢出的多少，因此，一国的研发存量主要有两部分构成：一是本国自主创新的研发知识存量 N，二是通过贸易或投资渠道获得的国外研发知识存量 N^*，则研发部门的新知识增量函数为：

$$\dot{N} = \delta H_N [\omega N + \varphi(1-\omega)N^*] \quad (3.73)$$

δ 为研发部门的生产力参数，H_N 为研发部门的人力资本量，φ 表示模仿能力，发展中国可以通过贸易或投资获得的技术溢出，其中 $0 < \varphi < 1$，因为发达国家的技术并非都适宜于发展中国家（林毅夫、张鹏飞，2006）。ω 为知识产权保护力度指标，且 $\omega \in [0,1]$。对于国内创新技术，要进行专利申请，其知识产权保护力度为 ω，ωN 为发展中国国内，没有被其他企业模仿的创新的知识资本存量，ω 越大，国内自主创新对一国的技术进步效应也越大；对于国外先进技术，国内主要模仿创新获得，其保护力度为 $(1-\omega)$，ω 越大发展中国家获得的技术溢出效应 $(1-\omega)N^*$ 就越小，发展中国家为了保持其技术创新的速率需要在两种效应中权衡，确定适度的知识产权保护力度。

（二）消费者

假定经济中代表性家庭，消费者偏好效用函数如下：

$$U(c) = \int_0^\infty \frac{C^{1-\sigma}-1}{1-\sigma} e^{-\rho t} dt, \sigma, \rho > 0 \quad (3.74)$$

其中 σ 为边际替代效用弹性，ρ 为跨期替代弹性导数。

二、竞争性的市场均衡

1. 最终产品部门

最终产品的市场结构是完全竞争的，最终产品部门最大化人力资本和中间产品投入量，来获得最大利润：

$$\max_{H_Y, x_i, x_j} \pi_Y = Y(H_Y, x_i, x_j) - W_{H_Y} H_Y - P_{x_i} \int_0^N x_i di - P_{x_j} \int_0^{N^*} x_j dj \quad (3.75)$$

假定最终产品的售价单位化为 1，W_{H_Y} 表示投入到最终产品部门人力资本的报酬，P_{x_i} 和 P_{x_j} 分别表示国内外中间产品的价格，则一阶最优化可得

$$W_{H_Y} = \frac{\alpha Y}{H_Y} \quad (3.76)$$

$$P_{x_i} = A\beta H_Y^\alpha x_i^{-\alpha}, P_{x_j} = A\beta H_Y^\alpha x_j^{-\alpha} \quad (3.77)$$

由于中间产品可以对称地投入到最终产品的生产部门，所以在均衡条件下，中间产品的需求函数相同，可将下标 i 与 j 略去。

2. 中间产品部门

生产 x 单位中间产品，可变成本为 1·x，固定成本为 C，中间产品的售价为 p_x，中间产品生产厂商进行垄断生产获得的收入为 $p_x x$，则利润 π_x 为：

$$\max_{p_x} \pi_x = p_x x - 1 \cdot x - C \quad (3.78)$$

由一阶最优化可得到发展中国家中间产品部门的垄断定价为：

$$p_x = p_{x_i} = p_{x_j} = \frac{1}{\beta} \quad (3.79)$$

将（3.79）式代入（3.77）式中，可得国内中间产品的需求量为：

$$x_i = A^{\frac{1}{\alpha}} \beta^{\frac{2}{\alpha}} H_Y \quad (3.80)$$

由于通过贸易或投资渠道获得国外中间产品技术溢出效应，不能完全被发展中国家所吸收，发展中国家实际获得的有效中间产品量为 $x_j e^{-\varepsilon}$，国外中间产品

的需求量为：

$$x_j = A^{\frac{1}{\alpha}} \beta^{\frac{2}{\alpha}} H_Y e^{-\frac{\varepsilon}{\alpha}} \tag{3.81}$$

将（3.78）和（3.81）代入（3.76）可以得到最终产品部门的均衡产出：

$$Y = A^{\frac{1}{\alpha}} \beta^{\frac{2\beta}{\alpha}} H_Y [N + E(\varepsilon) N^*] \tag{3.82}$$

令 $E(\varepsilon) = e^{\frac{-\varepsilon\beta}{\alpha}}$，$E(+\infty) = 0$，$E(0) = 1$ 且 $\frac{\partial E}{\partial \varepsilon} < 0$。

3. 研发部门

研发部门通过选择人力资本存量最大化收益。

$$\max_{H_N} \pi_N = P_N \dot{N} - W_{H_N} H_N \tag{3.83}$$

P_N 是研发部门设计出新中间产品的售价，W_{H_N} 是从事研究与开发的人力资本报酬，在平衡时，研究与开发部门总成本等于总收益

$$W_{H_N} = P_N \delta [\omega N + \varphi(1-\omega) N^*]$$

根据罗默（1990）对专利的定价：研发部门设计并出售中间产品的价格等于发展中国家利用该中间产品获得利润贴现的总和。

$$P_N(t) = \int_t^\infty \exp\left[\int_t^T r(s) ds\right] \pi(\tau) d\tau$$

对时间 t 求导可得

$$P_N(t) = \frac{\pi(t)}{r(t)} = \frac{1}{r}(P_x - 1) x_i = \frac{\alpha}{\beta r} A^{\frac{1}{\alpha}} \beta^{\frac{2}{\alpha}} H_Y \tag{3.84}$$

4. 家庭均衡

由（3.74）家庭跨期效用最大化得到消费增长率如下：

$$g_c = \frac{\dot{C}}{C} = \frac{r - \rho}{\sigma} \tag{3.85}$$

三、比较静态分析

在经济社会中，人力资本可以在最终产品部分和研发部门无成本地自由流

动,则均衡条件下有 $W_{H_Y} = W_{H_N}$。

由 (3.76)、(3.82)、(3.84) 与 (3.85) 可得:

$$H_Y = \frac{r}{\beta \cdot \delta} \frac{[1 + E(\varepsilon)(u-1)]}{[\omega + \varphi(1-\omega)(u-1)]} \tag{3.86}$$

其中假设 t 时刻技术水平总量为 N^T,$N^T = N + N^*$,令 $N = \frac{N^T}{u}(u>1)$,则国内外企业技术水平差距为 $\frac{N^*}{N} = (u-1)$。

在经济平衡增长路径上,Y 和 C 的增长率相同,因此有:

$$g_Y = g_C = g_N = \delta H_N [\omega N + \varphi(1-\omega)N^*] \tag{3.87}$$

再由 $H_Y + H_N = H$,结合 (3.86) 可得开放条件下,平衡路径上技术进步率为:

$$g_N = g_Y = g_C = \frac{\delta H[\omega + \varphi(1-\omega)(u-1)] - \frac{\rho}{\beta}[1 + E(\varepsilon)(u-1)]}{1 + \frac{\sigma}{\beta}[1 + E(\varepsilon)(u-1)]} \tag{3.88}$$

命题 3:在一国社会经济稳态条件下,技术创新率受到人力资本水平、知识产权保护高低、技术溢出效应大小、国内外技术差距等因素的制约,特别是当技术参数 δ、σ、β 一定的情况下,有 $\frac{\partial g_N}{\partial \omega} = \frac{\delta H[1 - \varphi(u-1)]}{1 + \frac{\sigma}{\beta}[1 + E(\varepsilon)(u-1)]}$,知识产权保护对技术创新率由技术差距和技术溢出效应的大小共同决定。一方面当国内外企业技术差距较大时,开放给国内企业提供了技术模仿和学习的可能,但是由于企业创新能力很低,吸收能力很弱,进行逆向工程的可能性不大,企业的创新主要依赖于现有产品种类的增加,技术外溢效果很小,知识产权保护的垄断效应远大于市场扩张效应,国家间的技术进一步差距拉大;另一方面当国内外企业技术差距较小时,企业的模仿成本较小,在知识产权保护下,发达国家为延长产品的生命周期,更愿意进行对外 FDI 或贸易,技术溢出的效应比较大,国家间的技术差距缩小。

第四节

知识产权保护影响技术创新的其他机制

在前面的章节中,我们已经分析了知识产权保护的直接作用机制,即促进了企业加大研发投入,保障了技术创新者对技术的专有性,影响了一国的创新产出;本章我们借鉴已有文献构建模型,分析知识产权保护影响一国进出口产品的贸易结构和 FDI 流入量,从技术传播和扩散的渠道间接作用于发展中国家的技术创新。除了技术转移这种间接作用机制外,知识产权保护还可能通过其他机制间接作用于一国的技术创新,这一节我们对此进行简单分析。①

一、知识产权保护作用于融资影响技术创新

近年来,世界各国十分重视国家创新体系的建设,企业作为国家创新体系的重要组成部分,其创新水平的高低充分代表了一国的创新能力,而企业面临的融资约束已成为除了人力资本外,制约企业创新的主要因素。哈尔(Hall, 2001)对 1984 年以后美国电气、电子、计算和科学仪器行业进行研究,发现增长源于所有行业的技术创新。这些行业的专利不仅对行业专有权的保持具有重要意义,同时有助于新进入这些行业的企业获取金融支持。鲍姆和西尔弗曼(Baum & Silverman, 2004)检验了是否为新建的企业提供风险融资,通过对未具有企业联盟、知识和人力资本等特征的初创企业提供资金资助效应和具有同样企业特征在未来经营效应的比较,发现风险融资的初创企业虽具有较强的技术,但是在短期内面临失败的风险,所以需要提供强有力的专利保障。阿亚格瑞等学者(Ayyagari et al., 2007)采用世界银行投资环境调研数据,对来自 47 个发展中国家 1.9 万家企业进行研究,发现进行创新的企业往往是融资能力较强的企业。企业在融资过程中要向外部资金供应者保证企业的创新具有发展潜力,企业在研发过程中

---

① 这一小节中的知识产权保护特指专利保护。

还要面临被模仿、信息不完善、交易成本提高等生产性风险,但专利的授予可以保证企业的研发投资获得合理的收入,缩短技术研发的周期,促进研发技术的商业化。舒和济耶多尼斯(Hsu & Ziedonis, 2008)分析发现专利为新企业在其存续期内获得金融资本资助,提供了有利条件。特别是在早期融资阶段,专利对创新企业价值的估计效应要远大于那些已建立没有经验的企业。霍伊斯勒等学者(Haeussler et al., 2009)从理论机制角度分析了专利申请与授予是如何提高新建立企业的风险融资能力,并激发企业的创新动力的,他们认为由于投资者在投资时面临不确定性收益,因此会把专利作为评估证券投资前景的指标;应用风险率分析,发现企业在专利申请时往往也伴随着风险融资。研究结果还表明,风险融资关注企业专利质量,融资较快的企业往往是高质量专利的申请者,而对专利异议则降低获得风险投资的可能性。

二、知识产权保护作用于专利信息公开影响技术创新

约翰逊和波普(Johnson & Popp, 2001)采用美国1976~1996年的专利数据,分析了专利信息提前公布的可能性影响,证实专利信息被披露越早,信息和知识的传播速率也越快,短期内信息的提前公布会提升整个国家的创新速率。斯托彻摩尔(Stochmer, 2004)指出专利的持有者在专利法定时间届满或提前公布专利所包含的知识,为从事相同或类似发明的企业带来了正向外部效应,避免了其他发明企业的重复投资,加速了整个社会技术创新。莫斯特(Moster, 2011)采用英国和美国1851~1915年间在世界博览会的创新产品数据,对专利和创新的关系进行实证研究,研究发现高质量的产品更容易获得专利,行业的创新者多出现在专利容易模仿、进行逆向工程和专利信息公开较早的行业。国内学者张建山(2009)认为提前公开专利的申请,一方面有利于加快专利申请的审查过程,加快了专利的获得;另一方面由于我国对公开后的专利实施临时性的保护,延长了专利保护的期限,保护了国内创新者技术创新的可溢性(appropriability),有助于培育国内创新机制。叶静怡等(2012)研究发现,与法定公开专利申请相比,提前公开专利申请,不仅专利的撤回率低、授权率高,而且提前公开的专

利，质量更好，专利提前公开有助于优质技术知识的快速传播。使用中国1993~2007年发明专利数据，对比分析公开专利申请和提前公开信息的专利质量，也得出提前公开优质专利申请，会推动社会技术进步的结论。

第五节 本章小结

在第二章文献回顾中，我们得知知识产权保护强度的大小会影响贸易和FDI溢出效应的发挥，从而影响技术创新，但由于模型分析假设前提不同，加强知识产权保护对发达国家和发展中国家的技术创新的影响是不同的，这一章我们基于北方国家从事研发与创新活动，南方国家进行模仿及国家之间对外交往日益加深的现实特征，选取了代表性的模型进行了详细的分析。在南北国家进行贸易，北方国家提高产品质量，南方国家进行模仿创新模型中，发现当贸易作为技术转移的途径时，北方国家提高知识产权保护力度抑制了南方国家的模仿行为，对北方创新国家有利。在北方国家通过FDI对南方国家进行技术扩散，北方国家从事产品种类增加的水平创新模型中，发现知识产权保护水平的提高，虽使南方模仿产品在市场中的份额下降，但促使FDI流入增加，FDI增加的效应弥补了模仿减少的效应，有助于南北方国家的创新。但是这两个模型只是假定南方国家只会对北方国家的创新产品进行模仿，忽视了南方国家的自主创新能力。在第三节中，我们将发展中国家既创新又模仿内生化到中间产品种类增加模型中，分析知识产权保护对技术创新的作用，发现加强知识产权保护的效应受到人力资本发展水平、国内外技术差距和国际技术溢出效应的大小的制约。除此之外，本章还从融资和信息公开两方面，分析了知识产权保护对技术创新的间接作用机制。

第四章

中国知识产权保护水平和技术创新现状

第一节

中国知识产权保护历程及水平

经济全球化不断深化发展，知识经济时代到来，世界各国的经济贸易交流日益频繁，知识产权保护和创新成为国家战略竞争的焦点与核心。在知识产权全球化的体系下，以美欧为代表的国家和地区为维持其产品在国际市场竞争中的地位，积极推行和强化知识产权保护标准，加速双边和多边的知识产权谈判，这些都对发展中国家现有的知识产权保护制度提出了进一步的要求与挑战。知识产权保护作为一项重要的制度，既是保证技术创新成果权利化、资本化、商品化和市场化的前提，也是我们依法治国、建设诚信国家的重要内容，对于实现我国由全球价值链中低端的参与型国家向自主创新驱动型国家转变，作用也不可小觑。在第三章对知识产权保护作用机制分析的基础上，本章主要对我国当前的知识产权保护和技术创新现状进行相关介绍，并构建知识产权保护的指标体系，对我国的知识产权保护水平进行测度，同时采用非参数方法，从全要素生产率角度对技术创新产出进行测度，为下一章的实证分析奠定基础。

一、中国知识产权保护现状

（一）知识产权保护的定义与范围

知识产权（Intellectual Property Rights）的概念，由法国学者左普卡夫于17

世纪50年代提出,是指对"科学、技术、文化、艺术等领域从事智力活动创造的精神财富所享有的权利"。比利时法学家皮卡第在此基础上进行了扩展,认为知识产权包括工业产权(Industrial Property)和版权(Copyright)。其中,人类智力活动在工业领域的成果为工业产权,主要由发明创造、技术革新、商标和服务体系等体现;人类智力活动在文学艺术领域的成果为版权(齐俊妍,2008)。

由于各个国家对知识产权的概念及其涵盖范围的理解存在差异,各种国际公约仅对知识产权保护的种类进行规定,如1883年的《巴黎公约》指出,工业产权的保护对象包括发明专利、实用新型专利、工业品外观设计、商标、服务标记、厂商名称、货源标记、制止不正当竞争等。世界知识产权组织(Word Intellectual Poperty Orgnization,WIPO)指出知识产权保护应包括以下几方面:(1)关于文学艺术和科学作品的权利;(2)关于表演艺术家表演、录音和广播的权利;(3)关于人类在一切领域内的发明的权利;(4)关于科学发现享有的权利;(5)关于工业品外观设计的权利;(6)关于商品商标、服务商标、商号及其他商业标记的权利;(7)关于制止不正当竞争的权利;(8)其他如一切来自工业、科学及文学、艺术领域的智力创作活动所产生的权利(邹彩霞,2013)。1994年4月世界各国在马拉喀什签订了《与贸易有关的知识产权协议》(TRIPS),规定版权与有关专利、商标、地理标志、工业品外观设计、专利、集成电路布图设计、未经披露的信息①的保护属于知识产权保护的范围,这是迄今为止世界范围内影响最大的多边知识产权条约,对知识产权保护的义务范围、标准和执法做出了详细规定,条约签订后世界各国都制定了知识产权相应的国内规范,按照国民待遇要求和最低知识产权保护标准,平衡知识产权保护在国家和区域间的差异,推动了知识产权保护在全球范围内的协调和发展。此后,世界知识产权组织先后通过了《版权条约》《表演和录音制品条约》《专利法条约》,知识产权保护涵盖的内容不断扩大、立法水平不断提高。近年来全球价值链贸易模式的兴起与发展,对知识产权保护的全球变革也提出了新的要求,以美日欧为代表的知识产权保护强国先后通过了反假冒贸易协定(Anti-Counterfeiting Trade Agreement,ACTA)、跨太平洋伙

---

① 又称商业秘密。

伴关系（Trans-Pacific Partnership，TPP）、跨大西洋贸易与投资伙伴关系协定（Transatlantic Trade and Investment Partnership，TTIP），提出了比 TRIPS 标准更高的知识产权保护标准，比如在对互联网的知识产权保护、延长著作的保护权方面等都提出了新的要求。而以中国、印度、巴西等为代表的广大发展中国家，则要求根据国内经济发展的现状，来制定知识产权保护政策。

（二）中国知识产权保护现状

1. 中国知识产权保护的发展历程

知识产权指公民或法人在科学、技术、文化、艺术等领域，通过脑力活动创造出来的智力成果依法享有的专有权。我国的知识产权保护最早可追溯到 20 世纪 50 年代，1950 年 7 月 28 日，由政务院颁布了《商标注册暂行条例》，但由于历史的种种原因，此后我国知识产权保护陷入了停滞状态。改革开放后伴随我国经济的飞速发展，在制定和参与国际条约的过程中，我国的知识产权经历了跨越式发展的三个阶段，逐步建立了较为完善的知识产权保护制度。

第一阶段是在 20 世纪 70 年代末到 80 年代，初步构建知识产权保护的法律体系。1979 年《中美贸易关系协定》的签订，要求中国把专利、商标、版权纳入贸易协定中，并对这些知识产权保护予以保护。我国于 1982 年的 8 月的五届全国人大常委会中通过了《中华人民共和国商标法》，1984 年 3 月的六届全国人大常委会通过了《中华人民共和国专利法》。初步形成了以商标法、专利法为主的中国知识产权保护的法律体系。为加快与国际知识产权接轨的步伐，我国还先后加入了《世界知识产权公约》《巴黎公约》和《商标注册马德里协定》。第二阶段是 20 世纪 90 年代，我国知识产权保护法律体系不断完善。为了应对美国"特别 301 条款"，我国于 1990 年 9 月 7 日七届人大常委会通过了《中华人民共和国著作权法》，1991 年 6 月 4 日国务院颁布了《计算机软件保护条例》，1992 年 9 月 4 日和 1993 年 2 月，分别做出了对《专利法》和《商标法》第一次重要修订的决议，1993 年 9 月 2 日颁布了《中华人民共和国反不正当竞争法》。1997 年实施《植物新品种保护条例》，至此，我国已经构建了由商标法、专利法、著作权法、反不正当竞争法构建的较完善的知识产权保护法律体系，国内一些大专院校还成立了知识产权研究中心,知识产权这一观念深入人心。在这一阶段,我国还先后加入了《伯尔尼公约》《世界著作权公约》《保护录音制品制作者未经许可复制其制品公约》《专利合作条约》等国际条约。第三阶段是 21 世纪至今,基本形成与国际接轨的知识产权保护法律体系。为了应对发达国家以中国知识产权保护力度较弱而引发的贸易争端,出于中国入世的需要,2000 年 8 月 25 日我国分别对《著作权法》和《专利法》进行第一次修订和第二次修订,2001 年 10 月对《商标法》进行第二次修订,随着 2001 年 11 月 10 日入世的成功,我国由此进入了 TRIPS 时代。为了应对网络的兴盛,保护著作权人、表演者、录音录像制作者的信息网络传播权,我国在 2006 年 5 月 18 日颁布《信息网络传播保护条例》,2007 年还加入了《世界知识产权组织版权条约》和《世界知识产权组织表演和录音制品条约》,不断扩大知识产权保护的范围和种类。2014 年对《著作法》进行第三次修订,并于同年 5 月 1 日,颁布和实施新的《商标法》,除对商标注册异议和无效宣告程序、审查时限、侵权赔偿额等内容作出了较大修改外,还对商标注册异议和无效宣告程序、审查时限、侵权赔偿额等内容作出了较大修改,进一步加大了我国商标专用权的保护力度。

除了不断完善和修订现有的立法体系外,我国在知识产权保护的执行过程中,初步形成了司法保护和行政保护的两条途径、并行运作的执法模式。司法保护主要体现为人民法院审理相关的知识产权案件,建立和健全知识产权案件的审判组织和审判程序,为依法保护知识产权提供重要保障。除了按照国际惯例采取司法途径外,立足我国的国情,我国还设立了相关行政机构,形成了以国家知识产权局(State Intellectual Property Organization,SIPO)为主、国家工商行政管理总局(State Administration For Industry & Commerce,SAIC)、国家版权局、国家食品药品监督管理局(State Food And Drug Administration,SFDA)、海关总署、农业部、国家林业局等为辅的日常管理机构。为了协调各部门间知识产权保护工作,促进行政执法部门和司法部门工作的衔接,推进知识产权保护法律体系和工作保护体系的建设,2004 年成立了以国务院副总理为组长的国家保护知识产权工作组,来统筹协调全国知识产权保护工作。

进入 21 世纪以来,我国政府对知识产权更加关注,出台了一系列方针、政策来推进我国的知识产权建设。2006年在《国家中长期科学和技术发展规划纲要（2006~2020）》中，提出"加大知识产权保护力度，发挥行业等在知识产权保护中的作用"；在积极落实科学发展观，建设创新型国家的过程中，我国将知识产权保护上升到国家战略的高度，于2008年6月28日通过了《国家知识产权战略纲要》，提出建立中国自主知识产权，并指出从2009年开始实施《年度国家知识产权战略实施推进计划》。2011年我国在《国民经济和社会发展第十二个五年规划纲要》中，指出"知识产权政策与财税金融政策等都属于科技创新支持政策，要加大知识产权执法力度，鼓励采用和推广具有自主知识产权的技术标准"。党的十八届三中全会中明确提出"加强知识产权的运用和保护，健全技术创新激励机制，探索建立知识产权法院"，知识产权的保护力度也不断加大。2014年7月，世界知识产权组织在中国北京设立办事处。2014年11月，强调知识产权的保护和应用，加速中国制造向中国创造的转变。同年的11~12月还相继在北京、广州、上海成立知识产权法院，完善中国特色的知识产权法律保护体系，此外还成立了集专利、商标、版权"三合一"的浦东知识产权局，处理和调节国内有关知识产权纠纷，建立知识产权风险预警机制，推动知识产权促进转化应用，同时积极探索建立与国际接轨的知识产权体系，党的十八届四中全会又强调"加强知识产权保护的管理和应用"，这一系列政策和措施的出台，都凸显了我国要建设知识产权强国的决心。

2. 中国知识产权保护的现状

随着国际分工向纵深方向发展，产品内分工出现并发展，这种分工模式把世界各国囊括到全球生产链的环节上，产品的生产过程可以被拆分为不同阶段，并在空间上分散的国家或地区进行。处在全球价值链上游的发达国家率先进行经济发展方式的转变和产业结构的调整，他们不断进行研发创新，拥有大量自主知识产权的产品核心技术，引导着产业发展的方向。这种国际分工模式使得发达国家在与发展中国家的对外交往中，要求发展中国家按其标准，提高知识产权保护力度。随着发达国家知识产权国际化的推进，国际社会对知识产权保护也经历了从双边安排到多边协定的过程，中国基本顺应了这一发展趋势，在外在动力和经济发展的内在需求的推动下，不断进行知识产权保护制度的完善，特别是在加入

WTO，签订 TRIPS 协定后中国的知识产权整体水平更是不断提升，主要体现在以下几方面：

首先，从国内外专利的授权数量看，规模不断扩大，知识产权保护水平稳步提高。专利是对发明创造者赋予专有保护的知识产权，它的实施有助于实现技术创新的商品化和市场化，维持技术创新公平的市场环境，激发国内企业自主创新的积极性；有助于应对拥有庞大专利的跨国公司主导制定的国际标准"门槛"，促进企业开展跨国经营。从国际知识产权的统计数据看，加入 TRIPS 后我国国内外专利的授权总量从 43297 件上升至 2012 年的 1255138 件，规模扩大了近 29 倍，年均增长率为 19.38%。从图 4-1 可以看出，发明、实用新型、外观设计三种专利呈现出不同的发展态势，与实用新型和外观设计相比，发明对创新的要求较高，其在整个专利的授权量中占比最低，但从专利授权量占比看，1994～2012 年发明专利占比呈逐年上升趋势，1994 年占比为 8.97%，2012 年的占比为 17.30%，年均增长 3.52%。这说明一方面中国在模仿创新中产生了一些自主知识产权，另一方面也体现出中国正由模仿创新向自主创新转变。实用新型专利占比呈逐年下降的趋势，说明实用新型专利的知识产权的标准提高了。外观设计占比的增速最快，年均增速为 4.81%，说明随着中国产品的出口量的增加，产品的外观设计正成为增强产品竞争力和附加值贸易的重要内容；从这三方面看中国知识产权保护质量稳步提升。

其次，从商标注册数和版权登记量来看，整体都呈现上升趋势。商标是厂商提供优质产品和服务的重要体现，是企业进行创新实施品牌战略的重要手段。商标注册是企业占领国内国际市场的重要保证，1994～2011 年间，国内外授权注册商标数量实现了年均 18.51% 的增长率，[①] 呈现出总体上升的态势。我国 2012 年在商标法修正草案中将侵犯注册商标的赔偿金额从 50 万元提高到 300 万元，体现了对商品注册的保护。版权合同登记数，主要指包括图书、期刊、音像制品、电子出版物、软件、其他等在内的合同登记情况。目前我国有关版权登记的规定主要体现在国家版权局于 1994 年发布的《作品自愿登记试行办法》、2002

---

① 增长率根据《中国知识产权年鉴》中的数据测算所得。

年公布的《计算机软件著作权登记办法》和 2010 年制定的《著作权质权登记办法》中,① 1994~2011 年中国自愿登记的版权合同从 2869 份增至 20797 份,其中音像制品、电子出版物、软件所占比重不断增大,这是国内文化产业的结构变迁,发展文化贸易,建设文化强国的战略的重要体现。

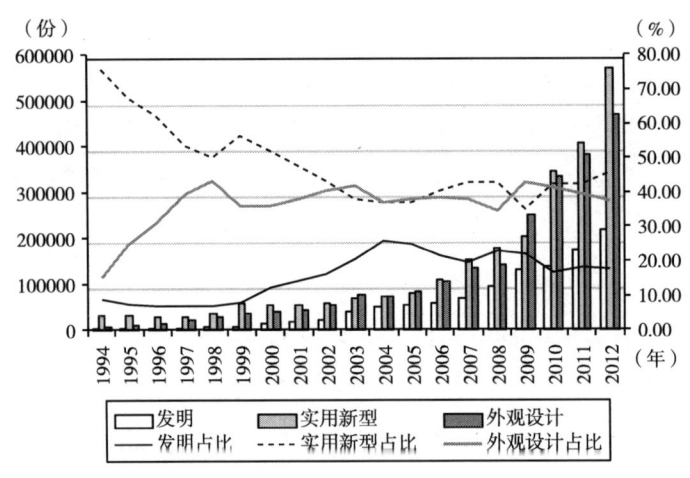

图 4-1　中国国内外专利授权量

数据来源:1994~2012 年《中国统计年鉴》

二、中国知识产权保护水平

(一) 测度知识产权保护水平的主要方法

知识作为一种无形的资产,其保护受到立法、司法、执法及管理等多种因素的制约,要将这些因素纳入统一的框架下,构建知识产权保护体系,对知识产权保护进行定量度量存在一定的难度;但是无论是实证分析检验,还是国家制定知识产权保护政策,都需要定量度量知识产权的保护水平。从目前国内外现有文献看,对知识产权的度量主要有实地调查法、立法评分法和综合评分法三种方法。

---

① 文杰. 我国版权登记制度的现状、问题与完善 [J]. 出版发行研究,2011 (5).

1. 实地调查法

实地调查法，主要指对跨国公司的经营者或律师等人员进行问卷调查以确定被调查国家的知识产权保护水平。如曼斯菲尔德（1995）、李和曼斯菲尔德（1996）对来自德国、日本和美国化学、医药、运输装置、电子设备、医药、食品等行业，随机抽取的100个跨国企业经营者和律师进行问卷调查，根据其回答知识产权争端频发的14个发展中国家知识产权保护强弱对其技术转移方式和转移内容的影响，来确定这14个国家的知识产权保护强度。舍伍德（Sherwood，1997）设计了包括专利、商标和版权立法、法律执行能力、参加国际条约等内容的调查问卷，对主要来自拉丁美洲的18个发展中国家进行实地调查，根据国家对每项内容的得分，赋予不同权重，由此确定这些国家的知识产权保护水平。这种方法构建了较为完整的知识产权保护体系，调查结果也反映出知识产权保护的执行效果。但是由于调查对象的选取具有一定的随意性，随着时间的推移，调查对象往往难以追踪，难以获得持续稳健的调查结果；对于各个指标赋予的权重也缺乏科学的依据。国内学者杨为国等（2002）在全国范围内从对知识产权的认识与态度、关于知识产权的司法、行政与保护、我国有关知识产权法律、法规的修改问题、知识产权行政管理机关机构和改革、知识产权人才与教育五方面对影响我国知识保护的各因素做了抽样调查，以便深入研究和了解我国知识产权保护的相关问题。付长青等（2005）对来自电子、机械、冶金、商业等行业的河北省中小企业，采用实地和网上问卷调查法，客观评价了河北中小企业知识产权的现状，提出一些提升中小企业知识产权保护水平的对策建议。赵桂芬、安福元（2008）设计调查问卷，在2005年12月到2006年5月期间实地调查了和分析社会公众对知识产权的了解、尊重和保护及依法维护的意识。

2. 立法评分法

由于西方发达经济体和国家法律制度比较完善，一些学者指出可以根据各国知识产权现有的法律文本构建一个评价体系，对其进行评分，由此来确定知识产权保护强度。如拉普和罗泽克（Rapp & Rozek，1990）用专利法代表知识产权保护，以美国商务部1987年公布的最低专利法作为衡量标注，构建了0~5共计六个等级：其中 0 表示没有专利保护法律；1 表示不充分的法律保护，没有禁止盗版的法律；2 表示有严重缺陷的法律；3 表示法律上有缺陷，但是有执行法律；4 表示总体较完备的法律；5 表示法律的保护和执行机制完全符合美国商务部要求的最低标准。将不同国家的专利强度与之进行对比，以此来确定这一国家的知识产权保护水平。采用整数来表示知识产权保护水平，可能相差值较大的国家知识产权保护水平会位于同一等级，而差值不大的两个国家，知识产权保护水平却处于两个不同的等级中。

格纳特和帕克（Ginarte & Park，1997）在拉普和罗泽克研究的基础上，构建了知识产权保护指数并计算了 110 个国家 1960～1990 年的知识产权保护水平。这一指数是对专利法律五个一级指标的值赋予相同的权重，[①] 加总得分而求得。五个方面分别是：①专利的覆盖范围；②国际专利协定的成员国；③专利丧失的保护；④执行机制；⑤保护期限。根据每个国家在考察期内的情况，其值从 0 到 1 变化。格纳特和帕克将二级指标引入每个一级指标中，且每个一级指标是由其下面包括的若干二级指标得分加权而得出，避免了 RR 指数的不足。得分越高说明知识产权保护力度越高。无论是 RR 指数还是 GP 指数仅从立法的角度计算了知识产权保护水平，由于在知识产权保护中构建中，无法将所有的立法内容囊括进来，导致计算结果具有一定的偏颇。国内学者钟佳佳（2006）构建了与格纳特和帕克（1997）类似的一级知识产权保护指标，并测算了中国的知识产权保护强度。与 GP 指数不同主要表现为两方面：①每一个一级指标均由 3 个二级指标组成；②一级指标中专利的保护期限不是一成不变的，它由 1990 年的 15 年变为 2005 年的 20 年。

3. 综合评分法

一些学者在研究过程中注意到与发达国家相比，发展中国家无论是在知识产权的立法方面还是执法实施过程中都存在很大差异，因此建议将立法水平和执法水平结合起来，从综合评分角度来考察知识产权保护强度。厄斯特高和罗伯特

---

① 为了证明每个指标赋予的权重均为 20%，格纳特和帕克（1997）对每个指标的权重分别赋值 40%、60%，剩下的指标的权重为其平均，这样得出的知识产权指标值与 GP 测算出的知识产权保护值进行相关性检验，结果证明其相关性在 90% 以上。

(Ostergard & Robert, 2000) 按照美国商业委员会对专利的最低标准，从专利、商标和著作三方面来衡量知识产权立法保护度，又根据1988年美国颁布的《综合贸易和竞争法案》来判断执法力度，[①] 最终得到知识产权保护力度是立法得分和执法得分的乘积。莱塞（Lesser，2001）从参与TRIPS协定、国际植物新品种保护联盟（International Union for the Protection of new Varieties of plants，UPOV）和专利合作条约（Patent Cooperative Treaty，PCT）三方面衡量一国的知识产权的立法情况、从透明国际腐败指数来衡量知识产权执法情况，用能否维护一个详尽的网页来判断一国的行政管理水平，一国的知识产权保护水平是这三个指标的乘积。国内对知识产权保护的定量研究主要有几方面：第一，从执法水平对中国知识产权保护的修正。韩玉雄与李怀祖（简写为HL，2005）在GP指数基础上，构建执法力度，修正了中国的知识产权保护水平。此后国内的一些学者对执法力度进行了改进（见表4-1）。第二，从立法角度修正中国的知识产权保护指数，董雪兵等（2012）认为仅从专利权的角度来衡量知识产权保护的立法强度过于单一，他们将版权指数和商标权指数引入知识产权立法强度中，构建了中国的知识产权保护的立法强度。具体而言，根据专利权、版权和商标权指数每一指标中包括的保护范围、国际条约成员、专利、版权、商标的使用、保护期限、执行机制的二级指标分别计算出得分，并采用主成分法确定权重，最终计算出知识产权保护立法强度指数；然后再根据许春明等（2008）构建的执法力度指标，测得中国的执法强度指数，最终将二者相乘得到中国的知识产权保护总指数。第三，选取多个指标对知识产权保护强度进行度量。吕敏、张亚斌（2013）构建了由经济、法律、国际和社会四个因素组成的一级指标，在每个一级指标下又分设3个二级指标，二级指标下又设了10个三级指标，然后采用熵值法和主成分分析法来确定各个指标权重大小，最终测得中国的知识产权保护强度。

[①] 执法力度的取值范围是0~4，0表示这一国家没有进行知识产权的执法，4表示执法力度最大。

表4-1　国内学者测算中国知识产权保护水平中执法力度的代表文献

代表文献	执法力度的构建	度量指标
韩玉雄与李怀祖（2005）	社会法制化程度	律师人口占总人口的比例
	法律体系完善程度	立法的时间
	经济发展水平	人均GDP水平
	国际社会的监督制衡机制	WTO成员
许春明、单晓光（2008）	司法保护水平	律师占总人口的比例
	行政保护水平	立法时间
	经济发展水平	人均GDP
	社会公众知识产权保护意识	成人识字率
	国际监督制衡	WTO成员
姚利民、饶艳（2009）	社会法制化程度	律师比率
	政府的执法态度	专利侵权案件的结案率
	相关服务机构配备	能办理知识产权相关事务的律所的比例
	社会知识产权保护意识	人均专利的申请量
沈国兵、刘佳（2009）	经济发展水平	人均国民收入
	法治水平	考夫曼等（Kaufmann et al., 2008）关于中国法治水平的测算结果
	执法水平（由专利侵权保护程度和执法机构保护程度两部分构成）	全国法院民事专利侵权收案数占全部专利类案件收案数的比例，海关和法院民事知识产权类案件查处或审结率表示我国执法机构的知识产权保护程度
孙旭玉（2010）	社会法制化程度	律师比例
	行政保护水平	立法时间
	社会公众知识产权保护意识	成人识字率
	参加国际条约情况	WTO成员

摘自：孙赫. 知识产权保护强度测量方法研究述评[J]. 科学学研究, 2014 (3): 362

（二）中国知识产权保护水平

1. 中国知识产权保护指标构建

加入WTO后，在TRIPS协定的国际标准要求下中国知识产权保护的立法体系不断完善，日趋接近美、日、欧等发达国家和地区的知识产权保护水平，但是近年来以美国为首的发达国家指出，中国的知识产权执法"效果差"和"没有威慑力"是造成中国侵权案件频发的主要原因之一，考虑转型时期中国知识产权立法和司法尚不能完全同步的现实，参照国内现有文献的研究，本章构建了由立法指标和执法指标综合作用的中国知识产权保护指标，具体如图4-2所示。下面对这些指标及其测度逐一进行介绍。

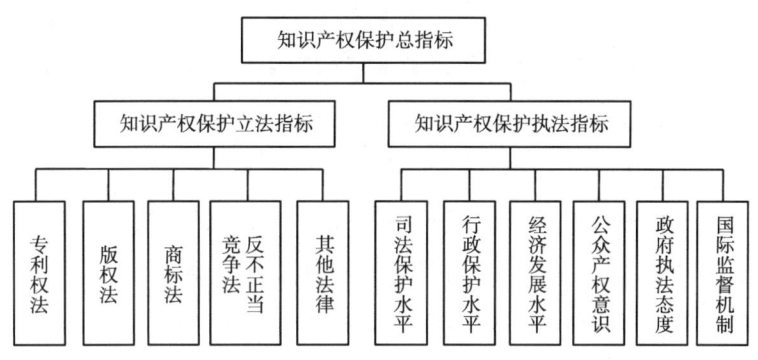

图4-2 中国的知识产权保护指标

（1）知识产权立法指标及其测算

参加TRIPS协议后，中国知识产权立法水平日趋完善，我们构建了包括专利法在内的五个主要指标来衡量中国知识产权立法水平，鉴于中国及各省统计数据的可得性，可以采用专利法强度代表中国的知识产权保护强度。目前发达国家多采用GP指数来测度知识产权保护水平，为了与之进行比较分析，这里采用修正的GP指数来测度我国的知识产权保护水平。在测算过程中，我们参照沈国兵、刘佳（2009）的做法，将世界知识产权组织公约、布达佩斯条约、洛迦诺协定、斯特拉斯堡协定和TRIPS协定这五项重要的专利公约引入第二个指标——专利协定的成员国中，将其所包括的二级指标扩展为8个。然后基于GP测度方法，对每个二级指标分别赋值，其在考察期内的值在0和1之间变化，对每个二级指标取值加权平均，便是其所属一级指标的得分。在此基础上，将五个一级指标加总求和，得到用修正的GP指数测度的我国知识产权立法水平。

（2）知识产权执法指标及其测算

知识产权执法主要体现为对知识产权实体规则的执行，发达国家和发展中国家在WTO框架下关于TRIPS协议的达成，最终以专章内容规范了知识产权执法制度。参照表4-1中国内文献对知识产权执法力度的构建，本书将知识产权执法力度扩展为包括司法保护水平、行政保护水平、经济发展水平、社会公众意识、政府执法态度、国际监督制衡六个指标在内的指标体系。下面我们对其含义及测算方法逐一进行说明。

①司法保护水平及度量。司法保护主要指知识产权在运用过程中，或纠纷发生后，可以借助司法来进行解决，它体现了现实中知识产权的立法强度，按照国际通行的做法，多以专职和非专职律师人口数占人口总数的比例来衡量。[①] 一般认为，当律师总数占人口总数的比例大于万分之五时赋值为1，当占比不足万分之五时，以实际占比除以万分之五来赋值。

②行政保护水平及度量。改革开放之初，中国知识产权建设是先有法律实践，后有理论研究，基于这一现实中国知识产权保护采取了行政与司法并行运作的双轨保护模式，行政保护可以迅速制止对社会公共利益侵权行为的发生和扩大。一般而言，如果一国的法律体系较完备，行政保护与管理中各机构的职责也较明晰。文本以立法时间来衡量一国的行政保护水平，以100年为基础，如果立法时间大于100，则取值为1，反之用实际立法时间除以100，对其赋值。

③经济发展水平及测算。一国的知识产权保护水平必须与国内经济发展水平相适应，从世界各国经济发展实践来看，随着经济发展由低向高的演进，各国的知识产权保护水平也不断提高。世界银行指出可以采用人均GDP来衡量国家的经济发达程度，当人均GDP超过2000美元时，取值为1，不足2000美元时，赋值为实际的人均GDP除以2000。[②]

④社会公众的产权保护意识及度量。社会公众的法律意识是知识产权保护和防止被滥用的基础，许春明、单晓光（2008）指出社会公众受教育程度与知识产权保护意识呈正相关关系，主张采用成人识字率来衡量社会公众的知识产权意识。赵桂芬、安福元（2008）在对中国公众的知识产权意识现状调查中，发现识字率代表了公众对知识产权的认知程度。因此，本书认为如果成人识字率大于

---

① 数据来源：律师占总人口比例、人均GDP、成人识字率均根据各年度的《中国统计年鉴》中的数据计算求得。
② 世界银行认为2000美元是划分国家发达程度的临界值。

95%，则取值为1，否则取值为成人识字率除以95%所得。

⑤政府的执法态度及度量。由于知识产权具有公共物品的特性，单依靠权力主体来对其进行保护难以实现，对于知识产权权力的争议、侵权的解决，都需要依赖政府实施行政手段来解决。曼斯菲尔德（1994）的调查分析也发现，跨国公司在进行技术许可交易或跨国投资时，除了关注对方国家的知识产权法律体系的完备程度外，还特别关注政府的执法态度。特别是进入后TRIPS时代，以美国和欧盟成员为代表的发达国家，开始"步步紧逼"知识产权执法措施，提出很多超过TRIPS协议最低执法标准的措施——"TRIPS-Plus"，政府的执法态度关系到这些措施的顺利实施。案件的结案率体现了政府执法办事力度和效率，因此以"专利侵权案件的结案率"作为衡量政府执法态度的指标。如果百分百结案的，就将"专利侵权案件的结案率"定为1，其余按照专利侵权结案数占专利受理案件的比率来确定。①

⑥国际监督机制及测算。经济全球化的发展使得知识产权保护不仅仅是一个国家内部的立法与执法问题，还是国家间贸易经济交往的重要条件。WTO将知识产权作为其框架下的重要议题，各成员国1994年达成了《与贸易有关的知识产权》协议，规定了知识产权执行的最低标准和争端解决机制。因此把是否加入WTO来衡量国际监督机制，若一个国家是"WTO成员"，则分值取为1，否则取为0。我国从1986年开始漫长的复关之路至2001年加入WTO，取值也从0均匀变化为1。

借鉴韩玉雄、李祖怀（2005）、许春明（2008）的做法，本书设定这六个指标对执法力度$E(t)$的影响程度一样，对其赋予相同的权重，对这五项指标得分求算数平均值就可以得到相应年份的执法力度。

厄斯特高和罗伯特（2000）指出立法和执法都是知识产权保护的必备条件，当二者相关性较强时，知识产权保护水平可用立法水平和执法水平的乘积来度量，韩玉雄、李祖怀（2005）、许春明（2008）也指出，我国的立法和司法不能完全同步，知识产权的执行力度影响了知识产权保护的实际效果，因此

---

① 数据来源：专利侵权案件的结案率根据《国家知识产权局统计年报》的数据计算求得。

有：IPR(t) = GP(t) × E(t)，其中，IPR(t) 为实际知识产权保护水平，GP(t) 为立法强度，E(t) 为执法力度。其值应在 0~1 的范围内变化，0 表示法律规定的条款完全没有执行，1 则表示法律规定的条款完全执行。

2. 中国的知识产权保护水平

(1) 中国的知识产权保护水平

按照上述分析，结合数据的可得性，我们分别测度了我国 1985~2011 年知识产权保护的立法强度、执法力度，在此基础上测算了实际的知识产权保护水平，为了更加直观地进行分析，做 GP(t)、E(t) 和 IPR(t) 的趋势变化图，如图 4-3 所示。

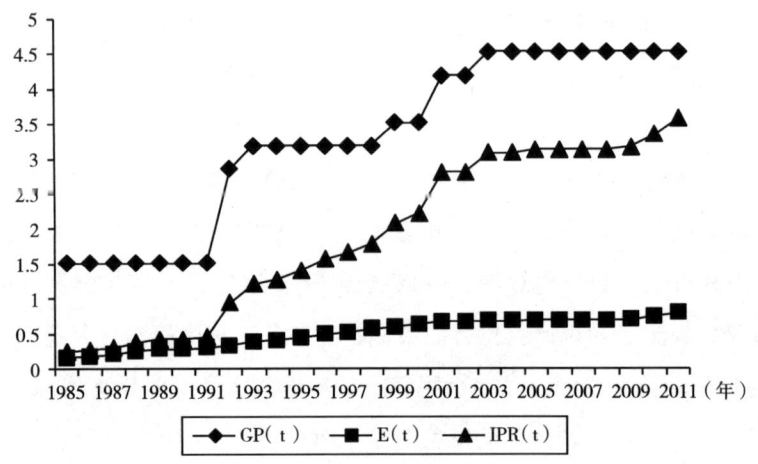

图 4-3　1985~2011 年中国知识产权保护水平

数据来源：根据统计局网站数据测算所得

从图 4-3 不难看出随着我国司法制度的完善、经济发展水平和行政保护水平的提高，我国实际的知识产权保护力度在 1985~2011 年间呈增长趋势，与 GP 指数之间的差距逐渐缩小。我国实际的知识产权保护水平从 1985 年的 0.242 增加至 2011 年的 3.579，在此期间有两个增幅较大的关键时期，1992 年和 2001 年。1992 年邓小平南方谈话确立了社会主义经济体制由计划经济向市场经济改革的目标。为保证改革开放的顺利进行，我国国内修订并完善了《专利法》和《商标法》，立法标准逐步提高，在 WTO 成立前，为我国"复关"做好了重要准备。但是由于一些国家的阻挠和破坏，我国未能实现"复关"的设想。此后我国为争取早日"入世"，减轻对外贸易和投资的阻碍因素，按照 WTO 的标准，进行了一系列法律制度的修订与完善，加入一些国际通行的公约，2001 年我国的 GP 指数为 4.19，与 2000 年的 GP 指数相比，增加了 0.67，同时执法力度也由 1985 年的 0.16 提高至 2001 年的 0.67，这说明我国在 2001 年立法已经有 67% 得到了执行，入世后，我国积极按照 WTO 的规则，履行入世承诺，按照 TRIPS 协定要求，在立法修订完善的同时，提高执法力度，到 2011 年，执法强度已达到 0.81，实际知识产权保护力度为 4.53，已达到美国 1990 年，法国、丹麦、比利时、芬兰等国 1995 年的知识产权保护水平。[①]

（2）中国各地的知识产权保护水平[②]

从我国各省份的知识产权保护力度来看，立法上执行统一的国内标准，但由于我国各省份经济发展水平呈现出东高西低的发展态势，社会公众的知识产权保护意识、行政保护水平等也都有较大差别，我国各省份间的执法力度也各不相同，基于下一章实证分析的需要，结合现有的数据的可得性，这里测算了 2003~2011 年我国各省份实际的知识产权保护水平。如表 4-2 所示，发现不论是从增长的绝对数，还是从增长的相对数看，我国各省份的实际知识产权保护水平在入世后都不断提高，经济发达东部地区各省份知识产权保护强度相对较高，而西部地区知识保护水平在全国处于劣势，但省份之间知识产权保护水平的差距正在逐步缩小。

表 4-2　　　　2003~2011 年 30 个省份实际知识产权保护水平

省份	2003	2004	2005	2006	2007	2008	2009	2010	2011
北京	2.9281	2.9376	3.7889	3.7924	4.1200	4.1313	4.1438	4.4661	4.4755
天津	2.3613	2.3888	3.2414	3.2644	3.5538	3.5854	3.6311	3.9589	4.4683

---

① 各主要发达国家 1960~2005 年的知识产权保护指数详见 Park, W. G., International patent protection: 1960-2005. Research Policy, 2008.37 (4): p762.

② 根据 1986 年全国人大四次会议审议通过的经济带划分东中西部地区，其中东部地区包括北京、福建、广东、海南、河北、江苏、辽宁、山东、上海、天津、浙江共 11 个省市；中部地区包括山西、内蒙古、吉林、黑龙江、安徽、江西、河南、湖北、湖南共 9 个省区；西部地区包括广西、四川、重庆、贵州、云南、陕西、甘肃、青海、宁夏、新疆、西藏共 11 个省区市。由于在测算中西藏数据严重缺失，故将其剔除。

续表

省份	2003	2004	2005	2006	2007	2008	2009	2010	2011
上海	2.9169	2.9194	3.7773	3.7885	4.1133	4.1231	4.1336	4.4554	4.4686
河北	2.2037	2.2127	3.0441	3.0549	3.3238	3.3578	3.3828	3.6839	3.7106
辽宁	2.2700	2.2930	3.1473	3.1655	3.4215	3.4713	3.4964	3.7871	3.8274
江苏	2.2035	2.2088	3.1175	3.1480	3.3658	3.3933	3.4329	3.7665	3.7919
浙江	2.2696	2.2997	3.1636	3.1963	3.4922	3.5350	3.6040	3.9178	3.9775
福建	2.1581	2.1597	3.0301	3.0586	3.3237	3.3509	3.3928	3.7385	3.7570
山东	2.1361	2.1620	3.0156	3.0587	3.3421	3.3626	3.3940	3.7058	3.7386
广东	2.2708	2.3017	3.1517	3.2020	3.4968	3.5346	3.5706	3.8680	3.8885
海南	2.2386	2.2495	3.0633	3.0739	3.3435	3.3513	3.3679	3.6603	3.6623
山西	2.2486	2.2363	3.0834	3.1076	3.3660	3.3808	3.4214	3.6856	3.7375
内蒙古	2.1723	2.2103	3.0511	3.0638	3.3410	3.3518	3.3665	3.6635	3.6699
吉林	2.2582	2.2368	3.0625	3.0790	3.3536	3.3732	3.3993	3.6816	3.7250
黑龙江	2.2167	2.2342	3.0690	3.0878	3.3644	3.3783	3.3933	3.6793	3.7145
安徽	2.1075	2.0531	2.9204	2.9590	3.2095	3.2454	3.2702	3.5899	3.6094
江西	1.9701	2.1269	2.9688	2.9982	3.2675	3.2896	3.3321	3.6209	3.6249
河南	2.0551	2.1674	2.9991	3.0196	3.2958	3.3197	3.3545	3.6613	3.6747
湖北	2.1351	2.1489	2.9929	3.0296	3.3071	3.3349	3.3513	3.6724	3.6935
湖南	2.1144	2.2059	3.0598	3.0891	3.3526	3.3646	3.3971	3.6930	3.7062
四川	1.9783	2.1198	2.9682	3.0177	3.2399	3.3186	3.3544	3.6713	3.6896
重庆	2.2606	2.2758	3.1041	3.1520	3.4284	3.4557	3.4692	3.7933	3.8343
贵州	1.5443	1.6420	2.5413	2.6722	3.1495	3.2145	3.2521	3.5763	3.5590
云南	1.8618	2.0178	2.8993	2.9672	3.2235	3.2639	3.2906	3.6422	3.6439
陕西	2.0795	2.2219	3.0574	3.0462	3.3094	3.3379	3.3743	3.6933	3.7154
甘肃	1.7855	1.9159	2.8523	2.9220	3.1964	3.2203	3.2468	3.5677	3.5927
青海	2.0695	2.0877	2.9346	2.9820	3.2102	3.2400	3.2672	3.5691	3.5948
宁夏	2.1641	2.2088	3.0389	3.0208	3.3020	3.3476	3.3792	3.7528	3.7763
新疆	2.2915	2.2928	3.0862	3.1090	3.3977	3.4120	3.4397	3.7453	3.7517
广西	1.9360	2.0963	3.0125	3.0378	3.2980	3.3123	3.3356	3.6380	3.6572

数据来源：根据《中国各省统计年鉴》《国家知识产权年鉴报告》中的数据计算所得

进一步求得各区域2003～2011年知识产权保护水平的平均值（见表4-3），排在前五位的省份均来自经济发达的东部地区，依次分别为：北京3.7885、上海

3.7784、天津 3.2481、浙江 3.1848、广东 3.1745。而排在后五位的是江西 2.9468、青海 2.9200、安徽 2.9194、云南 2.8958、甘肃 2.8383、贵州 2.699，西部地区的省份较多，但随着中国经济发展差距的缩小，知识产权保护的差距也逐渐缩小，特别是随着西部大开发战略的实施，中国的西部地区的知识产权保护强度从 2003 年的 1.9771 提高至 2011 年的 3.6815，其增长速度甚至超过了中部地区。

表 4-3　　　　　　　各区域历年知识产权保护水平的水平

年份 IP	2003	2004	2005	2006	2007	2008	2009	2010	2011
东部地区均值	2.3597	2.3757	3.2310	3.2548	3.5360	3.5633	3.5954	3.9098	3.9787
中部地区均值	2.1420	2.1800	3.0230	3.0482	3.3175	3.3376	3.3651	3.6608	3.6840
西部地区均值	1.9971	2.0879	2.9495	2.9927	3.2755	3.3123	3.3409	3.6649	3.6815
全国均值	2.2509	2.2778	3.1270	3.1515	3.4268	3.4505	3.4803	3.7853	3.8314

第二节

中国的技术创新现状及水平

技术创新源自创新，经济学家熊彼特于 1912 年在《经济发展理论》提出了"创新"的概念及其五种表现形式。其后的研究者在 20 世纪 50 年代初，又将创新细分为制度创新和技术创新。对于技术创新，不同的经济学派有着不同的解释，结合表 4-4 技术创新的定义，本书将技术创新定义为将科技进展及科研成果的商业化，由于技术创新往往与经济发展联系在一起，因此不论是古典增长理论、新古典增长理论还是新经济增长理论，都认为技术创新是经济增长的源泉和动力，一国的经济增长离不开技术的创新。从人类社会发展的历史看，第三次产业革命以来，世界各国投入大量的研发（R&D）费用从事技术创新，据 OECD 数据统计显示，1995~2011 年，除个别年份外，主要 OECD 国家年均研发经费的增速为3.5%,专利申请的增速均值为4.5%。世界主要发达国家已将科技创新上升到国家发展战略的高度,世界经济步入了知识经济时代。改革开放之初,依赖廉价劳动力的比较优势,推行出口导向型的外向型战略,为我国赚取了一定的外汇收入,但是随着对外开放步伐的加快,这种以加工出口为主的贸易结构把我国锁定在经济全球价值链的低端,贸易摩擦和争端不断,附加值贸易值极低,经济增长的质量不高。柳卸林、傅家骥(1997)用"科技长入经济、创新植入增长"指出了科技创新和经济增长之间的关系,党的十七大报告中指出:"实现未来经济增长,关键在于转变经济发展方式,大力推进战略结构调整,培养创新能力。"党的十八大进一步明确提出"科技创新是提高社会生产力和综合国力的战略支撑,必须摆在国家发展全局的核心位置",强调"要坚持走中国特色自主创新道路、实施创新驱动发展战略"。

表4-4 技术创新的代表性定义

代表机构	定义
经济合作与发展组织(OECD)	技术创新是以新产品和新工艺为显著特征的技术变化
美国国会	技术创新是一个从新产品或新工艺设想的生产到市场应用的完整过程
柏林科学技术研究院	技术创新是指将一种新产品或新的生产工艺引入市场
中共中央国务院《关于加强技术创新、发展高科技、实现产业化决定》(1999)	技术创新是应用创新的知识和新技术、新工艺,采用新的生产方式和经验管理模式,提高产品质量,开发生产新的产品,提供新订单服务,占据市场并实现市场价值

摘自:周道生,赵敬明等著.现代企业技术创新[M].中山大学出版社,2007:27

技术创新可以从投入和产出两方面进行衡量,从投入的角度看,技术创新主要体现为物质资本投入和人力资本投入,即可用财政科技投入总量、R&D投入、研发投入占国内生产总值的比重、研发人员、科技人员等指标衡量。从产出的角度看,技术创新主要体现为全要素生产率的提高,产品科技含量的增加、新产品的增加、高技术产业的发展等。本节就从上述几个方面来分别介绍我国技术创新的现状。

一、中国技术创新投入现状

(一) 中国研发投入现状

1. 研发经费投入现状

我国政府发展科技的主要途径是从财政支出中划拨出一部分费用用于科学研究，从图4-4不难看出，改革开放以来，我国政府的财政科技支出规模呈总体上升趋势，财政支出中每年用于科学研究的支出不断增加。1978年我国财政中用于科学研究的支出为52.89亿元，占国家财政支出的4.71%，占国家GDP的比重为1.45%，到2012年科学研究支出增加至4452.63亿元，占国家财政支出的3.54%，占国家GDP的比重为0.86%，从科研支出的绝对数看，34年间政府用于科学研究的支出增加了84.19倍，但是从科学研究支出占政府财政支出和GDP中的比重看，总体却呈现出下降趋势。根据OECD数据库统计数据显示，发达的经济体美国2002年的科技投入占政府总预算的5.2%，占GDP的比重为1%；加拿大2000年的科技投入占联邦政府财政支出的4.2%，而我国2012年财政科技支出占政府财政支出的3.54%，占GDP比重的0.86%，可见，我国目前

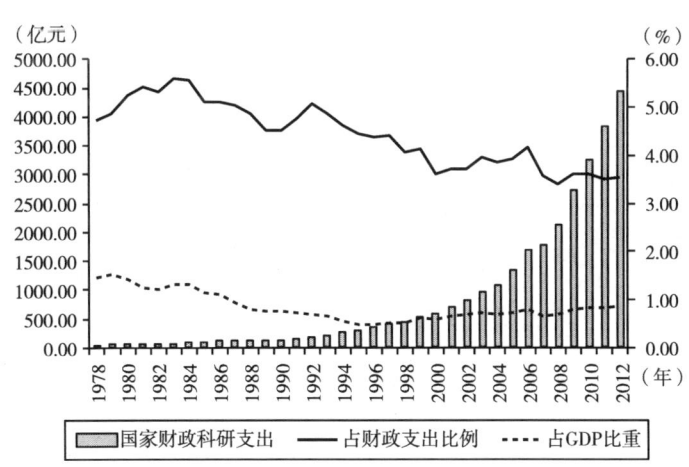

图4-4 1978~2012年中国财政研发投入情况

数据来源：《中国统计年鉴》

的研发投入未能与国内生产总值保持同速增长，与发达国家科技投入相比仍有一定的差距，为此，要提升中国的国际竞争力，应在保持经济稳步增长的同时，不断扩大国内的财政科技投入力度。

研发经费和研发经费占GDP的比重（Griliche，1979）是衡量一国科技投入的重要指标。如图4-5研发经费的支出看，1995~2012年期间研发经费支出从348.69亿元增至10298.41亿元，年均增速为20.69%，R&D占GDP的比重也从0.57%增至1.87%。特别是入世后，我国研发经费支出进入飞速增长阶段，2012年研发支出是2001年的9.88倍，占全球份额由2001年的1.8%迅速提高到11.7%。将中国的研发支出与世界其他国家的研发支出进行比较（见图4-6），发现中国的研发经费在世界中的排名已由2003年的第6位，上升至2010年的第3位，成为继美国、日本后的世界研发支出较高的主要国家之一，2011年的研发支出超出印度和巴西的研发支出的总量。但从研发支出占国内GDP的比重来看，中国2011年研发经费占GDP的比重为1.84%，与英国类似，研发经费占比仅高于G7国家中的意大利、加拿大，[①] 远低于美国、日本、韩国等国，这说明与国内GDP发展相比，我国的研发经费投入仍然不足，这制约我国自主创新能力的提升。

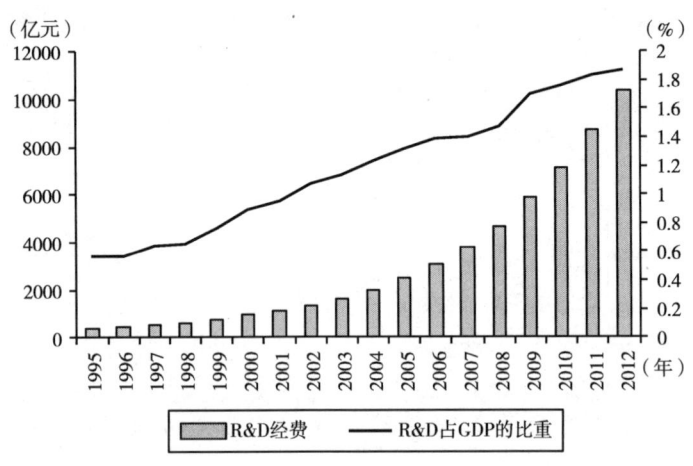

图4-5 1995~2012年中国研发支出情况

数据来源：中国科技统计指标数据库

---

① G7国家指美国、日本、德国、英国、法国、意大利、加拿大。

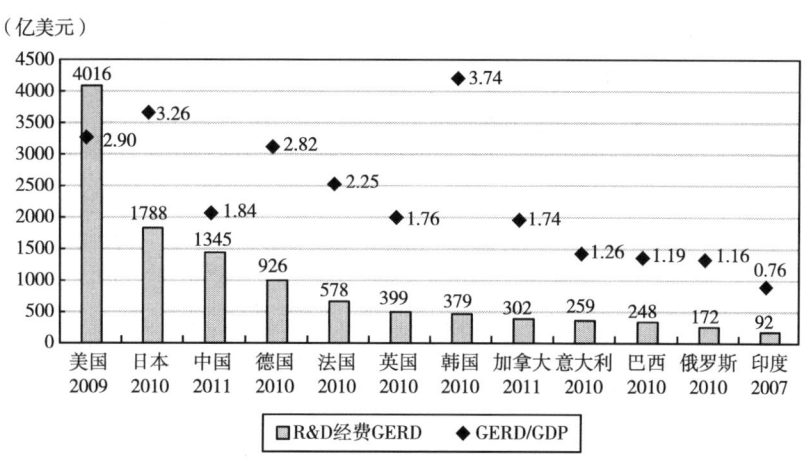

图 4-6 中国与世界其他国家研发经费支出比较

数据来源：中国科技部，OECD《主要科学技术指标 2012/1》，巴西科技部，联合国教科文组织

进一步将研发经费支出按活动类型分为用于基础研究、应用研究、试验发展的研发支出。从表 4-5 中国研发活动的分类看，用于试验研究的研发在整个研发活动中占比呈逐年上升趋势，而基础研究与应用研究在整个研发支出中的比重则出现逐年下降的趋势。基础研究为发展新知识、创新新技术提供了相应的理论基础，虽然我国研发支出在基础研究上的费用逐年增加，但其在整个国家研发支出中的占比在 5%~6% 之间徘徊，远低于美、日、韩等国基础研究 10% 的比例；我国的应用研究在整个研发中的占比从 25% 下降至 11%，在世界中处于中下等的位次。由于试验研究是利用现有的研究成果，直接寻找创新技术，其在我国研发中的占比远高于发达国家的占比，体现了我国对与生产相关的技术创新的重视，也说明模仿创新仍是我国技术进步的主要模式。我国这种研发支出的比例与发达国家的研发支出比例相比，还存在结构性的差异，今后应适当增加研发投资在基础研究和应用研究中的比重，增强自主创新的能力。

表 4-5　　　　　中国 R&D 经费支出按活动类型的分类

年份	R&D 总支出（亿元）	基础研究（亿元）	（%）	应用研究（亿元）	（%）	试验发展（亿元）	（%）
1995	348.7	18.1	5.19	92.0	26.38	238.6	68.43
1996	404.5	20.2	4.99	99.1	24.50	285.1	70.49

续表

年份	R&D总支出 (亿元)	基础研究 (亿元)	(%)	应用研究 (亿元)	(%)	试验发展 (亿元)	(%)
1997	509.2	27.4	5.38	130.6	25.65	323.4	63.52
1998	551.1	28.9	5.24	124.6	22.61	397.5	72.13
1999	678.9	33.9	4.99	151.5	22.32	493.5	72.69
2000	895.7	46.7	5.21	151.9	16.96	697.0	77.82
2001	1042.5	52.2	5.01	175.9	16.87	814.3	78.11
2002	1287.6	73.8	5.73	246.7	19.16	967.2	75.11
2003	1539.6	87.7	5.70	311.4	20.20	1140.5	74.08
2004	1966.3	117.2	5.96	400.5	20.40	1448.7	73.67
2005	2450.0	131.2	5.36	433.5	17.70	1885.3	76.95
2006	3003.1	155.8	5.19	489.0	16.30	2358.4	78.53
2007	3710.2	174.5	4.70	492.9	13.30	3042.8	82.01
2008	4616.0	220.8	4.78	575.2	12.46	3820.0	82.76
2009	5802.1	270.3	4.66	730.8	12.60	4801.0	82.75
2010	7062.6	324.5	4.59	893.8	12.66	5844.3	82.75
2011	8687.0	411.8	4.74	1028.4	11.84	7246.8	83.42
2012	10298.4	498.8	4.84	1162.0	11.28	8637.6	83.87

数据来源：《中国统计年鉴》

从研发经费的执行部门看，我国研究与开发工作主要由研究机构、企业、学校和其他事业单位进行。图4-7显示，我国已由研发机构和企业占主导的研究与开发向由企业占主导的研究与开发转变，1995年到2011年间，企业研发在整个研发活动中的比重由43.68%上升至75.74%，这说明企业已成为我国创新活动的主体，特别是随着越来越多的企业"走出去"从事跨国经营，企业越发重视研发和创新在培育其核心竞争力中的作用，推动了企业发展模式的转变。以我国的中兴通讯为例，2011年已超过日本松下，成为全球国际专利申请第一位的企业，企业占创新主体地位的变化也与美、日、欧等发达国家的创新执行机构类似。我国研发机构在整个研发中的比重由1985年的41.64%下降至2011年的15.04%，这一比重略高于发达国家中研发机构的占比，如以2011年为例，美国、日本、德国、英国、加拿大和韩国，研究与开发机构的占比依次分别为

11.7%、9.0%、14.7%、9.4%、10.5%、12.7%。我国高等学校研发在整个研发中的比重在2004年前基本维持在10%左右,但是其占比呈逐年下降趋势,2011年的占比降至7.93%,远低于同年美国、日本、德国、英国、法国、加拿大高等学校在一国研发中所占比重:13.5%、12.9%、14.7%、27.2%、21.3%、38.2%。高等学校承担着知识创新、知识传播和的任务,是培养科技人才和创新型人才的主要基地,只有不断增强高校的科研能力,才能推动我国自主创新水平的提升,为创新型国家的建设奠定基础。

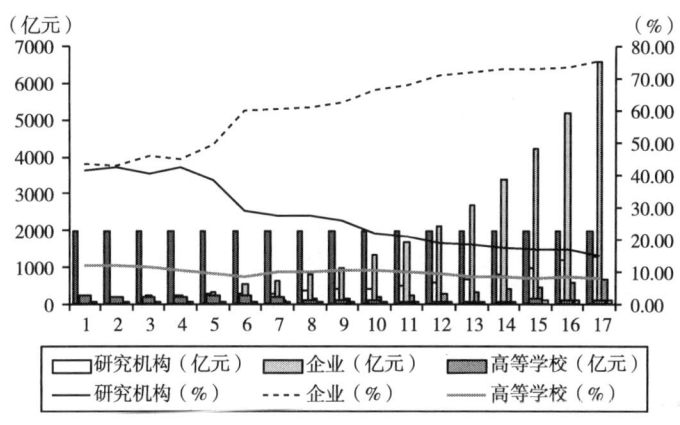

图4-7 按执行部门分类的研发支出情况

数据来源:中国科技统计数据库

2. 研发人员投入情况

研发人员是技术创新的主体,其数量的多少和能力的高低,反映了一国创新中人力资本的现状。一方面研发人员直接从事创新活动,直接影响了一国的创新质量和速率,另一方面研发人员数量的增加,提高了技术引进与溢出的吸收能力,有助于扩大技术溢出效应,从而间接地提升了技术引进国家的创新能力。如表4-6所示,从全国R&D人员总量来看,2000年的全员当时量是92.21万人/年,到2012年增加至324.68万人/年,13年间R&D人员增长了3.5倍,每万名就业人员中R&D人员增长了3倍。以2010年为例,从研发人员的绝对数量看,我国研发人员的数量远远高于发达国家研发人员的全时当时量,但是从每万就业人员中R&D人员数看,日本、俄罗斯、德国、法国、英国、韩国、意大利分别为 139 人/年、122 人/年、131 人/年、149 人/年、103 人/年、125 人/年、140 人/年，远高于中国的 34 人/年。

从研发人员的活动类型看，在试验发展部门从事研发的人数最多，其在整个研发人员中的占比从 2000 年的 67.54% 增至 2012 年的 81.65%。从事基础研究的研发人员的比重最低，基本在 7%~8% 之间，波动不大。从事应用研发的研发人员在整个研发人员中的占比也呈逐年下降趋势，由 2000 年的 23.82% 降至 2012 年的 11.82%。

从执行部门看，企业中研发人员从 2000 年的 50% 增至 2012 年的 76.58%。近几年来，研究机构和高等学校中研发人员的占比大约在 10%。这说明企业正成为我国自主创新的生力军，提高企业中研发人员比重，可以增强对信息、知识的获取能力，推进企业的技术创新水平提升；企业研发人员比重的提升也表明了企业吸收能力的增强，有助于企业将研究与开发机构和高等学校的外部知识转换为企业的内部知识，并进行企业的创新，秦剑（2012）以在华投资的 165 家跨国企业数据为例，用企业研发人员比重代表企业的吸收能力，研究发现吸收能力有助于获取更多的技术溢出，实现一国突破性创新。"干中学"效应促进了企业内生的技术进步，国外的技术外溢和区域间的空间技术溢出，最终带动了一国技术创新能力整体提升。

表 4-6　　　　　　　中国 R&D 人员投入量及分类占比

年份	R&D 人员全时当量（万人/年）	每万名就业人员中的 R&D 人员（人/年）	活动类型（%）			执行部门（%）		
			基础研究	应用研究	试验发展	研究与开发机构	企业	高等学校
2000	92.21	12.70	8.63	23.82	67.54	24.81	49.99	17.26
2001	95.65	13.00	8.24	23.63	68.13	21.43	55.63	17.89
2002	103.51	13.90	8.12	23.89	68.00	19.89	58.09	17.53
2003	109.48	14.60	8.19	23.78	68.04	18.62	59.93	17.29
2004	115.26	15.20	9.60	24.17	66.22	17.64	60.45	18.40
2005	136.48	17.80	8.46	21.77	69.78	15.78	64.71	16.65
2006	150.25	20.04	8.74	19.95	71.31	15.43	65.74	16.14
2007	173.62	23.05	7.95	16.47	75.57	14.72	68.36	14.62

续表

年份	R&D人员全时当量（万人/年）	每万名就业人员中的R&D人员（人/年）	活动类型（%）			执行部门（%）		
			基础研究	应用研究	试验发展	研究与开发机构	企业	高等学校
2008	196.54	26.01	7.84	14.72	77.44	13.23	71.02	13.57
2009	229.13	30.22	7.18	13.76	79.06	12.10	71.90	12.01
2010	255.38	33.56	6.80	13.14	80.06	11.49	73.38	11.34
2011	288.29	35.28	6.70	12.24	81.07	10.95	75.25	10.38
2012	324.68	37.72	6.54	11.82	81.65	10.58	76.58	9.66

数据来源：2000~2012年《中国科技统计年鉴》。

注：《中国科技统计年鉴》中对中国R&D人员按执行部门的分类始于2000年，基于数据的可得性，这里统计我国2000~2012年投入的R&D人员的数量及其在各部门的占比。

（二）中国各地研发投入现状

R&D是衡量一国或区域科技投入强度和科技发展水平的主要指标，从表4-7全国各地的研发经费支出情况来看，东部地区是我国研发支出强度最大的区域，是中国创新活动的密集带。以2012年的研发经费为例，江苏、广东、北京、山东、浙江、上海依次排在前六位，其在全国研发支出中占比的总和为58.36%。东部地区具有独特的区位优势，在承接发达国家制造业转移过程中，采取以"市场换技术"及复制和模仿的战略，技术水平得到提升，随着承接国际产业转移不断深化和扩大，国内知识产权保护制度的健全和完善，企业为获取附加值贸易中更大的利润，积极进行自主研发与创新，东部地区已成为我国技术领先的前沿地带，与中部和西部地区形成了一定的技术梯度差。中部地区在招商引资，发展经济的过程中，认识到以研发和创新为平台的知识基础设施，是吸引外部高质量的投资的关键因素，2005年后不断加大的研发创新投入强度，增强了当地的自主创新能力，这也为承接来自东部地区和国际产业的转移营造了良好的区域氛围。与之相比，西部地区中除重庆、四川、陕西三个省市外，其他省份的研发支出较低，西部地区处在中国研发能力最弱的梯度上，但由于其劳动力和土地等生产要素成本相对低廉，国家出台了多层次的招商引资的政策，给西部地区产业留下了一定发展空间，导致其进行自主创新动力不大。

表 4-7　　　　1997~2012 年 30 个省（区市）研发支出情况　　　　单位：亿元

区域	年份	1997	2000	2005	2010	2011	2012
东部地区	北京	140.00	160.00	630.00	820.00	940.00	1100.00
	天津	14.05	24.69	140.00	230.00	300.00	360.00
	河北	7.20	26.27	110.00	160.00	200.00	250.00
	山东	13.22	51.95	370.00	670.00	840.00	1000.00
	上海	48.14	73.78	410.00	480.00	600.00	680.00
	江苏	24.46	73.00	570.00	860.00	1100.00	1300.00
	广东	23.19	110.00	450.00	810.00	1000.00	1200.00
	辽宁	21.87	41.69	200.00	290.00	360.00	390.00
	浙江	7.62	33.35	320.00	490.00	600.00	720.00
	福建	2.99	21.19	110.00	170.00	220.00	270.00
	海南	0.98	0.83	8.64	7.00	10.37	13.72
中部地区	山西	4.85	9.89	76.95	89.90	110.00	130.00
	内蒙古	2.95	3.34	33.56	63.70	85.17	100.00
	黑龙江	7.26	14.94	77.38	120.00	130.00	150.00
	吉林	10.26	13.37	90.10	75.80	89.13	110.00
	江西	3.35	8.19	410.00	87.20	96.75	110.00
	河南	11.90	24.80	130.00	210.00	260.00	310.00
	湖北	23.85	34.82	150.00	260.00	320.00	380.00
	湖南	10.86	19.24	100.00	190.00	230.00	290.00
	安徽	5.27	20.02	130.00	160.00	210.00	280.00
西部地区	重庆	4.02	10.13	70.12	100.00	130.00	160.00
	四川	33.73	44.88	240.00	260.00	290.00	350.00
	陕西	28.74	49.46	160.00	220.00	250.00	290.00
	甘肃	7.78	7.26	37.41	41.90	48.53	60.48
	广西	3.89	8.36	51.80	62.90	81.02	97.15
	贵州	2.10	4.18	23.66	30.00	36.31	41.73
	云南	7.61	6.80	44.51	44.20	56.08	68.75
	宁夏	0.91	1.65	9.40	11.50	15.32	18.23
	青海	1.00	1.29	8.64	9.90	12.58	13.12
	新疆	2.32	3.24	23.66	26.70	33.00	39.73

数据来源：《中国科技统计年鉴》

除研发经费外，研发人员作为创新最具能动性的生产要素，体现了一国人力资本素质的高低，研发人员直接从事应用研究、工艺和产品的创新等，对技术创新能力的提升具有支撑作用。现有的研究多数也表明，研发人员投入与创新产出间呈现出显著的正向相关关系（Nelson，1996；张炜，2007；邹艳等，2009）。从我国各省份研发人员的分布看（见表4-8），研发人员在全国各区域的分布也不均衡，东部地区是我国研发人员投入最为密集的区域，而西部地区的研发人员分布相对较少，每年增加比例不大。东部地区作为我国技术前沿的地区，研发和创新的激励机制，吸引了研发人才的流入，进一步促进了当地创新能力的提升，东部地区的研发人员投入和创新绩效之间呈现出一种良性循环的局面。而中西部地区，研发基础设施配套差、研发人员待遇低、研发收入差距不大等现象都抑制了研发人员的研发积极性，也导致了当地出现自主研发能力较弱的局面。为消除我国各区域间研发人员分布不平衡的现状，我们应重视研发人员的培育，营造有利的研发竞争环境、并采取一定的优惠政策引导研发人员的合理流动。

表4-8   1997~2012年30个省（区市）研发人员分布情况   单位：人

区域	年份	1997	2000	2005	2010	2011	2012
东部地区	北京	112356	84576	10319	138688	217255	235493
	天津	19587	12477	9903	12347	74293	89609
	河北	12736	9920	9579	15935	73025	78533
	山东	19983	16757	16226	22678	228608	254013
	上海	43015	32450	31219	40708	148500	153361
	江苏	32802	26539	26933	41559	342765	401920
	广东	18138	12957	13904	20998	410805	492327
	辽宁	32444	22537	18567	20640	80977	87180
	浙江	10690	8625	8657	16483	253687	278110
	福建	5571	4885	4852	6437	96884	114492
	海南	10691	1895	1552	4702	5397	6787

续表

区域	年份	1997	2000	2005	2010	2011	2012
中部地区	山西	5077	11435	10540	16186	47355	47029
	内蒙古	16364	7603	6110	8296	27604	31819
	黑龙江	13444	11651	10024	14435	66599	65118
	吉林	8437	13846	9657	13307	44815	49961
	江西	16075	7901	7105	11791	37517	38152
	河南	12011	16747	16428	22855	118041	128323
	湖北	23532	25831	17196	25096	113920	122748
	湖南	26168	12969	7817	13158	85783	100032
	安徽	14543	10541	9929	15289	81087	103047
西部地区	重庆	8334	6153	5053	10247	40698	46122
	四川	46722	35407	34145	65709	82485	98010
	陕西	10784	44331	34609	48817	73501	82428
	甘肃	51868	10685	7480	11390	21332	24290
	广西	6780	6828	6221	10283	40135	41268
	贵州	75956	5997	4284	5742	15886	18732
	云南	5437	8602	7238	10567	25092	27817
	宁夏	1071	1695	834	809	7358	8073
	青海	11660	2369	664	933	5006	5181
	新疆	840	5789	5011	6687	15451	15671

数据来源：《中国科技统计年鉴》

二、中国的技术创新产出水平

（一）全要素劳动生产率

1. 全要素劳动生产率的测度方法

在古典经济学阶段，技术创新产出主要采用劳动者在一定时期内创造的劳动成果及其相应的劳动消耗量的比值——劳动生产率来衡量。具体而言，可用单位时间内生产产品的数量和生产单位产品所消耗的劳动时间两种方法来表示。一般认为一国劳动生产率越高，国家的技术创新能力也就越强。

单要素劳动生产率只体现了某一要素的生产率变化情况,不能反映出整个社会所有劳动生产率的变化,如果以单要素劳动生产率来衡量技术创新,可能会导致计算出的技术创新率值偏低。新古典经济学的代表人物索洛(1957)指出应该用全要素劳动生产率(Total Factor Productivity,TFP)来衡量技术创新。全要素劳动生产率是单位总产量与总投入之间的比率,具体计算公式为:

$$TFP = 总投入/总产出 = Y/X$$

假设一个国家生产中只用到了两种生产要素:劳动力和资本,分别用 L 和 K 表示,一国技术创新用 A 表示,总产出用 Y 表示,α 与 β 分别表示资本和劳动力对产出的弹性变化,且 α + β = 1,生产函数具有希克斯中性和规模报酬不变的特点,则有:$A = \dfrac{Q}{K^{\alpha}L^{\beta}}$。技术创新体现为经济增长扣除掉劳动力和资本两种生产要素后剩余部分,这种剔除掉要素投入贡献后的残差方法称为"索洛余值法"。由于这种经济计量法对生产函数的设定较为简单,国内一些学者采用此方法来测度中国各行业的技术创新。如郭庆旺、贾俊雪(2005)、吴雷等(2012)、李献士等(2014)。

在对全要素劳动生产率的测算中,发现索洛余值是在假设中性技术进步、规模报酬不变和生产完全有效等前提下适用的,一些学者放松了上述假设,修正了索洛余值,并采用一些新的计量方法来对其进行测度,比较有代表性的是随机前沿分析法和数据包络分析法。法雷尔(Farrell,1957)指出随机前沿生产函数存在的可能性,艾格纳瑞特和楚(Aigneret & Chu,1968)年提出了随机边界法(Stochastic Frontier Approach,SFA),艾格纳瑞特等学者(1977)对前期的研究加以完善,认为任何经济体中的个体都无法超出产出边界,偏离的程度可视为生产的无效,因此总生产函数可分为随机生产前沿生产函数和技术无效率函数两个部分。这样 TFP 的测度就主要取决于对随机前沿生产函数设定,最初的研究多将生产函数设定为柯布—道格拉斯生产函数形式,如姚洋(1998、2001)利用中国1995 年的工业普查数据,对所有制性质、企业规模、研发支出、企业地理位置等影响中国工业企业的技术效率因素进行分析。随着研究的深入,发现生产函数如果采用超对数函数形式,既放松了常替代弹性的假设,又能够更好地避免模型误设所带来的偏差，采用最小二乘法作回归时拟合度较好，并且还可以分析要素投入对技术进步、技术效率、规模效率和配置效率四方面的作用，因此，目前多采用此方法来测度全要素生产率。如涂正革、肖耿（2005）研究了工业行业的全要素生产率增长趋势，发现企业前沿技术进步已成为促进中国工业 TFP 增长的最主要因素。王争等（2006）基于省级数据测算了中国地区工业生产绩效的动态变化，发现技术进步是形成各地区工业生产率的差异的主要原因。王志刚等（2006）对中国 1978~2003 年各省份数据的实证检验，发现 1990 年后我国各省的全要素增长率出现了增速减缓的现象，提出在重视技术进步的同时，必须注意对现有资源的合理配置和生产效率的提高。

随机前沿法要求设定生产函数的具体形式，并要求对前沿生产函数中的参数进行估计，变量遗漏、生产函数形式误设、选择性偏差等都会导致测度的 TFP 值出现误差。考虑到这些不足，学者们提出了用非参数的前沿生产函数统计方法来测度 TFP。其中，数据包络分析法（Data Envelopment Analysis，DEA）能够处理多个决策单元的多种投入和多项产出，被广泛应用在经济学的研究中。凯夫斯等学者（Caves et al.，1982）在 CCR 模型的基础上，构造出测度全要素生产率的 Malmquist 指数法，法勒等（Fare et al.，1994）学者又将全要素生产率变动分解为技术变动和技术效率变动，便于进一步地研究技术创新对产出的影响。基于 DEA 的 Malmquist 指数方法不需要考虑生产函数的具体形式、在计算过程中投入产出的权重可由模型根据现有数据得出，具有一定的客观性、适合面板数据分析等特点，成为继随机前沿法后测度全要素生产率的主要方法。国内学者采用 DEA-Malmquist 的方法研究集中在两个方面：第一，对中国不同产业全要素劳动生产率变动情况的研究。张海洋（2005）、李小平（2006）分别对中国工业 34 个细分行业的 1998~2003 年全要素生产率进行了研究，发现技术进步是促进工业 TFP 增长的主要因素，周燕（2011）测度了 1996~2007 年的工业 TFP，并比较了同一时期不同行业技术进步的现状。车维汉、杨荣（2010）对包括中国在内的主要农业大国 1961~2005 年的生产率变动情况进行了分析，方福前、张艳丽（2010）以中国 29 个省区市为研究对象，探讨了造成农业全要素生产率增长差异的主要原因。第二，是对中国整体及各区域全要素生产率的研究，颜鹏飞、王兵

(2004)假设技术是规模报酬可变的,按照经济发展阶段,研究了中国1978年到2001年全要素生产率的波动和变化情况,赵伟等(2005)则基于技术是规模报酬不变的假设,发现技术效率的提升带来了中国全要素生产率的增加;章祥荪、贵斌威(2008)针对之前国内在测度Malmquist指数分解方面的不足,采用RD(1997)模型对中国1979~2005年的全要素生产率进行了测度,得出技术进步是TFP增长的主要原因。魏下海等(2011)采用相同的数据,对比SFA和DEA不同方法对中国及各省份TFP的测算结果,得出DEA测算的结果更适合于中国的经济增长事实的结论。为此,本书也主要DEA-Malmquist方法对中国及各区域1999~2012年的创新产出进行测度。

2. 中国及各区域的全要素劳动生产率

(1) 全要素劳动生产率的基本模型

按照法勒等学者(1994)的思路,依据现有的投入产出值,运用线性规划法确定生产的最佳前沿面,并判断观测对象与最佳生产前沿面的距离,来确定是否实现了生产的最优配置。S^t为t时期所有可行的投入和产出的集合,则生产可能性函数的形式为:

$$S^t = \{(x^t, y^t) | 在 t 时期, x 能生产 y\} \quad t = 1, 2, \cdots, T$$

按照谢泼德(Shephard, 1970)s期的生产相对于t期生产可能性集S^t的产出距离函数[①]为:

$$D_o^t(x^s, y^s) = \inf\{\theta | (x^s, y^s/\theta) \in S^t\} = (\sup z | \{x^s, zy^s\} \in S^t)^{-1}$$

一般而言,产出距离函数$D_o^s(x^s, y^s) \leq 1$。当距离函数为1时,生产处于技术前沿面上,这也表明在投入的既定的情况下,实现了产出的最大。

在实证研究中,我们根据每一决策单元生成生产可能性集,生产可能性集可以是规模报酬不变(CRS),也可以是规模报酬可变(VRS)。根据凯夫斯(1982)将Malmquist生产效率指数定义为在CRS上的基准技术,参照基准技术,

---

[①] 在定义生产技术特征时,既可以采用产出的距离函数$D_o^t(x^s, y^s)$,也可以采用投入距离函数:$D_i^t(x^s, y^s) = (\sup \lambda | \{x^s/\lambda, y^s\} \in S^t)$。

t 期和 t+1 期的 Malmquist 生产效率指数分别如下:

$$M^t(x^t, y^t, x^{t+1}, y^{t+1}) = \frac{D_o^t(x^{t+1}, y^{t+1})}{D_o^t(x^t, y^t)}$$

$$M^{t+1}(x^t, y^t, x^{t+1}, y^{t+1}) = \frac{D_o^{t+1}(x^{t+1}, y^{t+1})}{D_o^{t+1}(x^t, y^t)}$$

由于 t 期和 t+1 期的 Malmquist 生产效率指数在经济上具有对称性，为避免技术参照选择的随意性，参照菲舍尔（Fisher，1922）指数的构造法，Malmquist 生产率指数是将两个时期 Malmquist 生产率指数的几何平均数:

$$M(x^t, y^t, x^{t+1}, y^{t+1}) = (M_t \cdot M_{t+1})^{1/2} = \left[\frac{D_o^t(x^{t+1}, y^{t+1})}{D_o^t(x^t, y^t)} \cdot \frac{D_o^{t+1}(x^{t+1}, y^{t+1})}{D_o^{t+1}(x^t, y^t)}\right]^{\frac{1}{2}}$$

法勒等（1994）还将 Malmquist 生产率指数进一步分解为技术效率变化（EFFch）和技术变化（Tech），以便对更深入地分析技术变化的原因，则上式可改写为:

$$M(x^t, y^t, x^{t+1}, y^{t+1}) = \left[\frac{D_o^t(x^{t+1}, y^{t+1})}{D_o^t(x^t, y^t)} \cdot \frac{D_o^{t+1}(x^{t+1}, y^{t+1})}{D_o^{t+1}(x^t, y^t)}\right]^{\frac{1}{2}}$$

$$= \frac{D_o^{t+1}(x^{t+1}, y^{t+1})}{D_o^t(x^t, y^t)} \cdot \left[\frac{D_o^t(x^{t+1}, y^{t+1})}{D_o^{t+1}(x^{t+1}, y^{t+1})} \cdot \frac{D_o^t(x^t, y^t)}{D_o^{t+1}(x^t, y^t)}\right]^{\frac{1}{2}}$$

$$= EFFch \cdot TEch$$

技术效率的变动和技术的变动两方面共同作用最终影响了全要素生产率的变动。只有技术效率和技术变动同时大于 1 时，全要素生产率才会出现正增长。

（2）中国及各区域全要素生产率情况

采用科埃利（1996）的数据包络分析工具 DEAP2.1，对我国 30 个省区市 1999~2012 年的面板数据进行测算，① 得到了以省份为单元的 TFP 及其分解值，以此为基础，进一步得到全国整体平均的 TFP 变动及其技术进步和技术效率的变

---

① 本节数据主要来源于 1999~2012 年《中国统计年鉴》、各省（区市）的统计年鉴和《新中国成立六十年统计资料汇编》。样本来源于我国 30 个省、自治区和直辖市，西藏由于数据太少将其剔除掉。计算 TFP 过程中用到的产出变量、资本存量及劳动力人数，具体处理在第五章实证部分有详细的说明。

化。从图4-8可以看出2000~2012年间，我国TFP出现了年均-3.15%增长，其中技术效率和技术进步年均增速分别为0.07%和-3.21%，这说明我国依靠劳动力、资本等生产要素结构优化来促进经济增长的水平效应正在减缓，技术进步增长速度的慢导致TFP增速的降低。2001年我国加入世贸组织后，对外开放进一步扩大，对外贸易交易额增加，外资大量进入，技术溢出效应凸显，技术进步明显提高，TFP也达到了最高值。但是在2009年后受到全球金融危机的影响，我国的出口贸易受挫，外资大量撤出我国，技术溢出效应减弱，技术创新速率也因此减缓，我国要实现经济效率的稳定增长，技术进步模式必须由模仿创新向自主创新驱动转变。

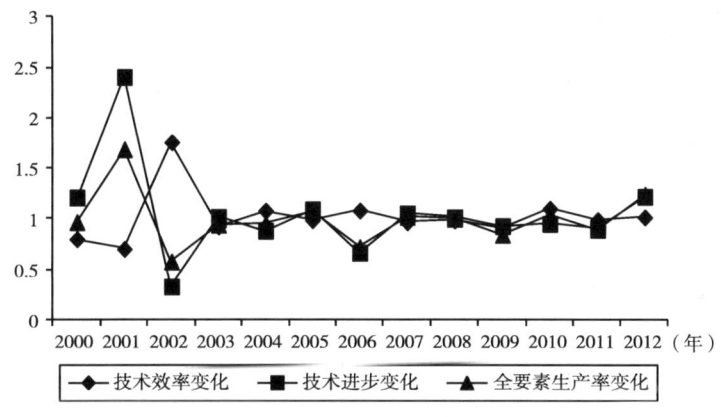

图4-8 全国TFP均值及其分解

数据来源：国家统计局数据测算所得

由于受到篇幅所限，表4-9给出了代表性年份我国各省份及区域的全要素劳动生产率，发现其与全国的TFP增长率的变动趋势基本相同，2001年和2005年的全国绝大部分省份Malmquist指数值大于1，说明各省的技术创新，带来了创新产出率的增加。从各省份13年的年均增长率看，除天津、云南的生产率年均负增长超过5%外，其余省份的年均生产率负增长都低于5%。随着近年来中国承接发达国家或地区的产业转移，中国国内积极进行产业结构的升级与调整，在国家创新发展战略的指引下，各省都出台了一系列技术创新的举措，经济增长的方式正在由粗放型向集约型进行转变。经济增长率负增长程度最小的5个省份依次为江苏、浙江、辽宁、福建、湖北；负增长程度最高的是贵州、广西、云南、安徽和天津。

从各区域来看，东部地区在2000、2005、2007、2008、2012各年的年均经济增长率均为正值，分别实现了2.3%、5.7%、0.8%、4.8%和7.1%的增长，西部地区在2003、2005、2010、2012各年的年均经济增长率为7.6%、6.9%、3.5%、2.3%，中部地区在2005、2007、2012各年的年均经济增长率为4.8%、2.0%、2.6%。从东中西部的平均经济增长均值来看，东部地区仍是中国经济增长最快的区域，在国家实施中部崛起和西部大开发战略后，西部、中部与东部地区的经济增长差异正逐渐缩小。

表4-9　　2000~2012年30个省（区市）Malmquist生产率指数

省区市	2000	2001	2003	2005	2007	2008	2009	2010	2011	2012	均值
北京	0.947	1.233	1.017	1.227	0.856	1.009	0.939	0.836	0.989	0.865	0.971
天津	0.978	1.147	0.990	1.239	0.974	1.008	0.931	0.824	0.979	0.922	0.943
上海	1.035	1.037	0.964	1.158	0.985	1.001	0.951	0.795	0.994	1.331	0.980
河北	1.027	0.928	0.943	1.124	1.007	0.998	0.957	0.769	1.000	1.032	0.977
辽宁	1.076	0.845	0.961	0.953	1.031	1.023	0.962	0.785	0.991	1.025	0.996
江苏	1.026	0.758	0.951	1.005	1.032	1.042	1.037	0.790	0.913	1.233	0.999
浙江	1.032	0.654	1.078	1.027	1.054	1.054	1.118	0.954	0.713	1.338	0.992
福建	1.039	0.638	1.004	1.019	1.052	1.090	1.176	0.899	0.761	1.041	0.986
山东	1.028	0.623	0.846	1.000	1.022	1.149	0.972	0.981	0.804	1.036	0.962
广东	1.033	0.585	0.911	0.964	1.029	1.168	0.830	1.138	0.818	1.033	0.972
海南	1.038	2.172	0.963	0.960	1.067	0.999	0.715	1.347	0.848	1.029	0.964
区域均值	1.023	0.893	0.964	1.057	1.008	1.048	0.955	0.906	0.886	1.071	0.972
山西	1.431	0.968	0.979	0.972	1.073	0.936	0.692	1.050	0.838	1.029	0.966
内蒙古	0.909	0.960	0.982	0.932	0.963	0.929	0.690	1.051	0.861	1.022	0.970
吉林	0.866	0.950	1.011	0.967	0.954	0.952	0.694	1.048	0.894	1.018	0.963
黑龙江	0.712	0.939	1.059	1.085	0.774	0.969	0.708	1.043	0.888	1.020	0.957
安徽	0.709	0.948	1.077	1.135	0.845	0.994	0.750	1.033	0.932	1.014	0.953
江西	0.715	0.914	1.102	1.359	0.868	1.003	0.778	1.024	0.951	1.037	0.978
河南	0.724	0.873	1.139	1.386	0.928	1.002	0.770	1.023	0.972	1.025	0.967
湖北	0.745	0.968	1.165	0.895	0.989	0.996	0.751	1.024	0.941	1.021	0.986

续表

省区市	2000	2001	2003	2005	2007	2008	2009	2010	2011	2012	均值
湖南	0.738	0.846	1.194	1.005	1.042	0.975	0.770	1.021	0.914	1.022	0.985
区域均值	0.817	0.929	1.076	1.069	0.933	0.973	0.733	1.035	0.909	1.023	0.946
四川	0.729	0.870	0.909	1.010	1.006	0.935	0.785	1.215	0.860	1.022	0.981
重庆	0.706	0.900	0.812	1.034	1.015	0.925	0.762	1.121	0.952	1.026	0.970
贵州	0.662	0.886	0.627	1.027	1.015	0.964	0.983	0.856	0.964	1.029	0.953
云南	0.638	0.880	0.686	1.058	1.017	1.007	0.920	0.880	0.972	1.028	0.948
陕西	0.646	0.898	0.736	1.062	1.022	1.012	0.800	0.906	0.944	1.031	0.959
甘肃	0.649	0.896	0.787	1.053	1.026	0.963	0.819	0.919	0.913	1.030	0.958
青海	1.485	0.963	0.841	1.033	1.009	0.938	0.822	0.974	0.862	1.025	0.957
宁夏	1.282	0.975	0.886	1.088	1.064	1.008	0.835	0.978	0.852	1.021	0.955
新疆	1.477	0.943	0.966	1.075	0.986	1.019	0.815	1.020	0.799	1.024	0.985
广西	1.360	0.851	0.977	1.044	1.045	1.020	0.821	1.010	0.811	1.023	0.956
区域均值	0.900	0.905	0.815	1.048	1.020	0.978	0.834	0.983	0.891	1.026	0.964
总均值	0.968	1.069	0.942	1.080	1.022	1.001	0.843	1.048	0.895	1.024	0.968

(二) 高新技术产业发展情况

百度百科指出高新技术产业是以高新技术为基础，从事一种或多种高新技术及其产品的研究、开发、生产和技术服务的企业集合，目前我国高新技术产业主要是指国家统计局 2002 年公布的《高技术产业统计分类目录》中的医药制造业、航空航天器制造、电子及通信设备制造业、电子计算机及办公设备制造业和医疗设备及仪器仪表制造业等 5 个大类行业项下的 21 个细分行业。高新技术产业以核心技术和关键技术作为支撑，具有知识密集型和技术密集型的特点，高新技术产业的发展，体现了一国的技术发展和创新现状，是衡量一国科技实力、经济实力的重要指标，也关系到一国在整个世界经济体系中的国际竞争力，下面对我国高科技产业的发展现状进行介绍。

首先，从高新技术主营业务收入构成看（见表 4-10），各产业规模都保持了快速增长。电子及通讯设备业占据了中国高技术产业的半壁江山，计算机及办公设备制造业 1995 年占比仅为 9.66%，"入世"后，该产业获得了飞速发展，占比升至30%左右,这主要是因为发达国家致力于航天、航空、生物等高新技术产业的发展,我国在承接发达国家电子、通信及计算机等产业的基础上不断进行创新,该产品的生产技术水平日趋成熟,我国由该产品的进口国变为出口国,带动了国内相关产业的发展。而与之相比,医药制造业的占比由1995年的23.04%降至2012年的16.95%,医疗仪器和航天航空在中国的高新技术产业中占比较低。从各产业发展的增长速度看,受金融危机的影响,2008年以后各产业增速都出现不同程度的放缓,特别是电子通信和计算机办公产品出口受挫,发展速度减慢,研发创新速度也因此下降。

表4-10　　　　　　　高技术产业主营业务收入比重　　　　　　　单位:%

年份	医药制造业	航空、航天器及设备制造业	电子及通信设备制造业	计算机及办公设备制造业	医疗仪器设备及仪器仪表
1995	23.04	6.70	52.41	9.66	8.19
2000	16.22	3.77	58.51	15.94	5.56
2001	16.02	3.69	55.96	19.11	5.23
2002	15.60	3.42	52.41	23.55	5.02
2003	13.48	2.68	48.63	30.89	4.31
2004	10.89	1.79	49.63	33.01	4.68
2005	11.85	2.30	49.07	31.59	5.17
2006	11.35	1.92	50.66	30.38	5.68
2007	14.89	2.34	55.14	33.19	6.55
2008	16.31	2.37	51.08	29.49	7.64
2009	15.26	2.22	47.79	27.59	7.15
2010	15.33	2.14	48.31	26.79	7.43
2011	16.55	2.21	49.36	24.18	7.70
2012	16.95	2.28	51.62	21.55	7.60

数据来源:《中国高技术产业年鉴》

其次,从高新技术产业在制造业中的地位看(如图4-9所示),1995~2007年高技术产业总产值占制造业总产值比重稳步上升,虽然2008年后高新技术产业中所有产业占制造业产业的比重都出现不同程度的下降,但下降波动幅度不大。从高技术产业总产值占制造业总产值的比重看,1995年为8.48%,2003年占比达到最高值16.46%，2004年来该比重首次出现了下降，特别是受2009年国际金融危机的影响，比重降至12%左右。高新技术产业作为制造业的先导产业，其发展大大推动了制造业整体创新水平的提升。根据《世界发展指标》2013年的统计显示，2008年美国、日本、德国、法国、英国等国高技术产业占制造业的比重分别为15.0%、13.7%、10.4%、15.1%、14.1%，我国高新技术产业的发展在世界范围内已位列较高水平，受到产业发展演进规律的制约，其在制造业中的比重不可能持续增加。但从高技术产业内部结构看，电子通信设备业在我国高技术产业中占据了主导地位，其占比在2001年达到8.38%的最高值，此后开始下降，2011年占比降至5.92%。目前我国高技术产业已经具备了一定技术基础，国内自主创新能力增强，目前正向高技术产业发展中级阶段——技术追赶型升级。

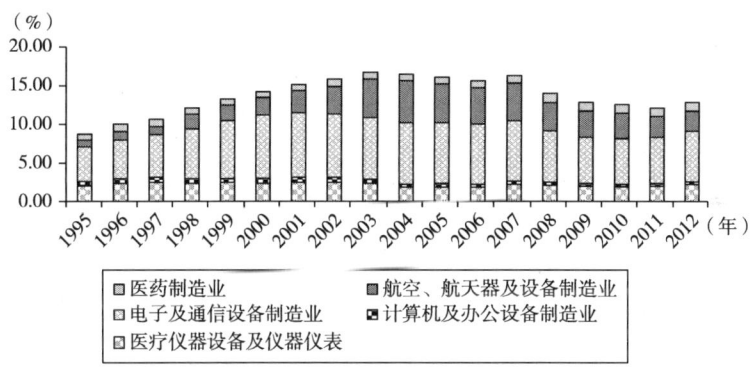

图4-9 中国高技术产业总产值占制造业总产值比重

数据来源：《中国高新技术产业统计年鉴》

再其次，从参与全球价值链的位次看，"入世"后，除个别年份外，高新技术产品的出口技术复杂度呈现出上升的趋势，这与我国高技术产业创新能力不断增强的发展态势基本一致。豪斯曼（Hausman，2007）对产品出口技术复杂度的研究指出，如果一个国家产品出口的复杂度越高，则表明该国出口产品的技术含量也越高，一国的技术创新能力也愈强。结合数据的可得性，计算"入世"后我国高技术产业出口技术复杂度如图4-10所示，可以看出中国高技术产业处于中国制造业的前端，是中国技术创新的主导产业，其出口产品的技术复杂度不断提高，2004年之后高于世界高技术产业的平均水平，2010年我国高技术产业的出口技术复杂度为21441.24美元，同期远低于发达国家，[①] 也低于同期东南亚国家的技术复杂度，这主要是由于我国高技术产品是以组装加工的出口方式为主，高新技术产品的技术含量不高。

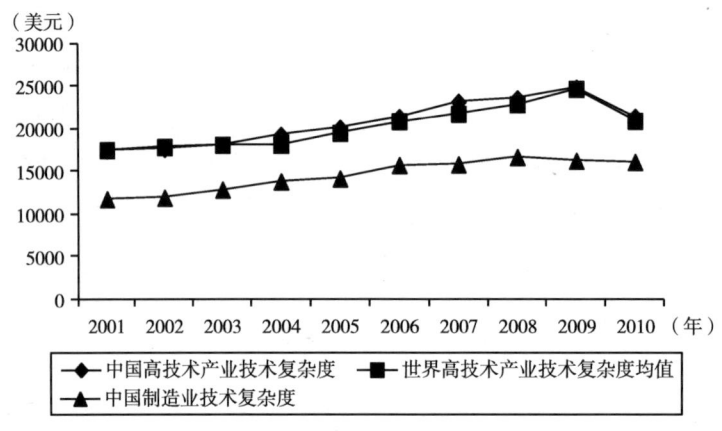

图4-10 中国高技术产业出口技术复杂度

数据来源：中经网产业数据库测算所得

第三节 本章小结

本章结合已有的文献研究，搜集大量数据，从事实特征角度考察了中国知识产权保护和技术创新的现状，得出如下结论：

首先，中国的知识产权保护制度是在制定和参与国际条约的过程中逐步完善起来的，具有司法保护和行政保护两条途径、并行运作的特点，随着中国加入TRIPS协定，中国的知识产权保护法律、法规体系更加完备，执法力度也进一步加强，中国整体的知识产权保护力度不断提高。本章在国内外学者已有研究的基

---

① 发达国家如美国、德国、英国2010年的产品的技术复杂度分别为23963美元、24233美元、24396美元；东南亚国家如泰国、马来西亚、菲律宾产品的技术复杂度分别为21930.95美元、21890.55美元和21527.30美元。

础上，构建了包括立法和执法两条途径，符合中国国情的知识产权保护指标，采用现有数据对中国 1985~2011 年的知识产权保护水平进行测度，发现尽管中国的知识产权保护水平不断提高，但由于执法不完全，其与发达国家的知识产权保护水平还有存在一定的差距。进一步采用中国各省份 2003~2011 年的数据，分析发现中国的知识产权保护"东强西弱"的不平衡态势正逐步减缓。

其次，从技术投入和技术产出两个角度分析了中国技术创新的现状。从财政支出中科学研究投入、研发经费及其占 GDP 的比重看，发现中国的研发投入未能与经济增长保持同速。中国研发投入主要用于试验发展活动，与技术创新相关的基础研究和应用研究研发经费投入不足。从研发主体看，正在向由企业主导的研发模式转变，企业中研发人员的占比也稳步上升。中国研发人员的绝对数在稳步增加，但从每万名就业人员中 R&D 人员数来看，中国研发人员仍存在投入量不足的问题。考虑到中国区域发展的差异，进一步研究了各省份 1997~2012 年研发经费支出和研发人员分布情况，发现研发经费支出和研发人员投入都具有较强的梯度性，西部地区研发投入不足，制约了中国整体的创新水平。对于技术创新的产出主要从全要素劳动生产率和高新技术产业发展两方面考察，采用 DEA 数据包络法，测度了中国各省份 1999~2012 年全要素生产率变动，发现中国的技术创新主要在于技术效率的提升，但这种要素投入型技术效率对中国全要素生产率提升的作用正逐步减弱，中国各省的全要素生产率差异正逐渐缩小。基于高技术产业内部各产业的营业收入、高技术产业总产值占制造业总产值的比重和高新技术产品出口复杂度分析，表明我国高新技术产业的创新能力不断提升，正由最初的组装加工型向技术追赶型升级。

第五章

开放条件下中国知识产权保护对技术创新的影响

新经济增长理论指出一国经济增长是由技术创新内生决定的,如何克服制约技术创新的因素,保持技术创新的速率也成为各国永恒的话题。伴随着人类社会大踏步进入知识经济时代,科学在技术创新过程中的作用日渐突出,R&D 与技术创新产出相关性明显增强,格里菲思(Griffith,2000)研究发现一国国内研发资本投入已成为提升本国高技术层次自主创新的主动力。从第四章对我国技术创新的现状介绍中,得知我国的研发经费支出强度不足、每万名就业人员中 R&D 人员数不高,制约了我国自主创新能力的提升。格罗斯曼和赫尔普曼(1993)研究发现,一国在对外开放条件下,除了依赖本国的研发投入进行自主创新外,还可以参与全球价值链的生产,通过模仿进口的工业品和中间产品,吸引外商直接投资和进行对外投资,分享国际间的技术溢出。国家间的技术转移与扩散减少了国内研发投入、避免了重复研发,也为我们进行技术赶超提供了有效路径。随着对外交往的不断扩大与深入,国际贸易出现了知识化的趋势,体现为货物贸易和服务贸易的知识化、知识产权贸易快速发展,知识产权已经成为世界各国争夺世界市场的主要工具,发达国家从未停止过对知识产权高标准的诉求。从我国目前的经济发展现状看,模仿创新仍是我国进行技术创新的主要渠道,因此,从我国现有的知识保护现状出发,正确评价并制定最优的知识产权保护制度,兼顾两种途径进行技术创新,就成为我们关注的焦点。基于第四章对知识产权保护水平和技术创新产出的测度结果,本章首先从我国的宏观总体出发,分析知识产权保护作用于进口贸易或 FDI 两种途径的技术溢出,对我国自主创新和模仿创新的影响；其次，采用我国省级数据，进一步考察知识产权保护对技术创新的影响，并针对不同途径的技术创新，找到知识产权保护门槛值，确定最优的知识产权保护区间。再其次，从企业异质性角度出发，采用我国制造业企业的数据，从微观层面考察了知识产权保护对我国工业企业创新的影响。

第一节

知识产权保护对技术创新的影响：基于中国整体时间序列的实证分析

一、引言

前文的分析表明，一国经济的发展主要依赖于技术进步而不是要素的投入，技术进步是经济持续发展的源泉（Romer，1990；Grossman & Helpman，1991；Aghion & Howitt，1992），技术进步提高了生产要素的使用率，带来了产出的增加。在对外开放条件下，技术创新可以依靠本国的自主研发（Research and Development，R&D）与创新和获得技术溢出（technology spillovers）效应来实现。从我国发展的现实来看，经济保持了年均 9.45% 的增速，国内不断加大研发支出，提升自主创新能力。随着全球经济一体化的不断深化发展，中国的对外开放程度不断加深，加入 WTO 这十多年来，对外贸易额由 2001 年的 5097.6 亿美元跃升为 2012 年的 38671.2 亿美元，年均增幅超过了 16.87%，实际利用外资额也由 2001 年的 496.72 亿美元增至 2012 年的 1132.94 亿美元，利用外资规模逐年扩大。对外开放向广度和深度扩大，国际技术溢出效应也将随之增大，对我国技术创新的影响也与日俱增。

WTO 规则下《TRIPS 协议》是独立于世界知识产权组织，具有相对强制措施的一部国际公约，它的签订丰富了传统的国际贸易理论，使国际贸易格局进入了一个新的篇章。我国作为"乌拉圭回合"的全面参加方，已经签署了包括知识产权协议在内的一揽子协议。① 发达国家为谋求自身利益的最大化，竭

---

① WTO 初始成员在执行 TRIPs 协定时有 5 年的过渡期，但是中国作为新进者，一开始就要遵守 TRIPS 协定的最低标准。

力推进知识产权双边、多边协定或国家条约的签订。作为一项重要的制度安排，知识产权保护水平将对我国的技术进步和国际技术溢出效应将产生至关重要的影响。

从技术创新角度看，知识产权保护从产权的角度保证了技术创新者的垄断利润，克服了由于知识的不完全而产生的市场失灵问题，激发了国内的技术创新，竞争效应、国内空间溢出效应，最终使一国总体的技术创新水平得到提升。但如果采取高标准的知识产权保护，会赋予了技术创新者以垄断权力，垄断的扭曲带来了社会无谓的福利损失，整个国家研发的积极性降低，技术创新受挫。从技术模仿的角度看，作为技术的供给方的发达国家，在面对进口国较强的知识产权保护时，其产品被模仿和复制的可能性降低，因此会增加了技术转移的意愿（Park & Lippoldt, 2003），出口产品技术复杂度会增强、出口产品的种类会趋于多样化，对外投资的规模会扩大，作为技术的需求方，发展中国家提高知识产权保护水平，加大了国内企业模仿成本，抑制了企业模仿基础上创新的积极性，二次创新的产出效应降低。陈和普蒂纳姆（Chen & Puttitanun, 2005）也指出发展中国家的知识产权保护制度是在鼓励技术创新和在抑制国外模仿中权衡的结果，因此，知识产权保护对技术创新的影响，最终取决于知识产权保护对国内自主创新及国际技术溢出两种途径的综合作用，这一制度因素对技术创新具有非线性的特征。

除知识产权保护外，人力资本作为知识生产函数中主要的要素投入，其水平和结构的优化会直接影响一国技术创新水平。从技术创新角度看，企业在初期发展阶段，主要是通过增加中间投入品，扩大最终产品生产的数量，从这种粗放式规模中获取收益，人力资本的作用不大。为了实现收益持续的增加，企业开始调整和关注人力资本的构成，一部分人员从事对原有产品生产性能或质量的改善，一部分人员从事高技术产品的生产，企业从集约型的规模中获得收益。从技术模仿的角度看，如果企业的人力资本水平低，只能对现有进口的中间产品进行简单模仿创新，或者利用外国资本扩大企业的生产规模，最终产品的质量或性能没有得到任何的提升，企业的人力资本水平提升或结构优化后，可以进口高质量的中间产品或把外资集中用于生产技术密集型产品，吸收能力的增强带来了国际技术溢出的效应增大,有助于企业实现模仿基础上的创新,因此,我们认为人力资本与技术创新是正向的线性关系。

基于上述分析,本节主要采用我国1985~2011年的时间序列数据,同时加入人力资本水平这一因素,运用协整分析,采用最小二乘回归法,综合考察知识产权保护作用于国内自主创新和国际技术溢出,对我国技术创新的影响。

二、计量模型的构建与变量说明

(一)计量模型构建

根据本书第三章理论机制的分析,参考科埃和赫尔普曼(1995)的研究,我们构建国内研发存量和国际技术溢出对本国技术创新影响的计量模型:

$$\log TFP_t = \alpha_0 + \alpha_1 \cdot \log S_t^d + \alpha_2 \cdot \log S_t^{f-LP} + u_t \tag{5.1}$$

其中,技术创新用全要素生产率TFP来衡量,S_t^d为国内研发资本存量,S_t^{f-LP}和S_t^{FDI}分别为由进口和FDI带来的国际技术溢出,u_t为误差项。由于时间序列中数据间的序列相关性较强,将变量取对数,消除了变量间的相关性和异方差,还不会影响变量之间的协整关系,因此我们对上述变量均取对数。由于知识产权保护对技术创新的影响不是单调变化,而是呈现出非线性的特征,所有知识产权保护并未直接进入模型,而是直接影响了国际技术溢出效应的大小,为此,加入知识产权保护作用于进口和FDI两种途径技术溢出的交叉项,即$IPP_t \cdot \log S_t^{f-LP}$和$IPP_t \cdot \log S_t^{FDI}$。此外,人力资本对国内研发存量和对国际技术的吸收起着重要作用,所以模型中还加入了人力资本与国内研发存量以及国际技术溢出的交互项,即$H_t \cdot \log S_t^d$和$H_t \cdot \log S_t^{f-LP}$或$H_t \cdot \log S_t^{FDI}$。基于进口作为权重的国外研发溢出的基本模型如下:

$$\log TFP_t = \alpha_0 + \alpha_1 \cdot IPP_t \log S_t^{f-LP} + \beta \cdot \theta^d + \gamma \cdot \theta^f + u_t \tag{5.2}$$

其中,模型中的变量θ^d和θ^f是控制变量,其θ^d代表$\log S_t^d$和$H_t \cdot \log S_t^d$这两项,θ^f代表$\log S_t^{f-LP}$和$H_t \cdot \log S_t^{f-LP}$这两项。在下面的回归中,本书将选择性的加入控制变量中的各项,因此根据控制变量中选项的不同,形成不同组合。当用

FDI作为权重计算的国外研发溢出时，只需将模型（5.2）中的 $\log S_t^{f-LP}$ 换为 $\log S_t^{FDI}$ 即可。

（二）变量的处理及来源说明

1. 技术创新 TFP_t

全要素生产率是代表技术进步的重要指标，本书采用DEAP2.1进行测度。产出变量 Y_t，用国内生产总值来代表，用GDP平减指数进行平减，折算成以1985年为基期的GDP。资本存量 K_t 采用永续盘存法来估算，$K_t = I_t/P_t + (1-\delta) \times K_{t-1}$，$I_t$ 为当年的投资数额用固定资本形成额来代替，P_t 投资价格指数，δ 为折旧率，K_t 和 K_{t-1} 分别表示本年和上一年度的资本存量，我们采用单豪杰（2008）的做法来进行估算，并采用1985年的资本存量作为基期。用年底就业人数来测算 L_t，数据来自《新中国成立六十年统计资料汇编》。

2. 国内研发资本存量 S_d^t

对于国内的研发资本存量可以采用永续盘存法来进行估算，其计算公式为 $S_t^d = (1-\delta)S_{t-1}^d + RD_t$，其中 δ 为资本存量的折旧率一般为5%，RD_t 是历年国内实际的R&D支出，采用WDI数据库中美元和人民币比率转换为美元购买力，再用价格平减指数平减，折算成以1985年购买力平价为基期的研发投入量。国内1985年的研发资本存量用格瑞池（Griliche，1979）提出的方法来计算 $S_{1985}^d = RD_{1985}/(g+\delta)$，根据科埃和赫尔普曼（1995）的定义，g为1985~2009年每年R&D支出的平均增长率，这里计算为15.58%。

3. 国际研发存量的溢出 S_{it}^{f-LP} 和 S_{it}^{FDI}

国际研发存量的溢出采用CH-LP（1998）方法，①对国际技术溢出进行直接测度，具体为 $S_{it}^{f-LP} = \sum_{i \neq j} \frac{M_{ijt}}{Y_{jt}} S_{jt}^d$，其中 M_{ijt} 为i国t时期从j国进口贸易总量，Y_{jt} 为j国在时期t的国内生产总值，S_{jt}^d 为j国在时期t的国内研发资本存量。按照

---

① 科埃和赫尔普曼（Coe & Helpman，1995；简称CH）开创性地证明了国际R&D溢出的存在，并以进口份额作为权重来直接计算国外的研发存量，此后利希滕贝格和波特瑞（Lichtenberg & Potterie，1998；简称LP）对权重进行改进，成为目前被广大学者所接受的测度国际技术溢出效应的直接法。

OECD 和世界银行等机构的统计数据，同时参照《国际统计年鉴》及考虑中国贸易伙伴国的连续性，我们选取来自 G7 国家研发资本存量的溢出，其中这七国与中国的进口贸易量都来自 UNCOMTRADE 数据库，国内生产总值数据来自世界指标发展数据库，研发投入来自 OECD 数据库，研发资本存量采用与国内研发存量相同的方法计算而得。其中德国在 1985～1991 年的数据采用联邦德国数据来代替。同时考虑到 FDI 也会带来国际技术溢出，国外的研发资本存量也可以采用 $S_{it}^{FDI} = \sum_{i \neq j} \frac{FDI_{ijt}}{Y_{jt}} S_{jt}^d$，其中 FDI_{ijt} 表示 j 国 t 时期对中国的 FDI 投入额，数据来自历年《中国统计年鉴》。

4. 人力资本 H_t

基于统计数据的可获得性，国内学者对人力资本的估算一般采用人均受教育年限法（Barro & Lee, 2000），即 $H_t = \sum_{i=1}^{n} p_i h_i / p$，其中，受教育程度用 i 表示，受教育程度为 i 的人口数用 p_i 表示，受教育程度为 i 的教育年限为 h_i，该年龄以上的人口总数是 p。各种不同层次的受教育年限为小学 6 年，初中 9 年，高中 12 年，大学 16 年，以中国 6 岁及 6 岁以上的人口的受教育程度进行计算，数据来源于历年《中国统计年鉴》。

5. 知识产权保护水平 IPR

中国实际的知识产权保护水平根据第四章构建的知识产权保护体系进行核算，其中立法强度数据来源于格纳瑞特和帕克（1997），执法强度是依据其包含的二级指标，分别赋予不同权重进行计算测得。

三、实证结果分析

尼尔森和普洛瑟（Nelson & Plossar, 1991）指出的，大多数宏观经济变量是非平稳的变量，采用时间序列进行分析，如果存在单位根，由于统计量不服从标准正态分布，直接采用最小二乘法进行回归，甚至会造成虚假回归结果。基于此，我们首先对变量做单位根检验（见表 5-1）。

表 5-1　　　　　　　　　ADF 单位根检验结果

变量	检验形式（C, T, K）	ADF 检验统计量	10% 临界值	结论
$\log TFP$	(C, N, 1)	-1.754	-2.630	不平稳
$\Delta \log TFP$	(C, N, 0)	-3.200	-2.630	平稳
$\log S^d$	(C, N, 1)	-1.702	-2.630	不平稳
$\Delta \log S^d$	(C, N, 0)	-3.948	-2.630	平稳
$H \cdot \log S^d$	(C, N, 1)	-0.353	-2.630	不平稳
$\Delta H \cdot \log S^d$	(C, N, 0)	-3.719	-2.630	平稳
$\log S^{f-LP}$	(C, T, 1)	-2.831	-3.240	平稳
$\Delta \log S^{f-LP}$	(C, N, 0)	-3.517	-2.630	平稳
$H \cdot \log S^{f-LP}$	(C, T, 1)	-2.935	-3.240	不平稳
$\Delta H \cdot \log S^{f-LP}$	(C, N, 0)	-3.269	-2.630	平稳
$IPP \cdot \log S^{f-LP}$	(C, T, 0)	-2.367	-3.240	不平稳
$\Delta IPP \cdot \log S^{f-LP}$	(C, N, 0)	-3.819	-2.630	平稳
$\log S^{FDI}$	(C, N, 1)	-1.639	-2.630	不平稳
$\Delta \log S^{FDI}$	(C, N, 0)	-3.058	-2.630	平稳
$H \cdot \log S^{FDI}$	(C, N, 1)	-1.400	-2.630	不平稳
$\Delta H \cdot \log S^{FDI}$	(C, N, 0)	-3.300	-2.630	平稳
$IPP \cdot \log S^{FDI}$	(C, N, 0)	-0.665	-2.630	不平稳
$\Delta IPP \cdot \log S^{FDI}$	(C, N, 0)	-5.047	-2.630	平稳

注：（C, T, K），C 代表常数项，T 代表时间趋势项，K 代表滞后阶数，加入滞后项是为了使残差变为白噪声，滞后项的阶数有 AIC 准则确定，表中的临界值为 10% 置信水平下的 ADF 检验的统计值

由表 5-1 的检验可以看出，在 10% 的显著水平下，所有变量的时间序列都是不平稳的，将它们进行一阶差分后，变为平稳的时间序列，即所有变量的 I(1) 阶单整是平稳的。不同回归方程中出现的变量之间是否存在长期均衡关系还需要进行 Johansen 协整检验，表 5-2 给出了检验结果。

表 5-2　　　　　　　不同方程变量之间 Johansen 协整关系

方程变量：(In VAR Lag = 2)				协整关系个数（r）
$\log TFP$	$\log S^d$	$\log S^{f-LP}$		r = 1
$\log TFP$	$\log S^d$	$\log S^{f-LP}$	$IPP \cdot \log S^{f-LP}$	r = 2
$\log TFP$	$\log S^d$	$H \cdot \log S^{f-LP}$	$IPP \cdot \log S^{f-LP}$	r = 2

续表

方程变量：(In VAR Lag = 2)	协整关系个数（r）
logTFP logS^d logS^{f-LP} H·logS^{f-LP} IPP·logS^{f-LP}	r = 3
logTFP H·logS^d logS^{f-LP} H·logS^{f-LP} IPP·logS^{f-LP}	r = 3
logTFP logS^d H·logS^d logS^{f-LP} IPP·logS^{f-LP}	r = 2
logTFP logS^d H·logS^d H·logS^{f-LP} IPP·logS^{f-LP}	r = 2
logTFP logS^d logS^{FDI} IPP·logS^{FDI}	r = 1
logTFP logS^d H·logS^{FDI} IPP·logS^{FDI}	r = 1
logTFP logS^d logS^{FDI} H·logS^{FDI} IPP·logS^{FDI}	r = 3
logTFP H·logS^d logS^{FDI} H·logS^{FDI} IPP·logS^{FDI}	r = 3
logTFP logS^d H·logS^d logS^{FDI} IPP·logS^{FDI}	r = 3
logTFP logS^d H·logS^d H·logS^{FDI} IPP·logS^{FDI}	r = 3

由表 5-2 可知，不同方程变量间至少存在 1 个协整关系，因此可以用最小二乘法（OLS）方法对这些长期方程式进行回归，回归的结果参见表 5-3。

表 5-3　用进口作为权重计算的国外研发溢出的估计结果

logTFP	模型 1	模型 2	模型 3	模型 4	模型 5	模型 6	模型 7
logS^d	0.11918*** (0.06117)	0.13861* (0.0308)	0.23784* (0.02862)	0.16735* (0.03317)		0.08854** (0.04205)	0.35354* (0.04164)
H·logS^d					0.02536* (0.00532)	0.01186 (0.00714)	-0.02954* (0.00879)
logS^{f-LP}	0.04415 (0.03951)	0.22353* (0.0296)		0.15026* (0.04856)	0.29003* (0.03689)	0.22029* (0.02856)	
H·logS^{f-LP}			0.03257* (0.00511)	0.01377*** (0.00745)	-0.01342*** (0.00703)		0.04399* (0.00539)
IPP·logS^{f-LP}		-0.04587* (0.0056)	-0.06743* (0.00936)	-0.05799* (0.00845)	-0.05667* (0.00864)	-0.05647* (0.00837)	-0.05853* (0.00811)
Adj R^2	0.8433	0.9605	0.9501	0.9645	0.9623	0.9635	0.9665

注：* 表示在 1% 显著水平下显著，** 表示在 5% 显著水平下显著，*** 表示在 10% 显著水平下显著（括号内的数值为回归系数的标准差）

从表 5-3 的回归结果中得出如下的分析：

首先，模型 1 中可以看出国内的研发存量和国外研发存量都促进了全要素生产率提高，国内研发支出增加1%，我国的全要素生产率会增加0.12%，而通过进口贸易的国外技术溢出仅使全要素增加0.04%，可能是国外发达国家对出口到我国的高新技术产品加以管制、产品进口中中间产品比重较高所致，此模型还未加入人力资本和知识产权保护的影响，这与赵伟、汪全立（2006）的研究结果基本相符。

其次，加入知识产权保护与国外研发存量溢出的交互项，实证分析结果表明，无论模型中变量是以进口还是用FDI作为权重，这个变量的系数始终为负，且都在1%显著水平下显著。

以表5-3中的模型2为例，反映知识产权保护影响能力的系数为-0.04587，即在其他变量保持不变的情况下，知识产权保护强度每增加一个单位能使全要素生产率降低0.04587%。表明了我国知识产权保护的提高抑制了国内众多企业对国外技术产品中技术成分的模仿和获取，进而阻碍了国外高科技产品的技术外溢，对国内的生产率产生了消极的负向作用。此外，单独考虑知识产权保护的作用，国外技术溢出对劳动生产率的影响力增强，其系数变为0.22353，并在统计上显著。反映出当知识产权保护强度的值并不是很大时，即小于3时，国外技术溢出单独项的系数大于国外技术溢出与知识产权保护强度交互项的系数，说明国外技术溢出本身的增加，有利于我国国内的技术进步。然而当知识产权保护强度值很大时，国外技术溢出效应将降低，导致我国的全要素生产率的下降。其原因可能是在严格的知识产权保护下，国外的高新技术产品将垄断国内市场，摄取大量的现金，切断了国外企业研发的资金链，从而打击了国内企业的创新与改进，降低了国内劳动生产率。

将表5-3中模型2的国外研发溢出权重的计算由进口贸易转换为FDI时，即表5-4中的模型1，知识产权保护影响能力的系数变为-0.03969，比前一个模型该项的系数略有下降，说明知识产权保护强度的负向作用有所减弱。这一结果的出现可能与这两种不同国外研发溢出的途径有关。本国可以通过对进口的高技术最终产品模仿，设计出山寨产品，来提高本国的全要素生产率，此时知识产权保护对最终产品的模仿影响力巨大，保护强度越大，各种盗版和模仿就越少，高昂的知识产权保护费用，国内企业进行二次创新的积极性不高，逆向工程受到限制，国外高新技术产品垄断效应增强，对全要素生产力的消极作用也就更加明显。而通过外国直接投资，因其不再通过模仿来提高生产效率，技术溢出直接体现在通过提供资金、高技术等生产要素，促进全要素生产率的提高，此时本国过高的知识产权保护的消极影响作用将减小。

再其次，加入了人力资本变量后，人力资本与国外技术溢出的交互项系数基本都为正，且都通过了显著性检验。这说明进口贸易及外商投资国际技术溢出含有较高的技术含量，需要较高的人力资本将其消化吸收，才能为己所用。在这些模型中，测度知识产权保护影响能力的系数都有所上升。人力资本的引入进一步证实了国外的研发技术溢出主要为高新技术产品，知识产权保护强度的大小则决定了这些产品的技术溢出的范围和强度，其最终对全要素生产率的影响也将放大。

当模型同时加入国内研发存量和其与人力资本的交互项或国外技术溢出和其与人力资本的交互项时，有系数会出现与预期的不符，但这并不影响模型总体回归结果的可靠性，并且知识产权保护才是我们研究的主要内容。从实证分析的结果中我们得出这样的结论：就中国目前的经济发展现状而言，如果采取过高的知识产权的保护力度，会使国外研发技术溢出的效应由正向转为负向，阻碍了国内整体技术创新水平的提升。

表 5-4　　用 FDI 作为权重计算的国外研发溢出的估计结果

logTFP	模型 1	模型 2	模型 3	模型 4	模型 5	模型 6
$logS^d$	0.12077 * (0.02818)	0.11642 * (0.02574)	0.11476 * (0.02425)		-0.01798 (0.04921)	0.02972 (0.04645)
$H \cdot logS^d$				0.01050 * (0.00211)	0.01195 * (0.00373)	0.00766 ** (0.00353)
$logS^{FDI}$	0.09048 * (0.01157)		-0.17521 *** (0.09135)	0.08460 (0.10463)	0.11109 * (0.01158)	
$H \cdot logS^{FDI}$		0.01989 * (0.00225)	0.05711 * (0.01952)	0.00509 (0.02242)		0.02225 * (0.00234)
$IPP \cdot logS^{FDI}$	-0.03969 * (0.01084)	-0.05325 * (0.01039)	-0.07699 * (0.01578)	-0.05046 * (0.01451)	-0.04768 * (0.00936)	-0.05929 * (0.00997)
Adj R^2	0.9568	0.9641	0.9682	0.9699	0.9700	0.9695

四、结论与政策建议

马斯库森(1995)研究发现,一国知识产权保护与国内技术创新呈现"U"形,其对技术创新的影响与后发国的经济发展息息相关。因此,一国的知识产权保护水平应该与其经济发展阶段相适应,根据其国内的技术水平和产业发展现状制定相应的进口及引资战略。一般而言,后发的技术创新国家在工业化初期,国内技术能力较低,模仿在研发创新中占主导地位,弱的知识产权保护有利于其获得较高的国际技术溢出效应,加速国内的模仿和学习的进程;在工业发展到一定阶段之后,后发技术国内的技术创新能力增强,经济发展对技术创新的依赖性增强,提高知识产权保护的强度的积极效应会充分体现。掘井和艾瓦斯科(2007)实证分析也表明严格的知识产权保护政策未必会促进经济的增长,在大多数情况下不完全的知识产权保护水平反而会抑制经济的增长。由于在对外交往中,我国经常被指责知识产权保护执法不严,利用技术许可贸易的方式来大力引进高技术专利促进经济发展几乎不可能,利用进口贸易和FDI这两种方式成为我国引进先进技术的主要途径。本节采用我国数据进行实证分析,进一步分析表明,现阶段如果加大我国的知识产权保护力度,反而会抑制通过进口贸易和FDI获得国外技术的溢出效应,对我国的技术创新产生消极的负面效应。但是,从国内看,知识产权保护促进我国整体研发投入增强,带动国内技术创新速率和全要素生产率的提高。为此,我国政府应该从当前经济发展现状出发,制定符合国际规则的知识产权保护的法律体系,采取适度的知识产权保护水平。一方面,可以对国内高新技术产品的专利予以严格保护,以激励国内研发的投入(主要是中小企业的研发),带动中国的创新浪潮;另一方面,在不违反世贸组织协议的前提下,适度合理放宽对国外高新技术专利权的保护,以此来最大化国际技术溢出的积极影响。另外,本节的实证结果也再次表明我国人力资本对于国际技术溢出的作用不容忽视,我国目前自主创新的能力上比较薄弱,模仿和学习还是企业提高效率的主流。因此,通过教育体系的完善和改革,不仅仅要建立起能孕育有丰富知识储量的教育环境,更应该构造一个能够诞生创造新知识和人才教育的舞台,以期最大限度地利用国际技术外溢效应。

第二节

知识产权保护对技术创新的影响：基于中国省级面板数据的实证分析

一、引言

技术创新是一国经济增长的源泉和内部动力，近年来我国相继提出"科教兴国""科技兴贸"等发展战略极大提升了国内自主研发的技术水平与能力，但受到研发支出强度不足、研发人力资本有限等因素的制约，我国的生产技术水平在总体上与发达国家仍有较大差距。从发达国家引进技术，分享国际技术溢出进行模仿，克服了我国在自主创新中的困境，有助于我国在短期内实现技术的赶超与经济增长（林毅夫和张鹏飞，2005）。

国际技术溢出主要分为物化型技术溢出和非物化型技术溢出，其中，物化型的技术溢出便于测度，因而多被用在实证分析与研究中。具体而言，物化型的技术又可通过多种渠道进行扩散，由于FDI可以采用技术进行投资，提高东道国的技术水平，因此这种渠道的技术溢出最早引起了学者的关注。凯夫斯（1974）、格洛伯曼（Globerman，1979）采用不同国家行业的外商直接投资分析，发现FDI显著地促进了东道国企业的技术提升。包群和赖明勇（2003）证实了中国FDI具有正向的溢出效应，潘文卿（2003）、王华（2012）则认为中国的FDI技术溢出具有非线性的特征，只有拥有相匹配的技术吸收能力，并且超过一定的门槛值，才能得到正向的效应。与FDI相比，我国的OFDI起步较晚，"入世"后，随着深化改革和对外开放进程的加快，我国政府在"引进来"的同时，出台了一系列政策措施，极大地推动了企业"走出去"的步伐，《2011年度中国对外投资统计公报》显示，各省份OFDI活跃，2011年地方非金融类对外投资流量为235.6亿美元，同比增长32.7%，远高于全国的增幅。赵伟（2006）、李梅（2012）等学者在研究中充分肯定了OFDI渠道的技术溢出对我国创新的重要性。此外，进口贸易（黄先海和张云帆，2004；李小平和朱钟棣，2004；谢建国，2009）和出口贸易（许连和，2005；赖勇剑和贺祥民，2013）也是我国获取技术溢出的有效渠道。

在上一节中我们分别从进口贸易和 FDI 两方面，考察了知识产权保护制度对技术溢出的影响，黄先海等（2005）认为从单一因素研究容易放大甚至扭曲技术外溢的效应，从而使现有的研究结论缺乏科学的解释力。为此本节在上一节研究的基础上，采用我国省级的数据，从对外开放的现状出发，将贸易和投资对象国从 G7 扩展至 23 个，[①] 综合考虑四种不同途径的技术溢出，并对不同渠道的技术溢出进行比较分析；此外还考虑人力资本、金融发展、经济发展、基础设施等制约技术创新的因素，并重点分析了知识产权保护制度对不同途径技术创新的影响，在此基础上，测算各种创新渠道下知识产权的门槛值，以期通过合理安排知识产权保护制度来促进我国区域创新和经济的协调发展。

二、计量模型的构建与变量处理

（一）计量模型的构建

参照科埃和赫尔普曼（Coe & Helpman，1995）模型先建立一个国内研发存量和国际技术溢出对全要素生产率影响的基准模型：

$$\text{lntfp}_{it} = \beta_0 + \beta_1 \text{lnrd}_{it} + \beta_2 \text{lntechspillover}_{it} + \beta_3 X_{it} + \mu_i + \varepsilon_t + u_{it} \quad (5.3)$$

前文的理论分析表明，知识产权保护会影响国际技术溢出，因此在上述模型基础上引入知识产权保护水平与国际技术溢出的交互项，考虑到在现实经济中技术创新的调整是个长期动态调整的过程，前一期的技术创新水平将对当期知识产权保护水平产生影响，将被解释变量的一阶滞后项加入解释变量中，将更符合中国技术创新的实际，计量模型变为：

---

① 根据我国进出口贸易和外商直接投资及对外投资的情况，结合数据的可得性，我们选取了澳大利亚、奥地利、比利时、加拿大、丹麦、芬兰、法国、德国、匈牙利、爱尔兰、意大利、日本、韩国、荷兰、挪威、波兰、葡萄牙、西班牙、瑞典、墨西哥、英国、美国、新加坡共计23个国家。

$$\text{lntfp}_{it} = \beta_0 + \beta_1 \text{lntfp}_{it-1} + \beta_2 \text{lnrd}_{it} + \beta_3 \text{lnipr}_{it} \cdot \text{lntechspillover}_{it} + \beta_3 X_{it} + \mu_i + \varepsilon_t + u_{it}$$

(5.4)

其中 i 为地区，t 为年份，tfp$_{it}$ 为各省的全要素劳动生产率，ipr$_{it}$ 表示各省的知识产权保护水平，rd$_{it}$ 为各省的国内研发水平，techspillover$_{it}$ 表示各省通过出口、进口、FDI 以及 OFDI 获得的技术溢出，X$_{it}$ 为一系列控制变量，表示除了国内自主创新和国际技术溢出之外其他可能影响技术创新的因素，主要包括人力资本、金融发展、基础设施、经济发展，μ_i 为地区固定效应，ε_t 为时间固定效应，u$_{it}$ 为误差项。

(二) 变量的选取及说明

由于中国各省进行对外直接投资（OFDI）的数据始于 2003 年，本书选取的样本为全国 30 个省、自治区和直辖市 2003～2011 年的数据，西藏的数据由于太少予以剔除。金融发展的数据取自《中国金融年鉴》，各省国内研发投入取自《中国科技统计年鉴》，23 个国家的 R&D 支出数据来源于 OECD 的官方网站，中国各省对外投资的数据取自各年度《中国对外投资统计公报》，文中其他数据来自中国各省各年度的统计年鉴和《中国统计年鉴》《中国财政年鉴》。

1. 知识产权保护水平

知识产权保护水平是本书关注的核心变量，为了使实证检验结果更加稳健可靠，本节以第四章构建的知识产权保护体系，重新测度的中国各省区市的知识产权保护水平为准。

2. 各省份的技术创新水平

各省份的技术创新水平用全要素生产率来进行衡量，本书以我国 30 个省区市的 2003 年为基期的实际国内生产总值作为产出变量，以各省份实际固定资本存量和年末就业人数作为投入变量，基于规模收益不变模型，[1] 采用非参数的数据包络法，运用软件 DEAP2.1 进行测度，结果如表 5-5 所示。

---

[1] 李再杨和杨少华（2010）指出在规模收益可变时，测算的 malmquist 指数不能反应生产率全部变化的情况。

表 5-5　　　　　　　　各省份 Malmquist 指数均值

区域	省份	effch	tech	tfp	区域	省份	effch	tech	tfpch
中部地区	安徽	1.002	0.998	1.000	西部地区	新疆	0.996	0.993	0.990
	黑龙江	0.997	0.991	0.988		云南	0.998	0.995	0.994
	河南	0.997	0.992	0.990	东部地区	北京	1.005	1.000	1.005
	湖北	1.003	0.990	0.993		天津	1.015	0.997	1.012
	湖南	1.002	0.990	0.991		河北	0.995	0.988	0.983
	江西	0.998	0.993	0.992		辽宁	0.996	0.996	0.992
	吉林	0.997	0.994	0.991		山东	1.012	0.998	1.010
	山西	1.013	0.995	1.008		上海	1.013	0.997	1.010
西部地区	重庆	1.009	1.001	1.010		浙江	1.001	0.997	0.998
	甘肃	1.015	0.994	1.009		江苏	1.000	0.990	0.990
	广西	1.017	1.002	1.019		福建	1.014	0.993	1.007
	贵州	1.017	1.001	1.018		广东	1.016	0.995	1.010
	内蒙古	0.999	1.001	1.000		海南	1.017	1.000	1.017
	宁夏	0.999	1.002	1.001	均值	东部	1.000	0.996	1.003
	青海	0.998	1.002	1.000		中部	1.001	0.993	0.994
	陕西	1.014	0.995	1.009		西部	1.009	0.999	1.009
	四川	1.015	0.996	1.011		全国	1.006	0.996	1.002

2003~2011 年间，全国生产率年均增长率为 0.2%，其中东部地区和西部地区的生产率与全国的增长态势相一致，分别实现了 0.3% 和 0.9% 的增长，中部地区却出现了 0.6% 的负增长。西部地区抓住了国家政策的扶持，承接从东部地区转移的产业，扩大招商引资力度，积极发展当地的特色产业，增长潜力不断显现。从技术进步增长看，三个区域均有所下降，分别为 -1.4%、-1.7%、-1.1%，技术效率分别实现了 0.8%、0.1%、0.9% 的增长，这说明目前中国各区域的技术进步动力还不足，其发展仍是制约中国生产率提升的主要因素。我国目前仍是依靠效率提升的水平式增长，技术进步的负增长使得技术创新增速缓慢。

3. 各省份国内研发资本和国外 R&D 溢出效应

各省份国内研发资本存量的测算方法与全国资本存量的测算方法相同，本章第一节进行了详述，这里就不再赘述。国外的技术溢出主要来自于出口 (Export)、进口（Import）、外商直接投资（FDI）以及对外直接投资（OFDI）四种不同渠道。以各省出口贸易、进口贸易、外商直接投资和对外投资总额在全国所占比重作为权重，参照 CH-LP（1998）方法，来衡量四种途径的技术外溢效应，以出口获得的技术溢出为例，具体计算公式为：$s_{jt}^{f1} = \frac{XP_{it}}{\sum_i XP_{it}} \cdot \sum_{i \neq j}^{N} \frac{XP_{jt}}{Y_{jt}} \cdot S_{jt}$，其中 XP_{it} 为各省 t 年的出口额，$\sum_i XP_{it}$ 为全国 t 年的出口总额，XP_{jt} 为我国 t 年对 j 国的出口额，Y_{jt} 和 S_{jt} 分别为 t 年 j 国的 GDP 总额和研发资本存量。进口、FDI 和 OFDI 获得的技术溢出可以通过相应地变化权重和相应地变化我国 t 年对 j 国的进口额、FDI 总额、OFDI 总额而得到。

4. 其他主要的控制变量

（1）人力资本（h_t）

伊顿和科特姆（Eaton & Kortum, 1996）、凯勒（Keller, 2001）指出技术溢出与用受教育程度年限表示的人力资本水平正向相关。赖明勇、袁媛（2005），赵伟和汪全力（2006）得出因进口品技术含量不同，人力资本对贸易国全要素劳动生产率的影响大小亦不相同的结论。本节仍采用巴罗和李（Barro & Lee, 2000）人均受教育年限法对其进行测度。

（2）金融发展水平（deposit）

阿尔法罗（Alfaro, 2001）、绍翁（Choon, 2009）证实了东道国金融市场发展将促进 FDI 溢出效应的吸收，阿尔瓦罗（Alvaro, 1994）、埃梅斯和雷斯基肯（Hermes & Lensink, 2003）指出金融部门的发展，提高了东道国企业的融资速度，降低了创新的成本，进一步加速了 FDI 的流入，增大了 FDI 溢出的效应。王永齐（2006）在研究中发现本地企业会利用跨国公司提供的新技术建立企业，如果国内金融市场不完善，将使借贷成本过高，从而导致新企业无法建立，技术转移被迫结束。赵奇伟和张诚（2007）、黄凌云（2009）认为我国目前金融体制改革滞后是造成各区域间 FDI 溢出效应差异的重要原因。张等（zhang et al., 2012）学者指出可以从金融中介的规模、金融中介化的深度、居民储蓄存款的流通能力、向公司提供金融服务的能力四个不同的指标对金融发展水平进行度量,① 结合我国各省区市金融发展的现状,这里主要采用金融发展的规模,即银行机构和非银行机构的存款总和 GDP 的比重来代表国内金融发展水平。

(3) 基础设施 (infrastructure)

施特恩、波特和弗曼 (Stern, Porter & Furman; 2000) 以 OECD 国家为例,分析得出基础设施对技术创新的作用。里德尔和施韦尔 (Riddel & Schwer, 2003) 则认为区域创新能力的提升,离不开区域基础设施的完善,李平 (2007) 发现区域基础设施各要素对我国的创新起到了积极的推动作用,但是这种作用在各区域间发展不平衡。我们用每一百万平方公里人均拥有的公路里程总数表示各省的技术设施水平。

(4) 经济发展水平 (pgdp)

地区经济发展水平越高,可用于研发的支出费也越高,当地的自主创新能力也越强。经济的发达程度还与其对外开放程度呈正向相关关系,对外开放程度的扩大有助于带来更多的技术外溢效应。此外,经济发展水平还代表了当地吸收能力,有助于技术效应的发挥 (李梅,2012)。我们用人均 GDP,代表各省区市的经济发展水平,并以人均 GDP 指数进行平减,测算出以 2003 年为基年的实际人均 GDP。各变量的统计性描述如表 5-6 所示。

表 5-6　　　　　　　　　　各主要变量的统计性描述

variable	Min	25% quantile	Median	75% quantile	Max
lntfpch	-0.166	-0.049	0.001	0.049	0.138
lnrd	1.754	4.71	5.754	6.593	8.392
lnipr	0.496	1.118	1.207	1.290	1.499
lnexspil	5.618	8.443	9.135	10.483	13.111
lnimspil	4.752	8.194	8.786	10.322	12.684
lnfdispil	2.892	6.237	7.236	8.066	9.502
lnofdispil	0.04	4.171	5.761	6.957	9.712

---

① 辛大楞、张源媛在《金融发展、国际 R&D 溢出与经济增长》一文中,从四个不同的角度测度了金融发展水平,研究发现金融发展规模更能代表国内的金融发展水平,实证检验也较稳健。

续表

variable	Min	25% quantile	Median	75% quantile	Max
lnpgdp	8.266	9.07	9.318	9.703	10.747
lndeposit	-2.223	0.131	0.318	0.475	1.551
infrastrucre	0.078	0.575	1.053	1.507	2.833
lnh	1.853	2.055	2.124	2.176	2.447

三、实证检验与分析

（一）估计方法

本节的计量模型中，解释变量部分包含被解释变量的滞后项，知识产权保护与技术创新之间存在双向因果关系，如果采用原有的固定效应方法进行估计，忽视了模型中的内生性问题，会使估计的结果产生偏误。安德森和萧（Anderson & Hsiao, 1981）指出采用一阶差分法，消去个体不随时间变化的固定效应，并采用被解释变量滞后二期及以后各期滞后变量作为工具变量，对差分方程进行估计，将会使估计结果更加可靠。但是安德森和萧指出这并不是最有效的估计结果，阿雷拉诺和邦德（Arellano & Bond, 1991）指出由于残差项的一阶差分和所有被解释变量 Y_{it} 和解释变量 X_{it} 都不相关，因此建议采用所有可能的滞后变量作工具变量来进行对差分方程进行广义矩（General Method of Moment, GMM）估计，为了消除面板数据中的异方差，我们还控制了时间变量固定效应，并采用差分广义矩（Difference-GMM）对样本进行估计。

（二）实证分析

第一，从我国样本整体看，模型1到模型5中分别考察了知识产权保护对国内研发和各种途径下国外研发溢出的影响，模型6则综合考察了知识产权保护对所有技术创新的影响，采用两步差分广义矩对样本进行总体估计，估计结果如表5-7所示。从实证估计结果看，"入世"后，国内通过修订和颁布知识产权方面的法律法规、简化知识产权保护的审批手续、制定知识产权争端解决机制等措施，加大了国内的知识保护力度，对国内研发投入产生了正向的促进作用，每提高国内自主研发资本存量1%，将促进技术创新提高0.753%。这表明我国正加快国家创新体系建设，把自主创新提高到国家发展的战略高度；市场化改革的推进为国内企业创造了公平的市场竞争环境。知识产权保护水平的提高，又为国内企业营造了激励自主创新的动力环境，企业可以通过把新技术成果的商业化或者采用许可等方式转让给其他技术类似的企业，收益的获得保证予以再创新以资金支持，国内形成了创新的良性循环机制。出口作为中国对外开放的主要方式，在现有知识产权保护力度下，促进了我国企业出口产品结构的优化，学习效应、竞争效应等最终带动了我国企业整体技术创新水平的提升。进口贸易满足了国内对中间产品和技术密集型资本品的需求，也为国内企业的模仿提供了契机，知识产权保护力度的加强，提高了进口贸易产品的质量，最终产品的生产技术也得到了极大的提升。外资的流入，解决了当地企业技术创新过程中资金的瓶颈，合资、合作等方式又扩大了技术许可贸易的范围，知识产权保护的加强，吸引了更多外商企业在我国设厂，给我国带来了显著的技术外溢效应，极大地促进了我国创新能力。而与上述三种途径的技术溢出渠道相比，我国的对外FDI主要以资源开发和扩大产品出口为主，提高知识产权保护水平，抑制了国内企业"走出去"的步伐，不利于国内技术创新的升级。

表 5-7 全国样本计量回归结果

lntfpch	模型1	模型2	模型3	模型4	模型5	模型6
L1. lntfpch	0.3829 *** (0.0203)	0.4014 (0.0130)	0.3966 *** (0.0189)	0.3903 *** (0.0165)	0.3848 *** (0.0198)	0.3898 *** (0.0287)
lnrd		0.0636 *** (0.0113)	0.0629 *** (0.0099)	0.0776 *** (0.0089)	0.0750 *** (0.0154)	0.0728 *** (0.0250)
lnipr · lnrd	0.0075 * (0.0047)					
lnipr · lnexspil		0.0194 *** (0.0047)				0.0133 ** (0.0062)
lnipr · lnimspil			0.0146 *** (0.0038)			0.0145 * (0.0087)

续表

lntfpch	模型1	模型2	模型3	模型4	模型5	模型6
lnipr·lnfdispil				0.0338*** (0.0048)		0.0368*** (0.0071)
lnipr·lnofdispil					-0.0105*** (0.0035)	-0.0016 (0.0079)
lnpgdp	0.0786** (0.0340)	0.0987*** (0.0306)	0.0852*** (0.0313)	0.1185*** (0.0433)	0.0961*** (0.0324)	0.1050* (0.0647)
lndeposit	-0.0020 (0.0024)	-0.0147** (0.0076)	-0.0090 (0.0068)	-0.0079** (0.0040)	-0.0066 (0.0059)	-0.0097 (0.0064)
infrastructure	0.0638*** (0.0077)	0.0538*** (0.0076)	0.0530*** (0.0102)	0.0483*** (0.0077)	0.0490*** (0.0079)	0.0482*** (0.0084)
lnh	0.1566 (0.0758)	0.1549 (0.1125)	0.2496*** (0.0882)	0.1966** (0.1019)	0.3219** (0.0971)	0.1301 (0.1289)
year dummy	控制	控制	控制	控制	控制	控制
_cons	0.6767 (0.3885)	1.0674 (0.3473)	1.0848 (0.3361)	1.3316 (0.4115)	1.1891 (0.3252)	1.1216 (0.6359)
AR(1)	0.0001	0.0001	0.0002	0.0002	0.0001	0.0003
AR(2)	0.4736	0.2796	0.3690	0.4815	0.4223	0.4272
Sargan Test	0.0877	0.0822	0.0808	0.0843	0.0783	0.0804

注：括号内为稳健标准误。其中，***、**、*分别表示在1%、5%、10%水平上显著

第二，对东部地区采用一步差分广义矩进行估计（见表5-8）。可以看出我国东部地区依据区位和政策优势，承接发达国家的产业，资本和技术密集型产业获得了较快的发展，这些产业在东部地区形成了集聚效应，带动了技术创新的发展，知识产权保护力度的提高，加大了当地技术落后企业模仿的难度，抑制了"搭便车"行为，有力促进了当地自主创新。知识产权保护对各种途径的技术溢出都产生了显著的正向溢出效应，其中FDI获取的技术溢出效应最大，进口贸易的溢出效应在东部地区各省区市间产生了二次空间溢出，显著地提升了当地的技术创新水平，值得一提得是，我国东部地区技术先导型企业积极进行对外投资，强的知识产权保护制度，给这一地区企业创新收益提供了制度保障，进一步强化了企业的所有权和内部优势，降低了企业开展跨国经营的费用，逆向FDI溢出效

应，显著地促进了这些地区的技术创新能力。东部地区积极转型出口技术密集度较高的产品，国内知识产权保护力度的加大，保证了其从参与全球化中获得了价值链的溢出，提升了东部地区企业的劳动生产率。我国东部地区在现有的知识产权水平下，积极推行金融市场的自由化，减缓了企业技术创新外部融资的约束，实现了企业技术创新资源的最优配置。

表 5-8　　　　　　　东部地区样本计量回归结果

lntfpch	模型 1	模型 2	模型 3	模型 4	模型 5	模型 6
L1. lntfpch	0.5153 *** (0.1093)	0.5746 *** (0.0804)	0.5467 *** (0.0807)	0.5424 *** (0.0812)	0.5016 *** (0.0747)	0.5111 *** (0.0890)
lnrd		0.1669 *** (0.0682)	0.1886 *** (0.0758)	0.1351 ** (0.0641)	0.2799 *** (0.1000)	0.2978 *** (0.0901)
lnipr · lnrd	0.1171 *** (0.0271)					
lnipr · lnexspil		0.0336 * (0.0196)				0.0120 * (0.0069)
lnipr · lnimspil			0.0503 ** (0.0220)			0.0386 * (0.0224)
lnipr · lnfdispil				0.0610 *** (0.0302)		0.0353 *** (0.0104)
lnipr · lnofdispil					0.0501 *** (0.0215)	0.0308 ** (0.0150)
lnpgdp	0.2218 ** (0.0905)	0.0844 *** (0.0178)	0.0735 *** (0.1599)	0.0647 *** (0.0182)	0.0592 *** (0.0967)	0.0383 (0.1765)
lndeposit	0.0199 (0.0143)	0.0260 ** (0.0178)	0.0246 * (0.0172)	0.0206 ** (0.0149)	0.0154 (0.0140)	0.0193 * (0.0069)
infrastructure	0.0689 ** (0.0265)	0.0371 * (0.0216)	0.0219 ** (0.0191)	0.0243 ** (0.0145)	0.0212 (0.0509)	0.0211 (0.0544)
lnh	0.5633 *** (0.1702)	0.3816 *** (0.1272)	0.5392 *** (0.2531)	0.6962 *** (0.2536)	0.8259 ** (0.3458)	0.6575 ** (0.3503)
year dummy	控制	控制	控制	控制	控制	控制
_cons	1.8747 (2.8778)	1.9919 (2.4779)	1.8746 (2.0793)	1.8040 (2.2759)	1.0154 (2.2361)	1.1580 (2.1971)

续表

lntfpch	模型1	模型2	模型3	模型4	模型5	模型6
AR (1)	0.0196	0.0178	0.0164	0.0162	0.0232	0.0161
AR (2)	0.5580	0.4199	0.7505	0.7053	0.8524	0.9466
Sargan Test	0.2333	0.0735	0.0954	0.1335	0.2229	0.1948

注：括号内为稳健标准误。其中，***、**、* 分别表示在1%、5%、10%水平上显著

第三，从中部地区一步差分广义矩估计结果（见表5-9）可以看出，中部地区主要依赖吸引外商直接投资和进口资本密集型中间产品来获取技术外溢效应，进行模仿创新。中部地区依赖当地的劳动力和资源优势发展经济，出口主要以劳动密集型产品为主，出口只是给当地带来了经济增长的水平效应，并未带来技术创新的垂直效应。由于中部地区的自主创新主要建立在模仿创新的基础上，提高知识产权保护力度，限制了当地的模仿行为，但同时有利于进口更多的高技术产品，知识产权保护水平提高带来了市场扩张效应扩大。随着中部地区资源型经济转型发展和我国产业重心由东部向中西部的转移，外资企业在中国也完成了自身产业的重组与分工，将研发中心设在经济和交通便利的东部地区，而将生产地转移到了中部地区，干中学效应、竞争效应、规模效应等提升了当地自主创新能力。目前中部地区交通基础设施建设已初具成效，研发投入的加大、人力资本水平提高和能源的最优配置，都推动了当地由模仿创新向自主创新的升级。

表5-9　　　　　　　　中部地区样本计量回归结果

lntfpch	模型1	模型2	模型3	模型4	模型5	模型6
L1.lntfpch	0.5459*** (0.0721)	0.5091*** (0.0762)	0.5341*** (0.0705)	0.5460*** (0.0655)	0.5458*** (0.0697)	0.5256*** (0.0704)
lnrd		0.0356** (0.0133)	0.0201 (0.0175)	0.0375** (0.0173)	0.0341*** (0.0086)	0.0484 (0.0973)
lnipr·lnrd	0.0461** (0.0213)					
lnipr·lnexspil		0.0580 (0.0260)				0.0534 (0.0245)
lnipr·lnimspil			0.0279** (0.0142)			0.0218* (0.0119)

续表

lntfpch	模型1	模型2	模型3	模型4	模型5	模型6
lnipr·lnfdispil				0.0466**		0.0319***
				(0.0222)		(0.0134)
lnipr·lnofdispil					-0.0144	0.0091
					(0.0099)	(0.0232)
lnpgdp	0.2660**	0.2350*	0.2585*	0.2074	0.1885***	0.2104***
	(0.1321)	(0.1405)	(0.1425)	(0.1420)	(0.0718)	(0.0786)
lndeposit	-0.1946	-0.2984	-0.1477	-0.1860*	-0.1629	-0.2017
	(0.1280)	(0.1819)	(0.1432)	(0.1058)	(0.1220)	(0.1680)
infrastructure	0.0751**	0.0568*	0.0614*	0.0531	0.0788*	0.0713**
	(0.0323)	(0.0322)	(0.0362)	(0.0350)	(0.0440)	(0.0370)
lnh	0.3046	0.5462*	0.6108***	0.5806***	0.4897	0.4405**
	(0.2005)	(0.3134)	(0.1186)	0.1816	(0.3184)	(0.1869)
year dummy	控制	控制	控制	控制	控制	控制
_cons	2.8747	2.9399	2.5747	1.2356	1.9924	1.8874
	(2.0601)	(1.6801)	(1.9398)	(1.7860)	(1.5782)	(2.4149)
AR(1)	0.0409	0.0388	0.0386	0.0264	0.0277	0.0246
AR(2)	0.8132	0.794	0.9498	0.5502	0.3555	0.3157
Sargan Test	0.3691	0.3922	0.2995	0.2758	0.2446	0.4279

注：括号内为稳健标准误。其中，***、**、*分别表示在1%、5%、10%水平上显著

第四，对西部地区采用两步差分广义矩进行估计，如表5-10所示。我国的西部地区以初级产品和资源型产品的出口为主，从出口贸易中获得的溢出效应较小，出口贸易对技术创新的拉动作用不大。与之相比，知识产权保护的加强，促使西部地区中间产品的进口比重提高，一些非物化的知识，如各种观念在区域间扩散，进口贸易产生空间上二次溢出效应，提高了当地的技术效率。知识产权保护的加强，激发了当地企业自主创新的动力，降低了发达国家进行技术转让的壁垒，外商直接投资通过示范效应、关联效应和人员培训效应，提升了东道国企业的技术创新能力。由于西部地区主要从事资源型产品的开发研究，知识保护力度的加强对当地企业OFDI的影响不大，贵州、青海等省对外投资额在全国占据比例不足1%，通过这一途径获得技术溢出效应非常小。交通基础设施和通信技术的发展，使各省区市的经济活动在空间上变得更加紧密，区域内部溢出效应范围

扩大。西部地区尽管劳动力相对充裕，但技术密集型人才相对较少，且人员流动较快，这已成为制约当地技术创新提升的主要因素。

表 5 - 10　　　　　　　　西部地区样本计量回归结果

lntfpch	模型 1	模型 2	模型 3	模型 4	模型 5	模型 6
L1. lntfpch	0.2338 ** (0.1158)	0.1649 ** (0.0879)	0.1760 *** (0.0687)	0.15923 ** (0.0798)	0.2832 *** (0.0803)	0.2888 *** (0.1129)
lnrd		0.1865 * (0.0934)	0.2787 ** (0.1360)	0.1140 (0.0805)	0.5898 * (0.3327)	0.0486 (0.0588)
lnipr · lnrd	-0.0258 (0.0273)					
lnipr · lnexspil		0.0175 (0.0434)				0.0136 (0.0142)
lnipr · lnimspil			0.0260 ** (0.0089)			0.0232 * (0.0157)
lnipr · lnfdispil				0.0425 *** (0.0118)		0.0469 * (0.0291)
lnipr · lnofdispil					-0.0289 (0.0195)	0.0031 (0.0222)
lnpgdp	0.5019 * (0.2172)	0.5621 ** (0.2636)	0.0524 *** (0.1290)	0.5982 *** (0.2621)	0.6244 * (0.3834)	0.4987 ** (0.2216)
lndeposit	0.1514 ** (0.0664)	-0.1778 (0.1506)	-0.1637 (0.1543)	-0.1440 (0.1156)	-0.2158 (0.1671)	0.1541 (0.1283)
infrastructure	0.1221 *** (0.0272)	0.0367 (0.0418)	0.1067 *** (0.0269)	0.1515 *** (0.0395)	0.0779 *** (0.0318)	0.0831 ** (0.0372)
lnh	0.4170 (0.3798)	0.4781 ** (0.2486)	0.8373 * (0.4050)	0.6793 * (0.3556)	1.0092 (0.8765)	0.2388 (0.5205)
year dummy	控制	控制	控制	控制	控制	控制
_cons	1.7918 (1.5530)	2.8484 (2.7384)	1.6889 (1.2931)	1.5487 (1.6045)	1.0863 (0.6912)	2.100 (1.388)
AR (1)	0.0442	0.0037	0.0363	0.0015	1.000	0.0052
AR (2)	0.9491	0.5485	0.4884	0.9263	0.7494	0.1902
Sargan Test	0.9695	0.9987	0.9843	0.998	0.9985	1.000

注：括号内为稳健标准误。其中，***、**、* 分别表示在 1%、5%、10% 水平上显著

第五，其他控制变量对技术创新的影响。其他制度变量，如当地经济的发展、

人力资本、基础设施对技术创新的作用机制都与预期相符，且大部分对技术创新的影响较显著。首先，人均 GDP 代表了我国各省份的经济发展水平，21 世纪以来，全球范围内进行了科技革命与产业结构的调整，技术推动经济发展的模式已被各国所认可，中国经济要想实现持续稳定的发展也必须由依赖资本、劳动力等物质投入模式向技术创新模式转变，各省经济越发展越会加大研发投入，经济持续稳定的增长还会增强对先进技术消化吸收能力。除东部地区外，金融发展对技术创新的影响为负，这与我们预期相反。这是由于我国绝大部分省份金融发展水平不高，我国的贷款具有较强的政策导向，无法为企业的技术升级改造提供融资；现有知识产权保护制度不完善，弱化了金融市场对企业技术创新 R&D 投资的行为，抑制了企业技术创新的步伐，阻碍了一国技术创新的速率。我国人力资本的积累，一方面提高了国内的吸收能力，扩大了技术外溢效应；另一方面作为技术创新的投入要素，有助于加大国内基础研究和应用研究研发的投入，两者结合促进了技术创新。交通基础设施作为一种公共支出，它的改善节约了企业用于公路、铁路养护费用的缴纳，降低了货物运输成本、有助于吸引外商直接投资和吸引创新型人才，获得产业的集聚效应和空间溢出效应，带动当地的技术创新。

四、知识产权保护的非线性门槛效应

（一）模型说明

从上述实证分析不难看出，我国各区域处于经济发展的不同阶段，金融发展水平、交通基础设施建设、人力资本等方面存在不同程度差异，导致各区域的吸收能力不同，获得技术溢出的渠道和溢出效应相对大小也不同，此外，各区域在知识产权保护的执行力度也不尽相同，因此即使相同渠道的知识溢出在各区域间也会作用于不同的技术进步模式。上述回归的研究还表明知识产权与技术创新之间呈现一种非线性关系，一些省份越过了知识产权保护的门槛，国际溢出对其技术创新产生了正向的效应，而一些省份由于没有越过知识产权保护的门槛，再加上吸收能力有限，技术溢出效应对其技术创新的影响并不显著，甚至有些地区由于大量进口技术密集度高的产品或盲目扩大对外投资，挤占了部分国内研发资本,最终使该地区的技术研发能力下降。

典型的测度门槛效应的方法主要有分组回归法、解释变量二次项法、虚拟变量交叉项法,这些方法为研究结构变化点提供了较好的分析思路,但是按照某种影响因素的传统分组检验法,无法检验门槛值的存在,且在实际模型中,样本的某一值可能并不是引发变量变动的门槛水平(王华,2012),分组的门槛值高估会导致实证估计产生严重偏误;加入二次项会导致解释变量之间高度共线性,使估计结果偏离正常的值;虚拟变量交互项法无法估计出具体门槛值、无法对门槛内生性进行相关的实证检验与估计(黄凌云,2009)。以汉森(Hansen;1999,2000)为代表的学者提出的"门槛检验"模型很好地弥补了上述方法存在的不足,被广大学者所采用,如张宇(2005)、王华(2012)主要从外商直接投资溢出的视角分析其非线性的门槛特征,胡凯等(2012)分析了知识产权保护不同取值对自主创新的影响,李梅(2012)则对影响逆向 OFDI 技术溢出效应的因素进行了门槛测度。

借鉴汉森(2000)门槛回归模型,基于模型(5.4)确定不同技术创新途径下知识产权的门槛值,① 以便进一步分析知识产权保护对技术创新的影响。

$$\text{lntfp}_{it} = \beta_0 \text{lntfp}_{it-1} + \beta_1 \text{lnrd}_{it} \cdot I(\text{lnipr} \leq \tau) + \beta_2 \text{lnrd} \cdot I(\text{lnipr} > \tau)$$
$$+ \beta_3 \text{lnipr}_{it} \cdot \text{lntechspillover}_{it} + \beta_4 X_{it} + \alpha + \mu_i + \varepsilon_t + u_{it} \quad (5.5)$$

$$\text{lntfp}_{it} = \beta_0 \text{lntfp}_{it-1} + \beta_1 \text{lnrd}_{it} + \beta_2 \ln\text{exportspillovers} \cdot I(\text{lnipr} \leq \tau)$$
$$+ \beta_3 \ln\text{exportspillovers} \cdot I(\text{lnipr} > \tau) + \beta_4 X_{it} + \alpha + \mu_i + \varepsilon_t + u_{it} \quad (5.6)$$

$$\text{lntfp}_{it} = \beta_0 \text{lntfp}_{it-1} + \beta_1 \text{lnrd}_{it} + \beta_2 \ln\text{importspillovers} \cdot I(\text{lnipr} \leq \tau)$$
$$+ \beta_3 \text{lnimportspillovers} \cdot I(\text{lnipr} > \tau) + \beta_4 X_{it} + \alpha + \mu_i + \varepsilon_t + u_{it} \quad (5.7)$$

$$\text{lntfp}_{it} = \beta_0 \text{lntfp}_{it-1} + \beta_1 \text{lnrd}_{it} + \beta_2 \text{lnfdispillovers} \cdot I(\text{lnipr} \leq \tau)$$
$$+ \beta_3 \text{lnfdispillovers} \cdot I(\text{lnipr} > \tau) + \beta_4 X_{it} + \alpha + \mu_i + \varepsilon_t + u_{it} \quad (5.8)$$

$$\text{lntfp}_{it} = \beta_0 \text{lntfp}_{it-1} + \beta_1 \text{lnrd}_{it} + \beta_2 \text{lnofdispillovers} \cdot I(\text{lnipr} \leq \tau)$$
$$+ \beta_3 \text{lnofdispillovers} \cdot I(\text{lnipr} > \tau) + \beta_4 X_{it} + \alpha + \mu_i + \varepsilon_t + u_{it} \quad (5.9)$$

其中 i 表示地区,t 表示时间,函数 I(·)表示线性函数,lnipr 为门槛变量,

---

① 计量模型(5.4)对知识产权进行对数化处理,这里求得 lnipr 的门槛值,为了保证前后文分析一致,下文按照表 5-6 中 lnipr 在 [0.496,1.4999] 范围内的取值进行分析,这不会影响结论的可靠性。

τ 为真实的门槛值,如果括号内的表达式成立,则函数 I 取值为 1,否则取值为 0,μ_i 表示省份的个体效应。

(二) 门槛值的确定

根据汉森 (2000) 的门槛理论,如果给定 lnipr 知识产权的门槛值 (τ_1, τ_2),可以根据现有的数据对模型进行参数估计,得到模型中的系数估计值,并求得模型的残差平方和 $S_n(\hat{\tau}_1, \hat{\tau}_2)$,门槛值是使残差平方和最小的 ($\hat{\tau}_1, \hat{\tau}_2$),即有 ($\hat{\tau}_1, \hat{\tau}_2$) = $\text{argmin} S_n(\tau_1, \tau_2)$。如果门槛值越接近真实的门槛水平,则回归的残差平方和就最小。在得到真实的门槛值后对其显著性及其是否为真实值进行检验。基于此思路将样本中 lnipr 的取量值从小到大进行排序,为了保证得到可靠的门槛值,去掉 lnipr 中最大和最小处 5% 的样本值,进行循环回归,并通过网格搜索法,得到相应的回归结果和对应的残差平方和,求得单一门槛的估计值,在检测过程中由于构造的 F 的统计量的分布是非标准的,采用自助抽样法 (Bootstrap) 获得其渐进分布及 P 值,对单一的门槛值的显著性进行分析;在得到门槛值后,根据 Hansen (1999) 构造的非拒绝域 $LR_1(\tau_0) \leq c(\alpha)$,判断似然比函数 $LR = [S_1(\tau) - S_1(\hat{\tau})]/\delta^2(\hat{\tau})$ 的显著性,通过此方法对门槛值进行似然比检验,以确定门槛值是否等于真实值。得到单一门槛值后,假定单门槛的估计值是双门槛中一致的估计量,在第二阶段门槛回归中求得最小的残差平方和,进一步求得第二门槛值。第三阶段的门槛值在固定第二阶段门槛值的基础上,最小化残差平方和求得第一门槛值,则得到相应的双门槛估计值。

(三) 门槛效应的检验与估计

借助 Stata12.0 软件,首先进行门槛效应个数的确定,我们依次对不存在门槛值、存在单一门槛值和两个门槛值进行检验,分别得到了模型 (5.5) ~ (5.9) 在单一门槛、双重门槛和三重门槛检验下门槛值和 F 统计量,[①] 如表 5-11 所示,其中自主研发、进口贸易、FDI 和对外 FDI 只存在单一的门槛值,且这些门槛值

---

① 表 5-11 及表 5-12 中的模型 1~模型 5 分别对应于方程 (5.5) ~ (5.9) 构建的计量模型。

在10%的水平下显著。出口贸易的单一门槛和双重门槛都显著，第一个和第二个门槛值分别在10%和5%的水平下显著性，即存在双重门槛值。

表5-11 门槛值的检验

模型	模型1	模型2	模型3	模型4	模型5
单一门槛值	1.293*	1.291*	1.292*	0.834*	1.295*
F统计量	10.638	11.361	10.624	6.169	9.154
双重门槛值	1.307	1.303**	1.307	1.214	1.308
F统计量	6.933	6.987	6.737	3.531	5.574
三重门槛值	0.834*	0.755	0.758	0.756	0.774
F统计量	4.498	3.255	3.202	4.571	4.508

注：***、**、*分别表示在1%、5%、10%水平上显著，其中判断显著程度的P值及其临界值分别采用自助抽样300次得到

各种创新源泉下门槛值与似然比关系如图5-1所示，图中所示虚线分别为不同lnipr门槛值下似然函数的统计值。以模型（5.5）自主研发为例，当lnipr的门槛值为1.307时，在[0.751, 1.497]的95%置信区间内，似然比值小于

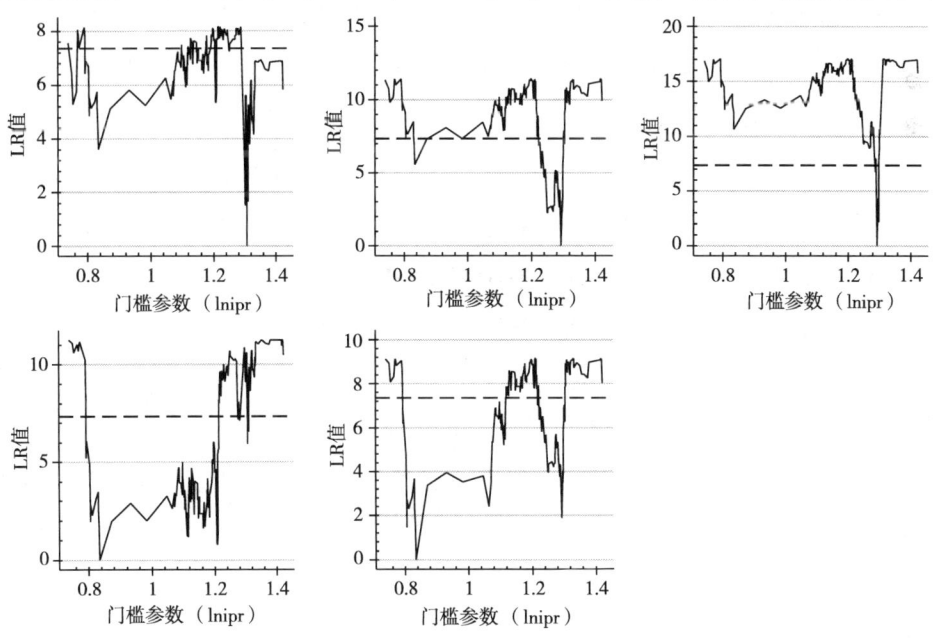

图5-1 自主研发、出口贸易、进口贸易、FDI和OFDI的门槛估计值及95%的置信区间

5%显著性水平下的临界值7.84,因此我们认为此时的门槛值与实际的门槛值相等,并且是真实而有效的。

确定不同的门槛值后,采用差分广义矩分别检验在不同的知识产权保护区间,国内研发和不同途径的技术溢出对技术创新的贡献,结果如表5-12所示。

第一,从回归结果看,lnipr在[0.496,1.293)内取值时,自主研发对我国自主创新的影响系数值为0.0130,且在1%的水平下显著,我国西部地区的绝大数省份如陕西、贵州、甘肃、云南、青海等及中部地区的安徽、河北、河南等省份在2004~2009年处于这一阶段。随着知识产权保护力度的提高,自主研发对技术创新的影响加深,当知识产权保护程度进一步加深时,lnipr处于[1.293,1.499)内时,自主研发对技术创新的影响略有下降,影响值为0.0093,但仍在5%的水平下显著。

第二,出口贸易是我国获得国际技术溢出,进行技术创新的主要变量,当lnipr位于[0.496,1.291)时,知识产权保护有助于产品的出口,出口带来的竞争效应激励我国提高技术创新的速率;当lnipr位于[1.291,1.303)区间时,知识产权保护力度的提高,促使出口规模进一步扩大,出口产品的质量提高,虽然效应并不显著,但技术创新能力增强了。当知识产权保护程度进一步提高,lnipr达到[1.303,1.499)区间段时,国际产品竞争激烈,受国内创新要素有限、出口产品结构调整滞后等因素的影响,出口贸易对技术创新的影响下降,二者间存在倒U形的关系,这与李平等(2013)的研究结论基本类似。

第三,进口贸易对我国技术提升的作用仅次于出口贸易。我国现行的进口贸易结构与经济结构的调整是息息相关的,改革开放到21世纪之初,进口主要以货物贸易为主,资本品的进口满足了国内消费者的需求,中间产品的进口又促进了中国出口贸易质量的提升,知识产权保护对进口贸易的市场扩张效应显著,体现为在lnipr在[0.496,1.292)区间范围内时,进口贸易促进了技术创新。随着我国经济的增长,货物贸易的进口中高技术产品的进口比例大大增加,进口贸易结构向以服务贸易为主转变,面对我国日益增强的知识产权保护水平,发达国家进口贸易的市场垄断效应显著,出口到我国的产品量减小,进口贸易对技术的影响创新也由0.0781降至0.0542。

第四,与进出口贸易相比,FDI对我国技术创新的作用最大,无论是整体回归还是门槛回归均证明了这一点。lnipr对FDI溢出的门槛值只有一个,我国西部和中部的绝大多数省份lnipr处于[0.496,0.834)中,当地的技术创新主要依赖于模仿创新,外资的流入、外资企业的设立和东道国企业间水平和垂直的联系效应,都极大促进了当地模仿创新速率的提升。当lnipr进入到[0.834,1.499)区间时,外资企业更多采用独资形式和许可贸易形式进行交易,技术溢出效应降低。

第五,作为获取技术溢出的重要途径,对外投资对我国的技术水平提升也起了重要的促进作用(李梅,2011),但是由于我国对外投资起步较晚,最初对外投资企业多采取并购方式且投资区域多集中在亚洲和拉丁美洲等发展中国家,对外投资的溢出效应还较小,我国知识产权保护整体水平不强,抑制了逆向FDI的溢出效应。2009年以后,国内出台了一系列政策,鼓励和支持企业"走出去",对外投资增速加快,对外投资行业的多元化趋势加强,对外投资的溢出效应才逐渐显现出来,国内知识产权保护制度日臻完善,当lnipr位于[1.303,1.499)区间值时,会激励企业加快跨国经营的步伐,在国外市场与东道国企业的竞争中,研发能力和模仿创新能力稳步提升,因此,此时的系数值变为0.0103,且在10%的水平下显著。

第六,自主创新和通过对外开放获取国际技术溢出效应进行模仿创新是我国目前技术创新的两条主要途径,知识产权保护与这两种途径的技术创新之间,都呈现出一种倒U形的关系。实证研究发现,不同的技术创新路径下,知识产权保护也具有不同的门槛值,$\tau^*_{OFDI} > \tau^*_{RD} > \tau^*_{import} > \tau^*_{export} > \tau^*_{FDI}$,即OFDI对知识产权的要求最高,依次为自主创新、进口贸易、出口贸易和FDI,这说明当我国知识产权保护弱时,主要通过改善投资环境,吸引外商直接投资和跨国公司就地设厂等方式,来进行模仿创新,随着国内模仿创新能力的提高,企业开始进行简单流程或工艺上的技术创新,这要求国内相关配套的知识产权保护制度。随之,企业对进口的中间产品和最终产品技术含量也提高,进一步提升了出口产品的技术复杂度,为了免于受到贸易进口国模仿的威胁,国内经济的发展也要求采取更为严格的知识产权保护。在严格的知识产权保护下,出口能力最强的企业"走出去"

在国外设立研发机构或投资设厂，企业的自主创新能力也由此稳步上升，激励我国提升知识产权保护力度，自主创新和知识产权保护在双向相互作用中，推动了我国经济持续稳定的发展，同时也成为我国建设创新驱动国家的内在要求和主要内容。

表 5-12　　　　　　　　　　全国样本门槛回归结果

lntfp	模型 1	模型 2	模型 3	模型 4	模型 5
L1. lntfp	0.3960*** (0.0671)	0.395*** (0.0675)	0.398*** (0.0677)	0.398*** (0.0648)	0.406*** (0.0638)
lnrd$_{it}$ · I (lnipr ≤ τ)	0.0130*** (0.0040)				
lnrd$_{it}$ · I (lnipr > τ)	0.0093** (0.0043)				
lnexspil · I (lnipr ≤ τ$_0$)		0.0789*** (0.027)			
lnexspil · I (τ$_0$ < lnipr ≤ τ$_1$)		0.1182 (0.0235)			
lnexspil · I (lnipr > τ$_1$)		0.0568** (0.0281)			
lnimspi · I (lnipr ≤ τ)			0.0781*** (0.0269)		
lnimspil · I (lnipr > τ)			0.0542* (0.0286)		
lnfdispil · I (lnipr ≤ τ)				0.0979*** (0.0324)	
lnfdispil · I (lnipr > τ)				0.0727* (0.0398)	
lnofdispil · I (lnipr ≤ τ)					-0.0186 (0.0042)
lnofdispil · I (lnipr > τ)					0.0103* (0.0056)
lnpgdp	0.1150 (0.1141)	0.1060 (0.1138)	0.1080 (0.1142)	0.1070 (0.1032)	0.1280 (0.1064)

续表

lntfp	模型1	模型2	模型3	模型4	模型5
lndeposit	-0.0008 (0.0278)	0.0019 (0.0280)	0.0004 (0.0279)	-0.0002 (0.0116)	-0.0029 (0.0119)
infrastructure	0.0472* (0.0252)	0.0484* (0.0254)	0.0486* (0.0253)	0.0505** (0.0225)	0.0480* (0.0239)
lnh	0.1020 (0.2773)	0.1110 0.7944	0.1050 (0.2835)	0.0994 (0.2611)	0.0197 (0.2484)
year dummy	控制	控制	控制	控制	控制
_cons	0.7560 (0.7757)	0.6500 (0.8200)	0.6810 (0.7884)	0.6870 (0.7091)	1.0720 (0.7329)
AR (1)	0.0025	0.0037	0.0041	0.0052	0.0031
AR (2)	0.1407	0.13500	0.1269	0.1469	0.0934
Sargan Test	1.0002	1.0130	1.0039	0.1004	1.0002

注：括号内为稳健标准误。其中，***、**、*分别表示在1%、5%、10%水平上显著

五、结论及政策建议

本节基于 CH (1995) 技术进步模型，分析了知识产权保护对不同途径技术创新的影响，并运用我国 2003~2011 年的省域面板数据，对此进行了实证检验，在此基础上还测算了不同技术创新途径下最优的知识产权保护区间，研究得出如下结论及建议：

第一，应安排适宜的知识产权制度。适度的知识产权保护对技术的促进作用，弥补了技术创新对劳动力和资本投入的挤出效应，有利于我国由模仿型向创新型增长方式转变，实现经济的可持续发展。知识产权的保护具有明显的地域性和阶段性，我国目前各区域知识产权保护对自主研发和国际技术溢出效应的最优临界值各不相同，我们应按照各区域发展的实际，合理灵活地推进知识产权保护立法与执法、实现其与产业结构和经济发展的协调。

第二，在知识产权保护下实现区域自主创新是经济增长的关键。知识产权保护制度贯穿于自主创新的整个价值链，为自主创新创造良好的外部环境。中国的

自主创新不是"闭门造车"式的创新,它不排斥开放与集成,将引进的技术消化、吸收再创新也是自主创新的组成部分。国家对研发投入较高的行业和企业进行一定的研发补贴与产品补贴,有助于实现产业调整与均衡发展。

第三,在知识产权保护下有效地利用国际技术溢出,实现溢出效应的最大化。充分利用好知识产权保护在吸引外商直接投资与促进技术效率方面的积极作用,并进一步优化外商直接投资的区域、行业。继续扩大出口规模的,完善出口贸易结构,在形成区域比较优势和专业化分工的基础上,进一步提升我国整体出口产品的技术复杂度;同时鼓励发展进口贸易,增加对技术密集型设备、中间产品和技术密集型产品的进口,实现进出口贸易的平衡。出台相关政策措施,推动企业开展跨国经营,实现贸易与对外投资选择的多元化,并引导资金投向市场潜力大的国家、地区和行业。

第四,完善国内相关制度。面对不断变化的国际经济发展格局和区域经济一体化发展趋势,对懂得和精通国内外知识产权规则的人才的需求度也随之增高,这就需要完善和改革国内相关的制度,如加大国内高等教育投资的力度,提高人力资本水平;培育统一开放的金融体系,推进金融和利率的市场化,完善网络金融监管;加快国内基础设施的建设,降低资源跨区域流动的费用,提高资源的利用率。

第三节

知识产权保护对技术创新的影响:基于中国工业企业微观数据的实证分析

一、引言

一国要实现经济的稳定增长,关键的因素在于技术创新,一些国家长期处于低水平的经济增长路径上,究其主要根源是这些国家的知识生产部门研发投资不足、技术创新速率太低的缘故。从世界经济发展的实践看,经济发展较快的也往往是一些自主创新较多的欧美发达国家及一些新兴工业化的国家。从我国经济发展的现实来看，2010年我国GDP总量超过日本，位居全球第二，2014年GDP首次突破10万亿美元，成为继美国之后跻身超10万亿美元俱乐部的国家。人均GDP也实现较快的增长，2014年约为7458美元，高于2013年6767美元的人均标准，其中广东、北京、上海、天津等省市的人均GDP超过了1万美元，按照世界银行的划分标准，[①] 我国已经向中高等收入的发展中国家迈进，如何避开"中等收入国家陷阱"进入高收入国家的行列，离不开技术的创新。企业是我国技术创新的微观主体，提升其生产率有助于帮助我国走出自然资源日渐稀缺、人口红利逐渐消失的困境，实现粗放型经济增长方式向集约型经济增长方式的转变，还有助于我国企业的生产沿着"微笑曲线"从低利润的底部向研发和销售服务两端发展，增加产品附加值，实现国内产业价值链的转型升级；从对外开放的角度看，企业由要素偏向性的技术进步转向创新型的技术进步，会大大提升了出口产品技术复杂度，实现我国在全球产业价值链位次的提升。近年来我国出台了一系列有助于技术创新的举措，营造了有利于自主创新，发展高技术产业的政策环境。这为各种要素在企业内部进行合理配置，提供了强有力的外力支持，但企业的技术的创新关键在于内力培养，这就需要企业除提高研发人员的人力资本水平外，还要加大产品研发投资强度。在知识产权保护力度不强的情况下，企业研发的新技术面临被其他企业模仿的威胁，企业研发的预期利润降低，挫伤了企业自主研发的积极性，影响了企业交易中合同的实施和执行情况（Levchenko，2007；Ayyagari et al.，2008），使我国企业的技术创新出现低端化、同质化的共同特征，而强有力的知识产权保护，又设置了新的技术交易壁垒，加大了技术扩散的成本，难以获得较多的国际技术溢出效应，不利于企业通过模仿创新来提升创新能力。因此，解决研究知识产权保护两难的困境，培育我国企业微观创新的主体地位就具有十分重要的现实意义。

从熊彼特（1934）提出创新理论以来，国内外学者对影响企业创新的因素进行了一些的探讨。布伦德尔（Blundell，1995）、弗里曼等学者（Freeman et al.，1997）研究发现，中小企业的研发投入在整个国家研发投入中的占比例较高，杰

---

① 按照世界银行的划分标准，如果一国人均收入高于3946美元，低于12196美元，就归为中高等收入发展中国家。

斐（Jaffe，1998）等认为企业的研究与发展支出和企业销售额间的弹性比应小于1。一些学者认为企业的规模会影响企业的创新，由于选取产业的不同，结论也呈现出一定的差异。布拉加等学者（Braga et al.，1991）、盖尔（Gayle，2003）研究发现企业的规模对企业的创新存在显著的正向影响。泽特（Soete，1999）、阿吉翁等学者（Aghion et al.，2005）则发现企业的规模和创新之间不是一种简单的正向或负向相关关系，二者之间存在倒U形的函数关系。国内学者周黎安和罗凯（2005）、吴延兵（2007b）分别采用我国省级面板数据、四分位制造业数据进行实证研究，发现我国企业的规模对于非国有企业和国有企业这两类不同产权性质的企业，影响效应也各不相同。聂辉华等（2008）运用规模以上工业企业数据分析发现，企业的创新和规模之间是倒U形的关系，国有企业与非国有企业相比，具有更多的创新活动，但与私营企业相比其创新效率较低。

还有一些学者从市场结构的角度考察对企业创新的影响。杰斐（1998）、盖尔（2001）均认为市场份额对创新投入具有正向影响，布伦德尔（Blundell，1995）、布鲁德贝里（Broadberry et al.，2000）则发现市场集中度越高，越不利于企业的创新，二者之间是一种负向相关的关系。盖尔（2001）分析发现市场集中度与企业创新之间不是简单的线性关系，吴延兵（2007b）采用我国制造业数据实证研究时，发现市场集中度与创新间是一种倒U形的关系，在大多数制造业中，二者之间呈现出非线性的正相关关系。聂辉华等（2008）指出由于行业中的每个企业被赋予了同样大的市场势力，因此其对技术创新的影响不可能是简单的线性关系。

以上的研究多是在产业组织的框架内研究了企业的研发投入、企业规模、市场结构与企业创新之间的关系，这为我们研究企业的创新提供了较好的分析思路，但是这些研究都是在一国内部研究企业的创新行为，忽视了开放条件下研发的外部效应对企业创新行为的影响。菲德尔（Feder，1983）最早证实了出口贸易溢出效应的存在，艾特肯（Aitken et al.，1997）、格里纳韦（Greenaway et al.，2004）等学者发现从事出口的企业对其他企业出口的选择有显著的正向影响。梅里茨（2003）对异质性企业进行研究，也发现出口贸易通过自我选择效应和出口学习效应带动了生产率的提高。制度因素影响出口贸易的研发外溢，从而影响技术创新（Helpman，1993）。约翰逊等学者（Johnson et al.，2002）、阿亚加里等（Ayyagari et al.，2008a）发现企业的再投资率与是否能获得知识产权保护有着显著的关系。卡尔和许（Cull & Xu，2005）、林等学者（Lin et al.，2010）、范等学者（Fan et al.，2013）以世界银行对我国企业的调查数据及我国工业企业数据为例，分析发现知识产权保护抑制了企业技术的空间溢出，激发了企业的自主创新。国内学者张杰、芦哲（2012）采用我国工业企业数据，分析了知识产权保护作用于研发投入和企业利润对本土企业和外资企业技术创新的影响。史宇鹏、顾全林（2013）采用专利侵权立案数、假冒他人专利行为立案数、专利侵权结案数从三个不同角度，度量了知识产权保护力度，分析了其对我国企业研发支出的影响。尹志峰等（2012）构建国家—产业层面的知识产权指数，衡量其对企业开发新产品、升级现有产品和引进新技术的影响。

尽管国内外已有部分研究采用企业微观数据，对知识产权制度和企业技术创新的关系进行研究，但从研究现状看，还存在以下一些不足：首先，对企业创新的影响多从研发投入数额的角度进行分析，鲜有文献从企业研发产出角度衡量企业的创新能力。其次，对于知识产权保护指标多从立法角度来衡量，未考虑执法力度对中国知识产权保护的影响。再其次，现有文献也未关注企业出口贸易的技术溢出对企业模仿创新的影响。本节在前面研究的基础上，从企业微观角度考察了知识产权保护对企业出口贸易溢出和创新产出的影响。结合企业的异质性特点，还对不同所有制、不同区位和不同产业的企业创新进行分组检验，为了使实证检验结果更加稳健可靠，采用樊纲等学者从立法层面测度的知识产权指标进行相关的稳健性检验。

二、数据的处理及主要变量的说明

（一）数据的来源及处理

本节数据取自中国统计局公布的全部国有及规模以上（主营业务收入 500 万元以上）非国有工业企业 2000～2007 年的数据，这些数据库不仅与《中国统计年鉴》和《中国工业统计年鉴》中覆盖范围保持一致，它还提供了企业的名称、法人代码、所属地区、产业等企业基本特征的信息以及企业主营产品、工业产值当年价值、出口交货值、资产负债表等企业经营活动的主要信息,便于计算出每个企业的劳动生产率,从微观角度考察企业的创新情况。按照国家二位数行业标准,我们选取了采矿业、制造业、电力、燃气及水的生产和供应业共计36个大类行业的企业数据,①其中制造业企业的数据占到了90%的比例,选取此样本来考察我国企业创新具有代表性和可靠性。对于该数据库中的数据存在的样本匹配混乱、指标值缺失及异常、测度误差等问题,我们按照聂辉华等(2012)的建议进行如下处理:第一,依次根据企业代码、企业名称和邮政编码、行业代码、销售额或注册资本等关键信息进行企业的识别,共计识别出2000~2007年存活的51629家企业,共计393040个观测值。第二,进行行业代码的统一。国家统计局在2002年前使用的是GB/T 4754-1994标准,2002年后调整GB/T 4754-2002,借鉴杨汝岱、郑辛迎(2011)的做法将2002年前后的行业代码调整统一。第三,按照科恩和莱文塔尔(Cohen & Levinthal, 2011)年的做法,将一些异常的企业数据从样本中删除,具体包括以下几方面:①删除了工业增加值、固定资产原值、企业从业人员、企业销售额等关键指标缺失的企业观测值。②删除了总资产、从业人数、固定资产原值及净值、出口交货值为负的观测值。③删除不符合会计准则的观测值,如总资产小于流动资产、固定资产原值小于固定资产净值,最终得到49737家企业在2000~2007年存续的八年时间范围内的240354个观测值。其中国有企业共有35509家,外资企业(港澳台企业和其他外资企业)共有14228家。

(二) 主要变量的说明

1. 企业创新活动

企业的创新活动可以从创新投入和创新产出两个视角分析,工业企业数据对于企业研究开发支出经费的统计始于2005年,在考察期间,不进行研发支出的企业占比超过了80%(张杰,2013),基于此认识,沿袭前两节的研究思路,本

---

① 石油和天然气开采业(07)、其他采矿业(11)、电气机械及器材制造业(39)废弃资源和废旧材料回收加工(43)行业中企业数据太少删除。

节从技术创新角度,运用全要素生产率来衡量企业的技术创新。企业的 TFP 是企业生产过程中,使用劳动力、资本、土地、企业家才能等生产要素投入后的平均产出,反映了企业投入到产出转换的总效率,体现了企业的技术创新能力。马西莫(Massimo et al.,2008)指出要根据考察的宏观和微观不同维度,采用前沿分析法和非前沿分析法对全要素生产率进行测度。如果采用柯布—道格拉斯函数形式并运用最小二乘法(OLS)对微观企业进行简单的估算会出现了同步性偏差(simultaneous bias)和样本选择性偏差(selection bias),这些偏误的存在使得采用增长核算法、增长率回归法等估算国家、省份和行业全要素生产率的方法无法估计工业企业的全要素生产率,因此,为克服这两种偏差造成的内生性问题,准确测算出微观企业全要素生产率,学者们提出采用半参数法对其进行估计。比较有代表性的是奥莱和佩克斯(Olley & Pakes,1996),莱文索恩和彼得林(Levinsohn & Petrin,2003),本书也主要采用这两种方法对工业企业生产率进行测算,下面分别对其进行简要介绍。

奥莱和佩克斯(1996)引入了投资函数和企业生存函数来解决同步性偏差和样本选择性偏差的问题。一般而言,企业的生产率越高,越会进行投资,他们从柯布道格拉斯函数出发,构造了企业投资、资本和隐性生产函数间的关系:根据最优的投资决策,求出隐性生产函数的反函数 $h_{it}(K_{it}, I_{it})$,[①] 并代入生产函数中有:

$$Y_{it} = \beta_0 + \beta_1 L_{it} + [\gamma K_{it} + h_{it}(K_{it}, I_{it})] + e_{it} \qquad (5.10)$$

令 $g_{it} = \gamma K_{it} + h_{it}(K_{it}, I_{it})$,使用资本和投资可以得到 $\hat{g}_{it}$ 的估计值,代入(5.10)式可以得到劳动力的估计系数 $\hat{\beta}_1$。由于企业的资本存量和退出市场的概率之间存在反向关系,奥莱和佩克斯(1996)还构建了企业生存函数来克服这种选择性偏差。

$$V_{it} = \gamma K_{it} + \varphi(g_{it-1} - \gamma K_{it-1}, \hat{Pr}_{it-1}) + \mu_{it} + e_{it} \qquad (5.11)$$

---

① 隐形生产函数 $\overline{\omega}$,指企业在实际生产过程中可以观测到,并根据此信息来对企业下一期的生产要素投入进行调整。

其中$\widehat{Pr}_{it-1}$代表企业退出市场的拟合值,通过对资本和投资的高阶多项式估计得到。最终通过非线性的最小二乘法得到资本的估计值。在得到所有参数的估计值后,代入式(5.10)得到其残差的拟合值,即为我们所求的企业全要素劳动生产率值。

奥莱和佩克斯方法要求投资函数和总产出函数之间存在某种单调关系,但是在现实生活中并非每个企业每年都会进行新投资,有些企业可能存在投资为零或存在投资值缺失的情况,这样在估计过程中很多观测值被删除掉,截尾估计不可避免地带来了估计的偏差,影响了估计结果的有效性和可靠性。奥莱和佩克斯方法也无法反应面临较高的投资成本对企业生产率冲击的滞后反应。为此,莱文索恩和彼得林(2003)引入一种全新的方法来控制不可观察的冲击对企业生产率的影响,他们认为当企业面对冲击时,更容易调整中间投入变量,而不是对投资进行调整,因此推荐采用中间投入来控制同步性偏差。

将样本中的工业增加值,以2000年作为基期,用企业所属省份的工业品出厂价格指数进行平减,折算出实际的工业增加值,固定资本采用固定资本价格指数进行平减,劳动力为从业人员当年总量,中间投入为中间产品投入额。平减指数分别来自《中国工业统计年鉴》和《中国统计年鉴》,余淼杰(2010)认为企业的出口和加入WTO对企业劳动生产率都有较大影响,在用OP方法测算企业生产率的过程中,我们加入了出口的虚拟变量和WTO变量。经过整理后得到2001~2007年49737家企业的全要素生产率,采用四种不同的方法测算的企业TFP密度如图5-2所示。

2. 知识产权保护水平的测度

本章对知识产权保护采用两种方法进行测度和稳健性检验。首先根据本书前面构建的知识产权保护体系,将基年定为2000年,重新测算了各省的知识产权保护值;其次,采用樊纲等(2011)从立法层面测度的知识产权保护值作为中国的知识产权保护水平。制度环境为企业创新提供了良好的外部环境,知识产权保护直接作用于企业的研发投入,企业研发活动的外部性带来了研发的外溢,激励了企业创新效率的提升。阿沃克(Awokuse, 2009)指出专利申请量和授权量的变化代表了各地对知识产权的重视程度,与其他代理变量相比产生测量误差的可能性更小。张杰（2012）也采用樊纲等《中国市场化指数》中三种专利申请的受理量和批准量与行业科技活动人员数的比例的算数平均值衡量我国知识产权保护水平。

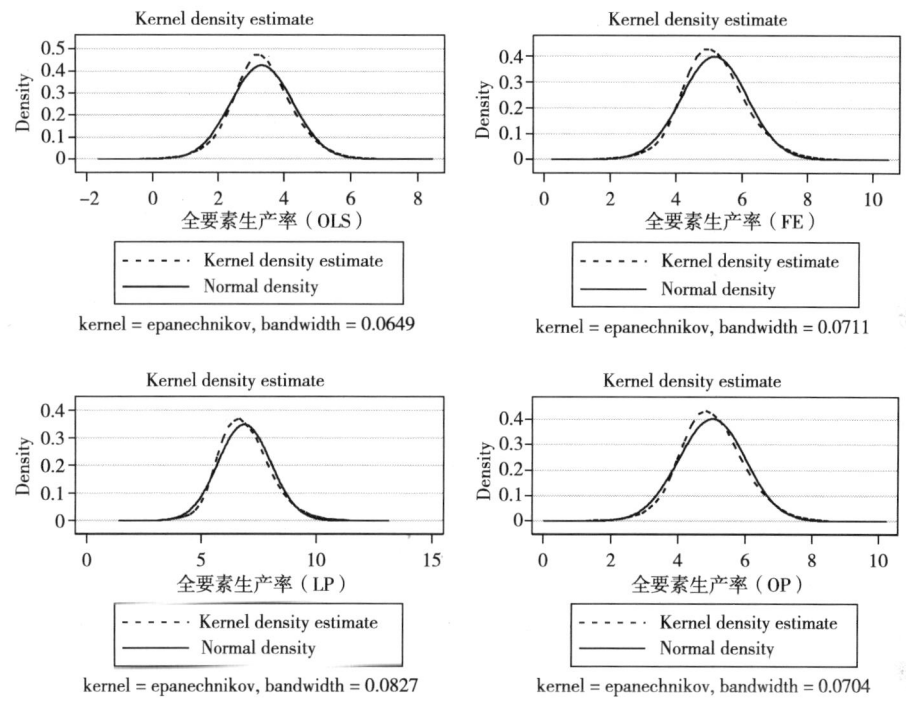

图 5-2 各种不同计算方法测度的 TFP 值

3. 其他变量

（1）企业特征变量

第一，企业的规模。根据之前的文献回顾，我们得知企业规模会影响企业的创新，通常衡量企业规模的变量主要有企业的销售额、总资产和从业人员总数，聂辉华（2008）指出销售额很好地反映了企业短期内需求变动的特点，可以将其作为衡量企业规模的代理变量。第二，企业的利润率。企业的创新之前会投入大量的研发支出，一般而言，利润高的企业进行研发投资的可能性也越大，本书采用企业的利润总额占销售总额的比重来衡量企业的利润率。第三，企业的存续期。企业存续期的长短反映出企业所生产产品的生命周期，体现了企业不断进行研发，进行产品的创新的过程。另一方面，根据后发优势理论，后进入这一行业的企业更容易进行企业的创新，因此存续期对企业创新的影响需根据实证结果来检验。第四，企业的出口贸易溢出，我国企业的出口溢出对技术创新的影响具有不确定性。这主要是因为按照梅里茨（2003）新新贸易理论，企业出口要面临一些新增的固定成本，只有生产率较高的企业才会出口，出口给企业带来了学习效应；另一方面，余淼杰（2010）采用我国工业企业数据却发现由于中国出口的企业多从事加工贸易，这一贸易方式下的企业在中国出口企业中占据较大的份额，因此出现了"生产率悖论"，即我国进行出口的企业并不是这一行业中生产率最高的企业。我们参照杰瓦瑞克（Javorcik，2004）、周武鹰等（2007）的方法，采用出口交货值占销售额的比重来测度企业的出口溢出效应。第五，企业的产权结构。企业创新能力在不同的产权结构下，呈现出较大差异。国有企业容易获得政府的补贴，我国的贷款也具有较大的政策倾向性，国有企业融资能力较强，而与之相比非国有企业获得补贴和融资的难度较大，它们主要依赖自身资本的积累来进行创新，因此面对相同的知识产权保护，不同产权结构下企业的行为体现出差异。

（2）行业特征变量

第一，市场结构。市场结构反映了市场竞争的激烈程度，体现出企业市场定价的能力，一般采用纳勒指数来衡量，但是由于企业的边际成本无法通过观测获得，所以我们常常采用市场势力（Market Power）来代替，一般而言如果企业市场势力大，企业的垄断能力相对较强，市场上企业竞争激烈程度相对较弱，企业也缺乏进行创新的动力，本书采用贷款拖欠能力即负债占总资产的比例来衡量市场势力。第二，行业密集度。行业密集度可分为劳动偏向性的技术进步和资本偏向性的技术进步，这决定了企业研发的可能性，我们采用资本密集度即人均资本存量作为行业密集度的代理变量。此外我们在方程中还加入了二分位行业的虚拟变量来控制行业的固定效应。

（3）地理特征

第一，由于省份在知识产权执行力度上的差异，同一企业在同一个年度，因省份知识产权保护水平不同而呈现出创新能力的差异。我们加入省份虚拟变量来控制省份特征。第二，我国区域经济发展呈现出"东强西弱"的梯度性，企业因所处地理位置不同，发展的产业差异也各不相同，如长江三角地区和珠江三角地区最早承接了国际产业的转移，成为我国制造业集聚的地方，技术创新的能力较强。我们将样本分为长江三角地区、珠江三角地区、东北地区、西部地区和中部地区来考察企业的创新能力对知识产权的敏感度。

三、计量模型的构建及实证检验

(一) 计量模型的构建

根据上面的分析我们构建了知识产权保护和技术创新之间的回归模型：

$$\text{tfp}_{ijkt} = \alpha_0 + \alpha_1 \text{ipr}_{kt} + \alpha_2 Z_{ijkt} + \gamma_j + \gamma_k + \gamma_t + \varepsilon_{ijkt} \quad (5.12)$$

其中控制变量 Z_{ijkt} 由如下变量构建：

$$Z_{ijkt} = \beta_0 \text{lnsize}_{ijkt} + \beta_1 \text{profit}_{ijkt} + \beta_2 \text{tenure}_{ijkt} + \beta_3 \text{export}_{ijkt}$$
$$+ \beta_4 \text{power}_{ijkt} + \beta_5 \text{intensity}_{ijkt} \quad (5.13)$$

其中 i、j、k、t 分别表示企业、行业、省份和年份。γ_j、γ_k、γ_t 分别表示行业、省份和年份不随时间变化的固定效应，ε_{ijkt} 是不可观测的随机干扰项。

出口贸易具有技术外溢效应，知识产权保护力度影响了出口贸易技术溢出效应的大小，因此我们在 (5.12) 式的基础上加入知识产权保护和出口贸易的交互项，知识产权保护和技术创新的计量模型变为如下形式：

$$\text{tfp}_{ijkt} = \alpha_0 + \alpha_1 \text{ipr}_{kt} + \alpha_2 \text{ipr}_{kt} \cdot \text{export}_{ijkt} + \alpha_3 Z_{ijkt} + \gamma_j + \gamma_k + \gamma_t + \varepsilon_{ijkt} \quad (5.14)$$

(二) 实证检验

1. 变量的统计性描述

企业在考察期内，由于倒闭退出了该行业或者新的企业加入进来，无法保证每个企业在观测期内完全相同，我们整理得到了 2000～2007 年间存续企业的非平衡面板数据 (unbalanced panel data)，面板的非平衡性特征还体现为一些统计变量数值的缺失，我们在计算生成新变量的过程中又删除了这些数值缺失的观测值,因此得到的各主要变量的观测值数量是不相同的。表5-13列出了主要变量的统计性描述,从中我们可以对各变量的变化作个简单了解。从表5-13可以看出本节主要关心的变量,不论用OP方法还是用LP方法进行测度,差异性不大。而另一主要变量知识产权保护指标差异度较大,这主要是由于樊纲等学者测度的知识产权保护主要从专利的人均申请量和专利的授权量两方面指标进行考虑,随着我国"入世"后加入TRIPS协定,国内企业把知识产权保护看做是培育企业核心竞争力的重要组成部分,专利申请量和授权量都出现了大幅上升的态势。

表5-13　　　　　　　主要变量的定义和统计性描述

	变量	定义	观测值	均值	标准差	最小值	最大值
创新产出	Tfp1	LP方法测度	235261	6.902691	1.143592	1.489724	13.06674
	Tfp2	OP方法测度	235261	5.013737	0.990242	0.086243	10.16379
IPR水平	Ipr1	本书的测度	238114	2.19447	0.486630	1.198	3.591
	Ipr2	樊纲等的测度	238114	9.471829	8.78683	-0.62	40.47
企业特征变量	Size	销售额取对数	238105	10.70548	1.383691	6.214608	18.6113
	Profit	利润总额/销售总额	238105	0.033933	0.218343	-34.2666	31.91011
	Tenure	企业存续时间	238105	15.44658	12.9798	0	100
	Export	出口交货值占销售额比取对数	238105	0.219219	0.367793	0	1
行业特征变量	Power	负债/资产	238098	4.062606	1.229456	0.001652	12.64904
	Intensity	人均资本存量取对数	238104	0.578782	0.280315	-1.33173	10.96154

2. 实证分析

对于非平衡面板数据,可以采用混合(Pooled OLS)进行回归。离差形式的组内估计量(within estimatior)在计算过程中不受非平衡面板数据的影响,因此固定效应模型(Fixed Effect)的估计可以使用;非平衡面板数据对于随机效应模型(Random Effect)同样没有什么实质性影响(陈强,2010),我们最终根据豪斯曼检验结果来确定采用FE还是RE方法对计量模型进行估计。

从对整体样本的回归结果(见表5-14)看,模型1回归显示,知识产权保护力度提高1%,将使企业TFP提高0.0284%,这说明提高知识产权保护水平,激发了企业技术改良与创新的积极性,给企业带来得动态收益大于垄断所致的静态损失。企业规模越大,企业产品越容易实现市场价值,销售额的增多会激发企业去进行产品的更新换代和质量的提升。企业的利润增加,可用于研发的资金增多,研发创新的力度也会加大。从我国工业制造企业发展总体现状看,我们发现如果企业存续时间较长,企业生产产品的技术复杂度会降低,虽然随着我国由产品的进口国变为出口国,产品的销售量增多了,但由于产品的附加值降低,企业的获利能力会越来越弱,不利于企业从事创新。考虑知识产权保护作用于出口贸易溢出对TFP 的影响,模型 3 的回归结果表明,随着我国知识产权保护力度的提高,出口贸易的溢出效应会减弱,TFP 的增长虽然仍为正数,但会下降至 0.0107%,[①] 这主要是由于我国企业以加工贸易产品的出口为主,出口企业的劳动生产率不高(余淼杰,2010;戴觅等,2014),知识产权保护的提高会进一步抑制企业通过出口贸易来获取学习效应,不利于企业提升模仿创新水平。企业在市场上的垄断能力强,体现为其负债在总资产中的占比较高,用于自主创新的资本相应也越少。我国绝大多数工业企业通过要素的扩大维持了稳定的增长,但是这种要素偏向性的技术进步随着我国人口红利的消失和资源的枯竭,弊端也日渐暴露出来。

表 5 – 14　　　　　　　　　全国总体样本回归结果

Tfp	Tfp1			Tfp2		
	模型 1	模型 2	模型 3	模型 4	模型 5	模型 6
Ipr1	0.0284 *** (0.0036)	0.0217 *** (0.0049)	0.0330 *** (0.0059)	0.0183 *** (0.0052)	0.0236 *** (0.0051)	0.0302 *** (0.0053)
lnsize	0.796 *** (0.00208)	0.8117 *** (0.00222)	0.7367 *** (0.0009)	0.7117 *** (0.0023)	0.7143 *** (0.0023)	0.7134 *** (0.0023)
Profit	0.479 *** (0.00922)	0.4523 *** (0.00921)	0.8370 *** (0.0083)	0.4991 *** (0.0096)	0.4833 *** (0.0097)	0.4832 *** (0.0097)
Age	-0.0826 *** (0.00199)	-0.03284 * (0.0203)	-0.0027 *** (0.00018)	-0.0855 *** (0.0214)	-0.0949 *** (0.0213)	-0.0913 *** (0.0213)

---

① Tfp 对 Ipr1 的偏效应为 $\frac{\Delta \text{Tfp}}{\Delta \text{Ipr1}}$ = 0.0330 - 0.0488export,将 export 的均值 0.219219 代入可得 0.010697(伍德里奇《计量经济学导论》)。

续表

Tfp	Tfp1			Tfp2		
	模型1	模型2	模型3	模型4	模型5	模型6
Export	-0.0650*** (0.00742)	-0.0687*** (0.00737)	-0.0907*** (0.0112)	-0.0880*** (0.0078)	-0.0887*** (0.0077)	-0.0173 (0.0152)
Ipr1·Export			-0.0488*** (0.00007)			-0.0491*** (0.0090)
Power		-0.1005*** (0.00635)	-0.1958*** (0.0041)		-0.0951*** (0.0067)	-0.0950*** (0.0067)
Intesity		-0.0864*** (0.00195)	-0.0859*** (0.0011)		-0.0522*** (0.0021)	-0.0527*** (0.0020)
C	-1.5131*** (0.1367)	-1.3255*** (0.1374)	-0.7457*** (0.0339)	-2.6211*** (0.1932)	-2.3481*** (0.1934)	-2.3561*** (0.1832)
行业效应	控制	控制	控制	控制	控制	控制
地区效应	不控制	控制	控制	控制	控制	控制
年度效应	不控制	不控制	控制	控制	控制	控制
Adjusted-R^2	0.5090	0.5157	0.7953	0.4366	0.4402	0.4401
Wald chi F (prob>F)	3073.31 (0.0000)	3070.28 (0.0000)		3071.31 (0.0000)	5581.89 (0.0000)	5176.82 (0.0000)
观测值	235260	235260	235260	235260	235260	235260
估计方法	FE	FE	Pooled OLS	FE	FE	FE

注：括号内为稳健标准误。其中，***、**、*分别表示在1%、5%、10%水平上显著

从现有工业企业的构成看，我国存在多种所有制类型的企业，主要有内资企业和外资企业两大类，① 其中内外资企业占比分别为70.23%和29.77%，不同所有制类型的企业研发活动也有很大差异，外资企业通过行业内和行业外的溢出也会影响内资企业的研发和出口活动，但知识产权保护制度对国内企业的吸收能力和外资的溢出效应影响不同，对企业的创新也就各有差异。下面我们依次分析知识产权保护对我国几种不同所有制类型企业技术创新的影响，如表

---

① 企业从所有权结构看，主要包括内资企业和外资企业两大类，内资企业由国有企业和非国有企业构成，其中非国有企业包括集体企业、股份合作企业、联营企业、有限责任公司、股份有限公司、私营企业和其他内资企业。外资企业由港澳台投资企业和其他外资企业构成。

5-15所示。

首先,知识产权保护对内资企业影响显著,知识产权保护提高1%,将使企业的劳动生产率提高0.0414%,这说明我国内资企业正在由以模仿创新向自主创新转变,自主知识产权正成为我国企业核心竞争力的关键。但由于我国内资企业的出口仍以熟练劳动密集型产品为主,企业产品转型升级存在一定的时滞效应,企业的出口并未显著地促进企业创新水平的提高;但随着国内加大知识产权保护执法力度,企业不断提升出口产品的技术含量和产品质量,技术创新率也稳步提升。我国国内金融制度不完善,企业难以及时获得进行创新的资金,负债率制约了企业的创新进程。进一步将内资企业分为国有企业和非国有企业,分析发现知识产权保护的提高不利于国有企业技术创新,表现为知识产权保护水平提高1%,国有企业生产率降低0.0083%,但使非国有企业技术创新率增加0.044%。这主要是由于我国绝大多数行业的国有企业自2002年底开始资产管理体制的深化改革,其创新的重点是在原有技术基础上的升级和换代,技术的改造远远超出了技术的研发创新。而非国有企业作为大中型工业企业的主体,为提高企业的竞争力和持续发展,不断加大研发投入,进行新产品的研发(吴延兵,2012),知识产权保护的提高对其作用也就更为显著。

其次,知识产权保护水平的提高对外资企业创新影响不显著,这一方面是因为外商投资主要利用我国当地的资源优势,进行产品的简单加工与生产,这些产品的技术密集度较低,对知识产权保护的要求不高;另一方面是由于外资企业本身在技术水平、管理水平都要优于内资企业,足以维持其垄断利润,且其技术优势主要来源于母公司,并不需要增加研发投入来进行持续的技术创新。目前港澳台企业和其他外资企业在中国外资企业中的占比大体相当,分别为51.47%和48.53%。港澳台企业生产的产品属于全球价值链中下游低端产品,知识产权保护的提高,抑制了这些企业的模仿创新,产品的出口减少,企业生产率降低。而与之相比以欧美、日本等发达经济体国家和韩国、新加坡等新兴工业化国家生产的产品位于全球价值链的高端,中国知识产权保护力度的提高,有助于吸引这些地区更多外资的流入,企业的劳动生产率也提高。

表 5-15　　　　　　　　　不同所有制企业样本回归结果

Tfp1	内资企业	外资企业	国有企业	非国有企业	港澳台企业	其他外资企业
Ipr1	0.0408***	0.00109	-0.0088	0.0439***	-0.0011	0.0016
	(0.0066)	(0.00131)	(0.0126)	(0.0739)	(0.0182)	(0.0019)
lnsize	0.7358***	0.7311***	0.6762***	0.7377***	0.7331***	0.7249***
	(0.0011)	(0.0017)	(0.0063)	(0.0012)	(0.0025)	(0.0025)
Profit	0.6477***	1.4973***	0.3238***	0.7456***	1.5102***	1.4691***
	(0.0092)	(0.0192)	(0.0183)	(0.0113)	(0.0299)	(0.0254)
Age	-0.0255***	-0.0013**	-0.0051	-0.0024***	-0.0012*	-0.0034
	(0.0009)	(0.0005)	(0.0552)	(0.0001)	(0.0007)	(0.0077)
Export	-0.1131***	-0.09154***	-0.3165***	-0.1307***	-0.1171***	-0.0794***
	(0.0164)	(0.0184)	(0.1173)	(0.0167)	(0.0247)	(0.0278)
Ipr1·Export	0.00315	-0.0067***	0.0021***	0.0022**	-0.0044***	-0.0087***
	(0.0108)	(0.00116)	(0.0077)	(0.0011)	(0.0016)	(0.0017)
Power	-0.2192***	-0.1119***	-0.0411**	-0.2183***	-0.0685***	-0.1514***
	(0.00475)	(0.00804)	(0.0176)	(0.0053)	(0.0106)	(0.0123)
Intensity	-0.0964***	-0.0746***	-0.0834***	-0.1000***	-0.0870***	-0.0665***
	(0.0013)	(0.00198)	(0.0071)	(0.0014)	(0.0027)	(0.0030)
C	-0.0108	-0.571	0.235	-0.6246***	-0.2687	-0.3337
	(0.0406)	(0.6331)	(0.381)	(0.0571)	(0.4932)	(0.2482)
行业效应	控制	控制	控制	控制	控制	控制
地区效应	控制	控制	不控制	控制	控制	控制
年度效应	控制	控制	控制	控制	控制	控制
观测值	165210	70050	27440	137770	36061	33989
Adjusted-R^2	0.8011	0.7819	0.5032	0.7953	0.7636	0.7885
估计方法	Pooled OLS	Pooled OLS	FE	Pooled OLS	Pooled OLS	Pooled OLS

注：(1) 括号内为标准误。其中，***、**、*分别表示在1%、5%、10%水平上显著。

(2) 对国有企业采用固定效应估计，豪斯曼检验的F统计量 Wald chi2 (57) = 260.08，P值为0.0000。

我国改革开放三十多年来，经济取得了飞速的发展，被誉为"东亚奇迹"，但也出现了各个区域经济发展不平衡，区域创新差距拉大等问题。接着我们借鉴史青（2013）的分析思路，将工业企业分为五个不同经济区位来分析知识产权保护对企业创新的影响（见表5-16）。① 泛珠三角地区尽管包括中国经济发达省份广东、福建两省，但大多数省份均位于中国的西南地区，经济发展在全国排名较靠后，自然资源和劳动力优势决定了企业形成了以模仿为主的创新模式，严格的知识产权保护也不利于这些地区获得区域间的空间技术溢出，企业的劳动生产率增长较慢。长三角地区是中国经济最发达、技术转型升级最快的地区，吸纳了来自全国各地的优秀人才，人力资源充足，由于特有的区位优势也成为各外资企业进行投资的首选。严格的知识产权保护给企业的自主创新提供了制度保障，出口企业提高产品的技术复杂度为其上游企业带来了正向技术溢出效应，促进了上游企业生产质量更高的中间产品，出口企业和上游企业的后向关联效应，有力促进了当地企业的创新。东北地区②是我国的粮食主产区和老工业基地，严格的知识产权保护不利企业的转型和整改。中部地区由北京、河北、天津等8省市构成，来自对外开放和地区间的技术交流与合作有力地提升了这一地区整体的技术创新实力，但与长三角地区相比，还存在一定的技术差距，所以知识产权保护对技术创新的作用稍低些，体现为知识产权保护提高1%，当地的技术创新能力提高0.01348%。西部地区除了山西和内蒙古两省区外，其余为甘肃、西藏、青海等省区，尽管与其他省份的技术创新差距在缩小，但企业的研发能力仍是全国最弱的地区，知识产权保护的提高不利于当地企业通过模仿进行技术的创新，与泛珠三角地区相比，这种负向作用会更大。

表5-16　　　　　　　不同经济区域的企业样本回归结果

Tfp1	泛珠三角地区	长三角地区	东北地区	中部地区	西部地区
Iprl	-0.0230*** (0.0046)	0.0691*** (0.0080)	-0.0671** (0.0304)	0.0133*** (0.0008)	-0.0892 (0.0146)
lnsize	0.7386*** (0.0016)	0.7250*** (0.0015)	0.8219*** (0.0105)	0.7490*** (0.0018)	0.7572*** (0.0042)

---

① 泛珠三角地区包括福建、江西、湖南、广东、广西、海南、四川、贵州、云南；长三角地区包括上海、江苏、浙江；东北地区包括辽宁、吉林、黑龙江；中部地区包括北京、天津、河北、安徽、山东、河南、湖北、陕西；西部地区包括山西、内蒙古、西藏、甘肃、青海、宁夏、新疆。

② 对东北地区采用固定效应估计，豪斯曼检验的F统计量Wald chi2 (43) = 192.05, P值为0.0000。

续表

Tfp1	泛珠三角地区	长三角地区	东北地区	中部地区	西部地区
Profit	1.0760*** (0.0172)	1.2594*** (0.0170)	0.3485*** (0.0331)	0.9801*** (0.0194)	0.1488*** (0.0163)
age	-0.0029*** (0.0002)	-0.0081 (0.0001)	-0.0974 (0.0802)	-0.0034*** (0.00017)	-0.0041*** (0.0004)
Export	-0.0070 (0.0152)	0.00469 (0.0265)	-0.3111*** (0.0897)	0.0710*** (0.0242)	-0.0223 (0.0602)
Ipr1·Export	-0.0013*** (0.0001)	0.0072*** (0.0016)	0.0012** (0.0006)	0.0008*** (0.0002)	0.0011* (0.0006)
Power	-0.112*** (0.0069)	-0.2256*** (0.0074)	-0.0273 (0.0285)	-0.2133*** (0.0083)	-0.2294*** (0.0201)
Intensity	-0.0899*** (0.0018)	-0.0863*** (0.0018)	-0.0617*** (0.0097)	-0.0941*** (0.0023)	-0.0878*** (0.0057)
Constant	-0.0961* (0.0496)	-0.1599* (0.0922)	-0.490 (0.594)	-0.1195** (0.0562)	-0.9383*** (0.1708)
行业效应	控制	控制	控制	控制	控制
年度效应	控制	控制	控制	控制	控制
观测值	72550	79280	12984	61328	9118
Adjusted-R^2	0.7914	0.807	0.4721	0.7887	0.8482
估计方法	Pooled OLS	Pooled OLS	FE	Pooled OLS	Pooled OLS

注：括号内为标准误。其中，***、**、*分别表示在1%、5%、10%水平上显著

不同产业对知识产权的敏感度不同，即使相同的知识产权保护保护水平对不同产业企业创新的影响也各有差异，本节根据OECD（2001）对产业划分标准，①将工业企业进一步分为四类，来考察知识产权保护对其创新的影响（见表5-17）。研究发现，第一，随着产业密集度由低技术转向高技术，知识产权保护对企业技术创新的作用由原来的0.0298%增加至0.06418%，这说明低技术产业中产品对技术的要求不高，企业的技术进步更多依赖于模仿，对知识产权的敏感度也不

---

① OECD（2001）按照产业技术密集度不同，将产业细分为四个不同大类。以行业二分位代码为例，低技术产业（包括代码中的13-24）、中低技术产业（包括06、08-10、25、29-34、44-46）、中高技术产业（26、28、35-37、40）和高技术产业（27、41、42、37中的飞机航空业）四大类。

强，而高技术产业中的产品为技术密集型，知识产权保护力度的加强，为高新技术企业的技术创新提供了动力，知识产权保护的作用也就更为凸出，因此，企业所在行业密集度越高，其自主创新能力也越强，对知识产权保护的需求也越强，知识产权保护作为内在动力，有助于这一行业中企业的技术创新。第二，出口贸易的技术溢出效应随着企业所在行业密集度的提高，由 -0.10647% 转为 0.3255%，说明，随着产品技术含量的提高，获得的技术溢出会增大，对企业技术创新能力也逐渐增强。特别是高新技术产品出口的增多，出口获得的"干中学"效应、竞争效应、规模效应等都会促使产品的技术含量和附加值进一步提高，行业间的示范效应还带动了国内传统产业的技术升级与改造，加速了我国工业企业技术创新的步伐。

表 5-17　　　　不同技术密集度产业中企业的样本回归结果

Tfp1	低技术产业	中低技术产业	中高技术产业	高技术产业
Iprl	0.0214 *	0.0303 ***	0.0322 ***	0.0655 ***
	(0.0114)	(0.0097)	(0.0113)	(0.0243)
lnsize	0.7441 ***	0.7281 ***	0.7248 ***	0.7269 ***
	(0.0017)	(0.0015)	(0.0016)	(0.0031)
Profit	0.8351 ***	0.6475 ***	1.3421 ***	0.9777 ***
	(0.0183)	(0.0118)	(0.0194)	(0.0293)
age	-0.0062 ***	-0.0115 ***	-0.0028 ***	-0.0029 ***
	(0.0018)	(0.0015)	(0.0015)	(0.0004)
Export	-0.1023 ***	-0.1771 ***	0.0259	0.3124 ***
	(0.0174)	(0.0236)	(0.0272)	(0.0444)
Iprl·Export	-0.0019	-0.0012	0.0016 ***	0.0060 **
	(0.00011)	(0.00015)	(0.00017)	(0.0028)
Power	-0.1716 ***	-0.1869 ***	-0.2178 ***	-0.2233 ***
	(0.0074)	(0.0069)	(0.00815)	(0.0163)
Intensity	-0.0867 ***	-0.0545 ***	-0.0897 ***	-0.0730 ***
	(0.0018)	(0.0017)	(0.00201)	(0.00404)
Constant	-0.8081	-0.6649 ***	-0.3545 ***	-0.1112
	(0.2319)	(0.0477)	(0.0684)	(0.1537)

续表

Tfp1	低技术产业	中低技术产业	中高技术产业	高技术产业
省份效应	控制	控制	控制	控制
年度效应	控制	控制	控制	控制
观测值	68382	73797	69655	18743
Adjusted $-R^2$	0.772	0.807	0.796	0.794
估计方法	Pooled OLS	Pooled OLS	Pooled OLS	Pooled OLS

注：括号内为标准误。其中，***、**、*分别表示在1%、5%、10%水平上显著

（三）稳健性检验

在前面进行分析检验的基础上，为了使我们的论证更加可信，我们进行相关的稳健性检验，采用樊纲等学者从立法角度构建的知识产权保护来分析这一指标对技术创新的影响（见表5-18）。从中国总体看，现有的知识产权保护水平促进了工业企业的创新，其他变量的检验结果也同表5-14检验结构类似，知识产权保护强度的提高，在1%的显著性水平下，促进了企业劳动生产率的提高，出口贸易并未使我国获得较多的学习效应，知识产权保护强度的提高则进一步抑制了出口学习效应的发挥，不利于企业通过出口来获得模仿创新能力的提升。

表5-18　　　　　　　　　全国样本总体回归结果

Tfp	Tfp1			Tfp2		
	模型1	模型2	模型3	模型4	模型5	模型6
Ipr2	0.0030***	0.0043***	0.0029***	0.0060***	0.0063***	0.0050***
	(0.0003)	(0.0002)	(0.0003)	(0.0004)	(0.0003)	(0.0004)
lnsize	0.7105***	0.7412***	0.7366***	0.5121***	0.5304***	0.5305***
	(0.0009)	(0.0009)	(0.0009)	(0.0010)	(0.0011)	(0.0010)
Profit	0.9297***	0.8325***	0.8361***	1.1150***	1.011***	1.0101***
	(0.0083)	(0.0084)	(0.0084)	(0.0095)	(0.0097)	(0.0097)
Age	-0.0027***	-0.0027***	-0.0027**	-0.0075***	-0.0074**	-0.0074***
	(0.0009)	(0.0008)	(0.0009)	(0.0001)	(0.0001)	(0.0001)
Export	-0.1213***	-0.1701***	-0.1401***	-0.2315***	-0.2645**	-0.2111***
	(0.0036)	(0.0035)	(0.0056)	(0.0041)	(0.0041)	(0.0065)

续表

Tfp	Tfp1			Tfp2		
	模型1	模型2	模型3	模型4	模型5	模型6
Ipr2·Export			-0.0019** (0.0004)			-0.0043*** (0.0004)
Power		-0.2008*** (0.0041)	-0.1960*** (0.0041)		-0.2196*** (0.0047)	-0.2200*** (0.0047)
Intensity		-0.0890*** (0.0011)	-0.0860*** (0.0011)		-0.0615*** (0.0013)	-0.0618*** (0.0013)
C	-0.0030*** (0.0003)	-0.5950*** (0.0245)	-0.6393*** (0.0340)	-0.8012*** (0.0445)	-0.4433*** (0.0394)	-0.4455*** (0.0393)
行业效应	控制	控制	控制	控制	控制	控制
地区效应	控制	控制	控制	控制	控制	控制
年度效应	控制	控制	控制	控制	控制	控制
Adjusted-R^2	0.7881	0.7922	0.7950	0.627	0.633	0.633
观测值	235260	235260	235260	235260	235260	235260
估计方法	Pooled OLS	Pooled OLS	Pooled OLS	Pooled OLS	Pooled OLS	Pooled OLS

注：括号内为标准误。其中，***、**、*分别表示在1%、5%、10%水平上显著

四、结论与政策建议

提升企业自主创新能力是我国建设自主创新体系的关键与核心，已有的文献对中国的知识产权保护对技术创新是正向激励效应还是负向抑制作用存在争议，本节采用2000~2007年规模以上工业企业大样本的非平衡面板数据，从企业微观角度实证分析了知识产权保护对技术创新的影响，实证检验表明，我国现有的知识产权保护制度通过正向激励机制，显著地促进了企业自主创新，但是对于不同的所有制企业、不同的经济地区和不同的行业其存在明显差异。具体而言，知识产权保护对我国内资企业影响显著，严格的知识产权保护给国内民营、集体企业等非国有企业的创新带来了激励效应，却不利于国有企业的技术升级；知识产权保护力度的提高与长江三角洲、中部区域技术创新相应，进一步激发了当地二次创新的动力，但却不利于泛珠江三角洲、东北地区和西部地区以模仿创新为主

的创新体系的建设；企业由低技术转向高技术产业发展，对知识产权保护水平的要求也相应提高。

以上实证检验，对提高我国企业的技术创新能力，进行转型升级，具有如下几方面的启示：

第一，在提高全国知识产权保护水平的总体上，利用国际法律规则中的"例外条款"和"灰色区域"，结合不同地区不同企业自主创新的事实特征，采取不同的执法力度，给技术落后的地区以由模仿创新向技术转变适宜的空间和时间。对技术先进的地区，引导资源的合理流向，促进当地企业向技术偏向型创新模式转变，最大限度地发挥和提高出口贸易的正向溢出效应，利用国际国内两条途径，加速战略性产业和高技术产业的发展，争取使我国的自主创新能力再上一个新台阶。

第二，加大对国有企业技术升级改革的力度，把技术创新作为企业核心竞争力培育的关键因素，组建大型企业集团，发挥大企业大集团的生产规模效应，加快国有企业技术创新速率；加大对民营企业等非国有企业的财政支出，通过贷款和补贴降低非国有企业创新的风险，避免企业进入技术模仿和低成本的恶性竞争中。制定相关政策，引导出口企业转型升级，完善国内相关的知识产权保护制度，提高出口贸易中产品的技术密集度，争取出口溢出效应最大化。

第三，对不同行业制定不同的知识产权保护制度，扩大行业发展的规模，提高技术创新的能力。企业所在行业的技术密集度越高，对知识产权保护的要求越高，也越会激发企业自主创新的动力，如果国内各行业执行统一的知识产权保护标准，会遏制低技术密集度企业的发展，不利于这些企业由模仿创新向自主创新的转变，因此，可以根据企业所在行业发展的特点，探索建立专门的知识产权保护制度，同时从国家自主创新发展战略的角度，鼓励和支持高新技术企业的建立和发展，提升我国产业在全球价值链中的地位。

第四节

本章小结

建立知识产权保护制度，主要的目的是为了激发国内自主创新、培育公平的

第五章　开放条件下中国知识产权保护对技术创新的影响

竞争环境和促进经济发展，但是到目前为止，缺乏强有力的事实论据来证明知识产权保护已达到了这一主要目标，在对外开放条件下，知识产权保护制度的完善与否还影响了各国贸易、FDI和技术贸易的规模与结构，我国作为发展中国家，在加入WTO后，建立了符合国际规则的知识产权保护体系，但在对外交往中常常被指责知识产权保护力度不够，贸易摩擦和纠纷不断，影响了我国通过对外交往获取技术溢出效应，抑制了自主创新的能力的提升。本章在第四章构建和测度的知识产权保护水平基础上，采用全国、各省的宏观数据和中国工业制造业企业的微观数据，结合我国对外开放的特征事实和数据的可得性，从技术创新产出—全要素劳动生产率的角度，对知识产权保护和技术创新之间的关系进行了相关的实证检验。研究表明，从总体看我国现阶段的知识产权保护制度有助于提升我国自主创新的能力和促进经济发展，但是具体到各个省份，由于区域的产业结构和经济发展各有不同特点，知识产权保护对技术创新的作用也各不相同，在对外开放中获得技术溢出效应也存在不同的知识产权门槛值，知识产权保护和技术创新之间呈现出了倒U形的非线性特征。以我国规模以上工业企业发展现状为例进行分析，知识产权保护对不同所有制企业、不同区位企业和不同产业中的企业创新也各有差异。由于我国在对外开放中基于劳动力资源优势，参与国际分工，进行出口贸易的工业企业多是劳动生产率不高、从事加工贸易的企业，出口贸易的技术溢出效应还未充分发挥出来，严格的知识产权保护进一步抑制了出口溢出效应。总之，本章的研究表明，知识产权保护已成为我国自主创新的重要组成部分，改变我国自主创新动力不足的现状，除了国内积极进行产业结构的调整外，还应基于我国制造业在国际价值链中所处环节，进行知识产权保护制度的调整和完善，发挥国际技术溢出效应，利用国内国外两个市场，利用国内自主创新和国外技术溢出两条途径，来提高我国的自主创新能力和水平。

第六章

研究结论与政策启示

第一节 研究结论

本书对知识产权保护如何影响技术创新产出进行了全面细致的分析。在理论上，综合运用内生增长理论中产品质量提高的垂直创新模型和中间产品种类增加的水平创新模型，分别从国际贸易和FDI两个角度考察了知识产权保护对南方国家模仿创新的影响，考虑到发展中国家可以通过自主创新和模仿创新两条途径来实现技术创新，本书进一步分析了发展中国家加强知识产权保护，影响了通过国际贸易和FDI渠道获得的中间产品的溢出效应，同时还作用于国内的自主创新，最终对一国总体技术创新产生影响。在实证上，以知识产权保护为研究主线，将通过贸易、FDI和OFDI等渠道获得技术溢出进行模仿创新，以及国内自主创新纳入统一分析框架，运用全国、区域和企业等层面的数据，采用本书测度的知识产权保护指标和樊纲等学者从立法层面测度的知识产权保护指标，分别考察了我国知识产权对技术产出的影响，还进一步计算了不同技术创新渠道下知识产权保护的门槛值，确立了我国最优的知识产权保护区间，补充和完善了现有知识产权保护和技术创新关系的研究，这也为减少我国对外交往中知识产权方面的争端，建设创新驱动型国家提供了研究的思路和对策。基于前面的研究，得出如下结论：

第一，理论机制分析表明，一国在对外开放条件下，知识产权保护对通过贸易或FDI渠道获取的国际技术溢出产生影响，但加强知识产权保护力度是促进国际技术溢出还是抑制国际技术溢出，取决于不同方式下加强知识产权保护的效应。在以贸易为主的对外交流方式下，提高知识产权保护水平会带来产品出口增加的市场扩张效应，保障了技术领先者的垄断利润，但同时还会带来抑制产品出口的市场垄断效应，加强知识保护的效应最终取决于上述两种效应力量的对比。在FDI为主的对外交流方式下，加强知识产权保护的效应取决于其对企业对外投资的总效应和替代效应的对比。一方面，严格知识产权保护强化了跨国企业所有权优势，激发了更多企业跨国投资设厂，带来了FDI流入增多的正效应；但严格的知识产权保护也强化了跨国公司内部优势，使更多交易在跨国公司内部发生，产生了抑制FDI流入的负效应，这是强化知识产权保护对FDI的总效应，此外，知识产权保护的加强还会促使企业更多采取技术许可方式，产生了替代效应。

第二，构建发展中国家技术创新模型进行理论分析，发现发展中国家实施对外开放的战略，可以通过模仿创新和自主创新两条途径来实现国内的技术创新，加强知识产权保护的效应，主要取决于发展中国家的技术进步模式，知识产权保护和技术创新之间呈现出一种非线性的关系。当发展中国家的技术进步以自主创新为主时，由于国内自主创新能力较强，与发达国家的技术差距较小，国内加强知识产权保护，会加大两国间贸易量和FDI流入量，国内人力资本水平较高，具有较强的吸收能力，会进一步扩大技术溢出效应，从总体上提升一国的技术创新能力。当发展中国家的技术进步主要是以获得技术溢出效应，进行技术的模仿和仿制为主时，加大知识产权保护力度，只会抑制国际技术溢出效应的发挥，加之国内人力资本水平不高，对国际技术模仿创新的能力有限，不利于发展中国家技术创新能力的提升。

第三，国内经济发展和自主创新能力提升的内在需求，以及获取更多技术溢出效应的外在动力，对我国的知识产权保护也产生了冲击效应。从我国研发创新主体看，2012年企业中研发人员的比重已超过75%，企业从事基础创新的比例逐年增加，我国的研发正在向以企业研发为主导的创新模式转变，为加速推进我国改革开放进程，我国以上海自贸区为试点，通过强化国内的知识产权保护力度，对国内企业自主创新产生倒逼机制，这些都成为提高我国知识产权保护水平的驱动力；化解贸易中的知识产权争端、以技术许可方式引入技术、进口国际高精尖的产品、创造更好的投资和经营环境，扩大技术溢出效应等外在需求，也要求不断强化国内的知识产权保护力度。在国内经济与产业发展内在需求和扩大对外交往的外在动力共同作用下，我国不断扩展现有知识产权保护的立法范围，国内专利授权数、商标注册数和版权登记量都出现大幅上升趋势，执法力度提升，国内实际的知识产权保护力度不断增强。

第四，采用国家宏观数据对我国知识产权保护和技术进步进行实证分析，发现我国的技术创新是自主创新和模仿创新共同作用的结果，进口贸易和FDI作为我国获取外国技术溢出的主要途径，在我国现有的经济发展水平上，显著地促进了我国模仿创新，但如果按照发达国家的要求，提高知识产权标准，超出了我国现有经济的承受力，对国际技术溢出产生负向的抑制效应，且对进口的抑制效应大于FDI的抑制效应。过高或过低的知识产权保护制度都不利于中国创新能力的提升，我们应结合我国现有的经济发展阶段、人力资本水平、金融发展现状，灵活推进我国的知识产权保护制度。

第五，先期的技术创新对后期的创新会产生纵向的溢出，当期技术创新是前期技术创新累积的结果，应将创新的滞后期引入模型中进行分析；此外加强知识产权保护会激励自主创新，自主技术创新也要求采取更强有力的知识产权保护力度，二者之间存在双向因果关系。运用我国省份宏观数据，本书动态考察了知识产权和技术创新之间的关系，研究发现，从我国总体看，现有的知识产权保护为国内自主创新提供了有力的制度保障，促进了我国国内自主创新的良性循环。知识产权保护也有力地促进了出口贸易、进口贸易和FDI的技术溢出效应，其中知识产权保护力度对FDI流入规模、结构和流入地区产生了影响，与其他途径的技术溢出相比，对FDI的影响最为显著。但如果提高国内的知识产权保护标准，则不利于企业对外投资，开展跨国经营。当地经济的发展、人力资本的积累、基础设施的改善促进了我国技术创新与进步。目前，我国的金融发展具有一定的政策导向，现有的知识产权保护并未给企业的融资提供保证，抑制了我国的技术创新进程。

知识产权保护具有明显的区域特征，分地区回归显示：东部地区是我国技术最前沿的区域，知识产权保护的加强对各种途径的技术溢出都产生了正向的溢出效应。特别是知识产权保护的加强有助于东部地区企业开展对外投资，在国际市场与其他跨国企业的竞争中,国内"走出去"企业的生产率显著提高,逆向的溢出效应带来了行业内部和行业间的溢出,提升了国内技术创新速率。知识产权保护仅仅是通过进口贸易和FDI这两种途径,给中部地区带来了正向的技术溢出效应,严格的知识产权保护并未改变中部地区以熟练劳动密集型为主的出口产品结构,因此也不会产生显著的技术溢出;知识产权保护的提高尽管有助于西部地区通过进口贸易和吸引FDI流入,获取技术效应进行模仿创新,但与中部地区相比,其对国际技术溢出的正向效应明显降低。

第六,中国各省份在经济发展水平、交通基础设施、人力资本现状等方面具有差异,知识产权保护对国内自主创新和不同途径的国际技术溢出效应具有明显的门槛效应。首先,中国技术创新主要依赖于国内自主研发,知识产权保护力度提高,激发国内加大R&D投入,创新能力逐步增强,随着知识产权保护加强,R&D投入对创新的作用达到最高值,此后知识产权保护对创新的促进作用开始减弱,因此知识产权保护与国内自主创新呈倒U形关系。其次,东道国的知识产权保护对不同途径的国际技术溢出的影响,是东道国的二次创新能力、模仿成本、技术转移国的技术转移意愿、技术转移利润等多种力量综合作用的结果。知识产权保护与各种途径的国际技术溢出之间也呈现出一种倒U形的关系,而且国际技术转移的途径不同,最优的知识产权保护值也不同,有 $\tau_{OFDI}^* > \tau_{import}^* > \tau_{export}^* > \tau_{FDI}^*$,即我国对外直接投资要求知识产权保护的力度最大,其后依次为进口贸易、出口贸易和FDI,这就要求我国各地依据现有的知识产权保护力度对各种国际技术溢出分别采取不同的政策和措施。再其次,自主创新和不同途径的国际技术溢出的最优知识产权保护力度也存在差异,有 $\tau_{OFDI}^* > \tau_{RD}^* > \tau_{import}^* > \tau_{export}^* > \tau_{FDI}^*$,自主创新和国际技术溢出都是我国技术创新的重要途径,我们应该根据不同的技术创新源泉制定相应的知识产权保护政策。

第七,考虑我国企业在出口、创新等方面具有异质性特点,以我国国有及规模以上非国有工业企业为例,从微观角度对知识产权保护与企业创新行为进行分析。研究结果表明,无论是采用OP方法还是采用LP方法衡量企业的全要素生产率,知识产权保护对我国企业整体的创新产出都产生了非常显著的影响;由于从事加工贸易的企业在我国工业企业的出口中占据较大份额,企业出口规模的扩大，并未带来显著的出口溢出效应，而严格的知识产权保护则会进一步抑制企业通过出口获得学习效应，还会使企业通过出口进行模仿创新的途径受到限制，企业的创新速率提升较为缓慢。进一步分析发现，知识产权保护对异质性企业创新的影响也具有显著的差异，首先，按照所有制类型对企业进行分类，实证研究表明相对于外资企业，内资企业的创新产出更容易受到知识产权保护强度变化的影响，将内资企业细分为国有企业和非国有企业，发现知识产权保护的提高显著地促进了非国有企业创新速率的提升。其次，按照经济发展区域对企业进行分类，实证结果显示，知识产权保护力度的提高对经济发达地区如长三角地区、中部地区企业的创新影响显著为正，却不利于经济落后地区—泛珠三角地区通过复制、模仿来提升创新能力。再其次，按照企业所在产业的技术密集度对企业进行分类，研究结果表明，知识产权保护的效应会随着企业所属产业密集度的提高而增强，企业所在产业的技术密集度越高，出口贸易获得的溢出效应越大，提高知识产权保护强度对企业创新的促进效应也越显著。以樊纲等学者从立法角度测度的知识产权保护水平，对知识产权保护和企业整体的创新产出进行相关稳健性检验，实证结果同样表明，知识产权保护力度的提高会显著地促进我国企业创新速率，但会抑制我国通过出口而获得溢出效应，从而不利用企业通过出口进行模仿创新。

第二节 政策启示和建议

对外开放的不断扩大，世界各国之间的相互依赖与影响日益加剧，特别是2008年席卷全球的金融危机爆发后，以欧美国家为代表的发达国家从各自经济发展的战略角度出发，不断调整现行的产业结构，为保证其在高新技术上的领先和垄断地位，对知识产权保护的关注也再度升温。除了在立法上不断扩大知识产权保护范围外，还强调加大执法的力度，减少知识产权侵权的事件的发生，在现有的与贸易有关的知识产权（TRIPS）保护的标准基础上，又签订了反假冒协议（ACTA）、跨太平洋伙伴协议（TPP）、跨大西洋贸易与投资伙伴协议（TTIP）等多边协定，提出了更高的知识产权保护标准，我国想要在对外交往中获取更大的溢出效应，就必须提高知识产权保护力度，而且要实现经济持续稳定发展和产业结构的调整升级，也离不开知识产权保护制度的完善，但是由于我国区域间发展极不平衡，如果采取"一刀切"的知识产权保护水平，会进一步拉大中西部和东部地区的差距。因此，从我国国内发展和对外交往的现状出发，采取适度的知识产权保护力度就具有十分重要的意义。这一制度的建立不仅有利于解决我国与其他国家之间的贸易摩擦和分歧争端，促使我国借助外力不断推动国内的技术创新，还有助于我国将依靠资源投入、资本深化促进经济增长方式转到依靠技术创新上来，有助于我国建设创新驱动型国家。

第一，在全面认识发达国家知识产权保护战略的基础上，根据我国区域经济发展和国内市场竞争的现状，充分考虑知识产权保护对我国创新驱动的影响机制及途径，建立适宜的知识产权保护制度。世界范围内科技进步的日新月异，推动了知识经济加速发展，以美欧为代表的发达国家纷纷调整发展方向，确立了国家知识产权战略，积极倡导建立技术创新型国家，并要求我国按照其标准，提高现有的知识产权保护力度，知识产权保护正成为我国对外交往的主要技术壁垒之一，我们应充分正确地认识发达国家对发展中国家及我国提出的一系列知识产权保护要求。发达国家利用知识产权保护政策建立了一种新的技术壁垒，保持了其在全球技术上的领先地位，维持了其在全球市场竞争中的垄断地位。为了在对外交往中延长创新技术的生命周期，降低创新技术的溢出效应，又试图把自己的知识产权标准扩展到全球，由于我国与发达国家在经济发展阶段、产业结构、技术梯度等方面还有差异，过高的知识产权保护已超出了我国最优知识产权保护的门槛值，不符合我国长期利益。我们应根据我国现有的经济发展现状，有阶段、分步骤地建立与国际规则相接轨，并采取适宜我国国情的知识产权保护制度。一方面遵守WTO规则，遵守TRIPS协议及一系列有关知识产权保护的双边和多边国际公约中的规定，构建并完善我国现有的知识产权法律体系。另一方面，努力实现我国最优的知识产权保护和国际知识产权保护标准之间利益的权衡，防止知识产权保护力度过强，削弱国内自主创新的动力，而产生对发达国家专有垄断技术的过度依赖效应，或以国内市场换取技术，陷入"引进、落后、再引进、更落后"的恶性循环发展模式中，无法建立影响国家长远发展的战略性产业、新兴产业及高技术产业，抑制我国经济长期稳定发展。

第二，完善和修订国内的知识产权法律、法规，加大知识产权保护的执法力度，增强公众的产权意识，关注知识产权保护对技术创新的作用机制。①在经济全球化的背景下，世界各国经济加速融合发展，基于知识的竞争成为国家间竞争的核心内容，但由于知识具有非排他性和非垄断性的特点，知识产权保护确保了知识创新者的收益，为国内自主创新提供了制度上的保障，随着我国新一轮改革的深化和经济结构的调整与转型，对知识产权司法保护的需求也愈来愈强烈，解决跨国公司在华知识产权纠纷、反对跨国公司的垄断、实现国内公平有序的市场竞争环境等都离不开国内知识法律法规的稳步推进，也只有完善国内的知识产权制度，探索与国际接轨的高标准的知识产权保护体系，增强企业和公众的产权意识，才能为建设创新驱动型国家提供有力保障。②知识产权保护对国内自主创新具有正向的激励效应，我们应该加大国内研发的力度，培育自主创新的知识产权保护体系；知识产权保护还会对不同渠道的技术溢出产生影响，进而作用于技术创新，为此，我们应根据我国各区域经济发展的现状，采取适宜的知识产权保护力度，最大限度地发挥各种途径的溢出效应，并在此基础上进行二次创新。

第三，从我国国家知识产权战略的高度出发，实行由区域、行业、企业三方组成的知识产权保护政策，提高我国的自主创新能力。进入21世纪以来，在以美日欧为首的发达国家主导下，知识产权保护不断强化，并成为各国发展和竞争力提升的重要因素。从我国近年来知识产权的发展看，商标、专利申请数量已稳居世界前列，我国已掌握了一些核心关键技术的专利，涌现出部分国际知名品牌，我国已成为名副其实的知识保护大国，但不是知识产权保护强国，在知识产权制度国际化、标准化和统一化的前提下，要改变在全球竞争中不利的国际分工地位，必须从国家创新的视角出发，将知识产权保护上升到国家战略的高度，制定具体的知识产权保护措施，提升知识产权保护的力度。①我国在对外开放的条件下，可依据我国经济发展水平，突出知识产权保护在国家竞争中重要战略地位，同时还可以借鉴发达国家的经验，协调国家间的经济政策、产业发展政策和知识产权保护政策；针对知识产权保护中出现的新问题，完善相关的法律、法规；营造尊重知识产权保护的氛围，实施知识产权人才工程，培育精通国内外法规、熟悉知识产权操作的专业人才。②结合各地经济发展现状,制定适宜本地的知识产权保护政策措施,推进各地知识产权战略的实施。具体而言,我国的东部地区应加大知识产权保护力度,从而发挥知识产权保护政策在优化外贸结构和调整引资质量方面的正效应,提高当地的自主创新能力。我国的中西部地区,在较宽松的知识产权保护力度下,实现模仿创新的技术进步,在此基础上,采取灵活、多样的方式提高知识产权执法力度,推进中西部地区的知识产权保护水平的提高。③在国家知识产权保护统一的框架内,根据各行业的发展阶段及技术特性,调整行业的知识产权保护规则与标准,灵活、有效地推进各行业的知识产权保护政策。对于技术含量较高的行业,如高技术产业,提高其知识产权的保护力度;对于我国重点扶持的基础产业和新兴产业则可采取适度宽松的知识产权保护政策,并进行研发的补贴与扶持。④发挥知识产权保护对企业创新产出的激励机制,基于企业的要素禀赋和技术优势,培育以企业创新为主体的技术创新机制。从总体上看,我国目前的知识产权保护有利于激发企业技术创新动力,实现资源在企业间的有效配置,为企业的公平竞争提供有利环境。但知识产权保护对企业创新的影响,因企业所有制类型、所在地区和所属产业而呈现差异,为此,对处于发达地区、具有一定知识积累的企业,我们应加大知识产权保护的力度,以便培养和激发企业的自主创新的能力,对于内资企业特别是民营企业,要给予政策上的优惠,使其成为我国技术创新的领头羊;对于处于经济落后地区的企业,要在我国知识产权最优门槛的区间范围内,重视发挥和利用国际技术溢出效应,通过规模效应、学习效应、竞争效应来促进产业发展,同时发挥知识产权保护的市场扩张效应,避免外国技术对自主创新的"挤出"和我国对国外技术的过度依赖,鼓励企业技术的创新与知识积累。

第四,在完善我国知识产权保护力度的同时,关注知识产权保护政策和其他政策间的互补性,改革国内其他相关制度。技术溢出效应的吸收是各种制度综合作用的结果,知识产权保护可以通过直接作用和间接作用而对技术溢出产生作用。①完善我国人力资本结构,优化人力资本的分布,为企业的研发提供助力。基于全国和省级宏观数据的实证都表明人力资本有力地促进了我国技术创新,这一效应在我国的东部地区尤为显著,为此,我们应改革现行的人才体制,加大对人力资本的投入,同时合理引导人才的分布与流向,为西部地区建立人才储备制度,调节人力资本结构,完善和健全人才激励机制。②推进金融市场体制的改革,为企业研发提供融资支持。由前面的分析可知,我国形成了以国有四大银行为主的金融市场体系,知识产权保护作用于这一融资渠道,影响了研发企业的资金获取,非国有企业虽是我国技术创新的主要生力军,但融资难、融资成本高,成为阻碍其加大研发投入,进行技术创新的主要因素,而我国的国有企业创新动力不足,但由于国内政策的导向性,却较易获取融资。为此,我们应该加快金融市场体制的改革,提高资金的使用率。在逐步推进我国知识产权保护制度的完善的同时,形成知识产权保护和其他政策协调发展的局面。

第三节 未来研究展望

本书在现有文献研究基础上,运用手头的资料和数据,从理论和实证两个方面,对知识产权保护如何影响我国的技术创新,进行了系统性研究,从知识产权保护制度方面为探索建立创新型国家提供了一些分析思路,但由于学识水平有限,研究中仍存在一定的不足,这也为未来进一步深入研究,指明了方向。

首先,理论模型的构建还有待完善。本书在第二章文献回顾的基础上,在第三章分别从产品质量改进或产品种类增加两方面分析了知识产权保护对技术创新影响的模型,并且将技术模仿的渠道限定为国际贸易或FDI两种方式,如何放松假设条件,将国际贸易、FDI和技术转让构建到统一的框架下进行分析,是今后研究的重点。此外,本书在发展中国家即模仿又创新的模型中,只从静态角度分析了局部均衡条件,在后续研究中可以将要素市场纳入到模型中,从产品市场和要素市场动态均衡的角度分析知识产权保护对技术创新的影响。另外对构建的发展中国家中间产品种类数增加模型,可以结合我国中间产品进口数据,进行数值模拟。

其次,在对后进国家通过国际技术溢出进行技术模仿创新的研究中,比较分析了加强知识产权保护对贸易、外商直接投资和对外直接投资等不同技术溢出渠道的影响,并采用科埃和赫尔普曼(1995)、利希滕贝格和波特(1998)提出的直接测度法计算技术溢出效应，即以对技术输入国的进出口贸易总额、实际利用 FDI 总量及对外 OFDI 存量占技术输出国 GDP 比例为权重，对贸易或投资往来国家 R&D 资本存量进行加权平均来测度技术溢出效应；在对企业微观数据的实证分析中，参照杰瓦瑞克（2004）的做法，对出口贸易溢出效应进行了间接测度。这些都主要侧重分析加强知识产权保护对不同技术渠道下技术溢出总量的影响，今后可从进出口产品结构或质量、行业间和行业内技术溢出等角度对技术溢出进行更加详尽的分析；对技术溢出的范围也可以延伸到一国内部，从区域间国际贸易和省份空间溢出的角度探讨知识产权保护的效应。

再其次，从立法体系看，我国的知识产权保护正日趋成熟完善，但经济发展水平、创新能力、行业发展等方面都存在差异性，影响了知识产权保护的执行力度，如何科学合理地设定知识产权保护体系还有待进行深层次的研究。本书虽然综合考察了立法体系和执法强度，但只是从我国国家和省份宏观角度，对知识产权保护水平进行了测度，胡和彭（Hu & Png, 2013）测度了国家——行业层面的知识产权保护指数，这为我们今后更加有效地测度知识产权保护水平，提供了借鉴和指导。此外，基于特定行业，如农业和高新技术产业，来研究知识产权保护的影响也是今后继续研究的方向。

最后，本书主要研究了知识产权保护对创新产出的影响，从创新投入角度分析知识产权保护的作用机制也是今后关注的重点。本书采用工业企业数据，从微观角度研究了知识产权保护对企业创新产出的影响，聂辉华（2012）指出由于这一数据库对出口企业类型的统计比较笼统，如纯内销企业也可能是中国对外投资的企业，这会影响我们估计结果的有效性；另外，由于这一数据库只有 2004 年提供了人力资本方面的信息，使我们无法全面考察人力资本对国际溢出效应的吸收。此外，由于这一数据库只包括了企业出口方面的信息，我们对技术溢出的研究也局限于出口贸易，今后应结合海关数据和企业对外投资数据，综合考虑企业的跨国经营，来深入细致地分析知识产权保护对企业创新驱动的微观作用机制和途径。此外，世界银行（2012）也提供了我国国有企业和私营企业对外经营方面的实地调查数据，其中对企业研发行为的分类更为全面，这也为进一步分析技术溢出对企业不同类型的技术创新提供了可能。

参 考 文 献

[1] 蔡虹,吴凯,蒋仁爱.中国最优知识产权保护强度的实证研究[J].科学学研究,2014(09):1339-1346.

[2] 蔡伟毅,陈学识.国际知识溢出与中国技术进步实证研究[J].世界经济研究,2010(05):52-59.

[3] 车维汉,杨荣.技术效率、技术进步与中国农业全要素生产率的提高——基于国际比较的实证分析[J].财经研究,2010(03):113-124.

[4] 陈凤仙,王琛伟.从模仿到创新——中国创新型国家建设中的最优知识产权保护[J].财贸经济,2015(01):143-156.

[5] 陈培如,冼国明,马骆茹.制度环境与中国对外直接投资——基于扩展边际的分析视角[J].世界经济研究,2017(02):50-61+136.

[6] 陈强.高级计量经济学及Stata应用[M].高等教育出版社,2012.

[7] 陈诗阳.知识产权保护、出口贸易和外商直接投资——一个扩展模型分析[J].当代财经,2008(10):84-88.

[8] 陈雯,苗双有.中间品贸易自由化与中国制造业企业生产技术选择[J].经济研究,2016(08):72-85.

[9] 池仁勇,潘李鹏.知识产权能力构成、内外影响因素与企业成长——内力驱动,还是外部推进?[J].科学学研究,2016(01):81-88.

[10] 初晓,李平.中间品进口对中国全要素生产率的影响——基于技术溢出的视角[J].世界经济与政治论坛,2017(04):83-102.

[11] 代中强,梁俊伟,孙琪.知识产权保护、经济发展与服务贸易出口技术复杂度[J].财贸经济,2015(07):109-122.

[12] 代中强. 实际知识产权保护、内部化优势与 FDI 流入 [J]. 国际商务（对外经济贸易大学学报），2010（04）：52-60.

[13] 代中强. 知识产权保护提高了出口技术复杂度吗？——来自中国省际层面的经验研究 [J]. 科学学研究，2014（12）：1846-1858.

[14] 戴觅，余淼杰. 中国出口企业生产率之谜：加工贸易的作用 [J]. 经济学（季刊），2014（02）：675-698.

[15] 董雪兵，朱慧，康继军，宋顺峰. 转型期知识产权保护制度的增长效应研究 [J]. 经济研究，2012（08）：4-17.

[16] 董直庆，焦翠红. 知识产权保护和后发国家技术进步模式选择 [J]. 东北师大学报（哲学社会科学版），2016（03）：14-24.

[17] 樊纲，王小鲁，朱恒鹏. 中国市场化指数：各地区市场化相对进程报告 [M]. 经济科学出版社，2011.

[18] 方福前，张艳丽. 中国农业全要素生产率的变化及其影响因素分析——基于 1991-2008 年 Malmquist 指数方法 [J]. 经济理论与经济管理，2010（09）：5-13.

[19] 付长青，庄程，阮晓明. 中小企业知识产权保护情况的调查 [J]. 河北科技师范学院学报（社会科学版），2005（02）：24-30.

[20] 郭庆旺，贾俊雪. 中国全要素生产率的估算：1979-2004 [J]. 经济研究，2005（06）：52-58.

[21] 郭小东，吴宗书. 创意产品出口、模仿威胁与知识产权保护 [J]. 经济学（季刊），2014（03）：1239-1260.

[22] 国家知识产权局. 国际贸易中的知识产权保护 [M]. 知识产权出版社，2014.

[23] 韩玉雄，李怀祖. 关于中国知识产权保护水平的定量分析 [J]. 科学学研究，2005（03）：377-382.

[24] 胡方，曹情. 中国知识产权保护对出口贸易的影响及其地区差异——基于省级面板数据的实证研究 [J]. 国际商务（对外经济贸易大学学报），2016（05）：66-75.

[25] 胡凯, 吴清, 胡毓敏. 知识产权保护的技术创新效应——基于技术交易市场视角和省级面板数据的实证分析 [J]. 财经研究, 2012 (08): 15-26.

[26] 胡立君, 郑玉. 知识产权保护、FDI 技术溢出与企业创新绩效 [J]. 审计与经济研究, 2014 (05): 105-112.

[27] 黄凌云, 徐磊, 冉茂盛. 金融发展、外商直接投资与技术进步——基于中国省际面板数据的门槛模型分析 [J]. 管理工程学报, 2009 (03): 16-21.

[28] 黄先海, 宋学印. 准前沿经济体的技术进步路径及动力转换——从"追赶导向"到"竞争导向" [J]. 中国社会科学, 2017 (06): 60-79.

[29] 姜南, 徐明. 知识产权保护对产业影响作用的差异性分析 [J]. 科研管理, 2016 (S1): 103-109.

[30] 杰弗里·M·伍德里奇. 计量经济学导论 [M]. 中国人民大学出版社, 2010.

[31] 景维民, 张璐. 环境管制、对外开放与中国工业的绿色技术进步 [J]. 经济研究, 2014 (09): 34-47.

[32] 康继军, 孙彩虹. 知识产权保护的区域技术创新效应与技术获取渠道异质性研究 [J]. 科技进步与对策, 2016 (01): 33-37.

[33] 康志勇, 张杰. 制度对我国本土制造业企业自主创新的影响——来自中国微观企业的经验证据 [J]. 研究与发展管理, 2010 (06): 103-111.

[34] 赖勇剑, 贺祥民. 中国出口贸易对企业创新能力的影响 [J]. 湖北经济学院学报, 2013 (01): 50-56.

[35] 雷钦礼. 偏向性技术进步的测算与分析 [J]. 统计研究, 2013 (04): 83-92.

[36] 李梅, 柳士昌. 对外直接投资逆向技术溢出的地区差异和门槛效应——基于中国省际面板数据的门槛回归分析 [J]. 管理世界, 2012 (01): 21-32.

[37] 李梅, 袁小艺, 张易. 制度环境与对外直接投资逆向技术溢出 [J]. 世界经济研究, 2014 (2): 61-69.

[38] 李平, 宫旭红, 齐丹丹. 中国最优知识产权保护区间研究——基于自

主研发及国际技术引进的视角［J］．南开经济研究，2013（03）：123－139．

［39］李平，随洪光．知识产权保护对外商直接投资溢出效应影响的研究——基于中国高技术产业的实证分析［J］．经济评论，2007（06）：73－77．

［40］李平，丁宁．中国OFDI企业绩效的影响因素研究——基于东道国制度环境的视角［J］．经济与管理评论，2018（01）：18－30．

［41］李平，郭娟娟．全球价值链背景下中间品进口对企业全要素生产率的影响［J］．上海财经大学学报，2017（03）：31－42．

［42］李平，刘利利．政府研发资助、企业研发投入与中国创新效率［J］．科研管理，2017（01）：21－29．

［43］李伟，余翔，蔡立胜．政府科技投入、知识产权保护与企业研发投入［J］．科学学研究，2016（03）：357－365．

［44］李小平，朱钟棣．国际贸易、R&D溢出和生产率增长［J］．经济研究，2006（02）：34－44．

［45］李秀芳，施炳展．中间品进口多元化与中国企业出口产品质量［J］．国际贸易问题，2016（03）：106－116．

［46］李再扬，杨少华．中国省级电信业技术效率：区域差异及影响因素［J］．中国工业经济，2010（08）：129－140．

［47］李正锋，逯宇铎，于娇．区域创新系统中知识产权保护机制与创新动力模型研究［J］．科学管理研究，2015（05）：63－66．

［48］李凤新，刘磊，倪苹，何平．中国产业专利密集度分析报告［J］．科学观察，2015（03）：21－49．

［49］林秀梅，孙海波．中国制造业出口产品质量升级研究——基于知识产权保护视角［J］．产业经济研究，2016（03）：21－30．

［50］刘海洋，林令涛，亓树慧．中间品贸易自由化、技术溢出与企业生产率提升［J］．现代财经（天津财经大学学报），2016（10）：87－102．

［51］刘娟，曹杰．知识产权保护对中国高技术产品进口的影响路径研究——基于三元边际的实证考察［J］．现代财经（天津财经大学学报），2013（02）：111－118．

[52] 刘晴,程玲,邵智,陈清萍.融资约束、出口模式与外贸转型升级 [J].经济研究,2017 (05):75-88.

[53] 刘晴,张源媛.中国出口企业"生产率之谜"研究进展与启示 [J].国际经贸探索,2014 (07):108-120.

[54] 刘群彦,刘艳茹.创新驱动视角下我国知识产权保护制度研究 [J].中州学刊,2015 (12):34-38.

[55] 刘岩,王健,杨伟.知识产权保护与高质量产品出口增长 [J].世界经济与政治论坛,2017 (02):25-42.

[56] 鲁晓东,连玉君.中国工业企业全要素生产率估计:1999-2007 [J].经济学季刊,2012 (01):541-559.

[57] 吕敏,张亚斌.中国知识产权实际保护强度度量——一种改进方法 [J].科技进步与对策,2013 (20):113-118.

[58] 马述忠,吴国杰.中间品进口、贸易类型与企业出口产品质量——基于中国企业微观数据的研究 [J].数量经济技术经济研究,2016 (11):77-93.

[59] 毛其淋,盛斌.贸易自由化、企业异质性与出口动态——来自中国微观企业数据的证据 [J].管理世界,2013 (03):48-65+68+66-67.

[60] 毛其淋,许家云.中国企业对外直接投资是否促进了企业创新 [J].世界经济,2014 (08):98-125.

[61] 莫莎,欧佩群.生产性服务业集聚对出口产品质量的影响分析——基于我国275个地级城市的证据 [J].国际商务(对外经济贸易大学学报),2016 (05):17-27.

[62] 聂辉华,江艇,杨汝岱.中国工业企业数据库的使用现状和潜在问题 [J].世界经济,2012 (05):142-159.

[63] 聂辉华,谭松涛,王宇峰.创新、企业规模和市场竞争:基于中国企业层面的面板数据分析 [J].世界经济,2008 (08):57-66.

[64] 柒江艺,许和连.知识产权保护、资源禀赋与FDI技术选择——来自我国FDI企业面板数据的经验分析 [J].世界经济研究,2011 (08):63-69+89.

[65] 柒江艺,许和连. 知识产权政策的进口贸易效应:扩张或垄断?——基于中国高技术产品进口贸易的实证研究 [J]. 财经研究,2011(01):68-78.

[66] 齐俊妍.《国际技术转让与知识产权保护》[M]. 清华大学出版社,2008年版.

[67] 秦剑. 吸收能力、知识转移与跨国公司的突破性创新绩效 [J]. 财经科学,2012(11):84-93.

[68] 沈国兵,刘佳. TRIPS协议下中国知识产权保护水平和实际保护强度 [J]. 财贸经济,2009(11):66-71.

[69] 沈国兵,姚白羽. 知识产权保护与中国外贸发展:以高技术产品进口贸易为例 [J]. 南开经济研究,2010(03):135-152.

[70] 沈能,李富有. 技术势差、进口贸易溢出与生产率空间差异——基于双门槛效应的检验 [J]. 国际贸易问题,2012(09):108-117.

[71] 史青. 企业出口对员工工资影响的再分析——基于广义倾向得分法的经验研究 [J]. 数量经济技术经济研究,2013(03):3-21.

[72] 史宇鹏,顾全林. 知识产权保护、异质性企业与创新:来自中国制造业的证据 [J]. 金融研究,2013(08):398-412.

[73] 宋伟良,王炎梅. 进口国知识产权保护对中国高技术产品出口的影响 [J]. 宏观经济研究,2016(09):162-175.

[74] 苏理梅,彭冬冬,兰宜生. 贸易自由化是如何影响我国出口产品质量的?——基于贸易政策不确定性下降的视角 [J]. 财经研究,2016(04):61-70.

[75] 孙赫. 发展中国家知识产权保护的经济效应研究——以外商直接投资为技术溢出途径 [J]. 世界经济研究,2007(02):9-15+87.

[76] 孙旭玉. 中国知识产权保护水平与影响因素的实证分析 [J]. 理论学刊,2010(07):54-59.

[77] 唐志军,田银华,贺胜兵. 环保政策、贸易政策和知识产权保护政策能协调一致吗?[J]. 系统工程,2016(06):17-23.

[78] 田巍,余淼杰. 企业出口强度与进口中间品贸易自由化:来自中国企业的实证研究 [J]. 管理世界,2013(01):28-44.

[79] 田巍,余淼杰.中间品贸易自由化和企业研发:基于中国数据的经验分析[J].世界经济,2014(06):90-112.

[80] 涂正革,肖耿.中国工业增长模式的转变——大中型企业劳动生产率的非参数生产前沿动态分析[J].管理世界,2006(10):79-94.

[81] 汪建新.贸易自由化、质量差距与地区出口产品质量升级[J].国际贸易问题,2014(10):3-13+143.

[82] 王华,祝树金,赖明勇.技术差距的门槛与FDI技术溢出的非线性——理论模型及中国企业的实证研究[J].数量经济技术经济研究,2012(04):3-19.

[83] 王红梅,王林,黄艳.国际研发、知识产权保护水平与进口贸易的研发外溢效应——基于我国省际面板数据的实证研究[J].国际贸易问题,2017(09):118-129.

[84] 王建华,卓雅玲.全球研发网络、结构化镶嵌与跨国公司知识产权保护策略[J].科学学研究,2016(07):1017-1026+1120.

[85] 王金金.知识产权保护强度对组织创新能力影响的实证研究——基于阈值回归模型的数据分析[J].科技管理研究,2016(02):31-36.

[86] 王平,田彬彬.知识产权保护对中国FDI质量的影响——基于行业层面的实证分析[J].宏观经济研究,2011(09):42-46+86.

[87] 王永齐.FDI溢出、金融市场与经济增长[J].数量经济技术经济研究,2006(01):59-68.

[88] 王争,郑京海,史晋川.中国地区工业生产绩效:结构差异、制度冲击及动态表现[J].经济研究,2006(11):48-62.

[89] 王志刚,龚六堂,陈玉宇.地区间生产效率与全要素生产率增长率分解(1978-2003)[J].中国社会科学,2006(02):55-68.

[90] 魏浩.知识产权保护强度与中国高新技术产品进口[J].数量经济技术经济研究,2016(12):23-41.

[91] 魏浩,巫俊.知识产权保护与中国工业企业进口[J].经济学动态,2018(03):80-96.

[92] 魏下海, 余玲铮. 中国全要素生产率变动的再测算与适用性研究——基于数据包络分析与随机前沿分析方法的比较 [J]. 华中农业大学学报 (社会科学版), 2011 (03): 76-84.

[93] 文豪, 陈中峰. 知识产权和国内技术转移对区域创新的影响——基于吸收国际技术转移的视角 [J]. 经济经纬, 2017 (04): 31-36.

[94] 翁润, 代中强. 中国知识产权保护对出口增长三元边际影响的研究 [J]. 当代财经, 2017 (02): 100-113.

[95] 吴先明, 黄春桃, 张亭. 后发国家研发投入的影响因素分析——知识产权保护的调节作用. [J]. 科学学研究, 2016 (04): 503-511.

[96] 吴延兵. 中国哪种所有制类型企业最具创新性? [J]. 世界经济, 2012 (06): 3-25+28-29+26-27.

[97] 吴延兵. 不同所有制企业技术创新能力考察 [J]. 产业经济研究, 2014 (02): 53-64.

[98] 吴延兵. 创新的决定因素——基于中国制造业的实证研究 [J]. 世界经济文汇, 2008 (02): 46-59.

[99] 吴延兵. 中国地区工业知识生产效率测算 [J]. 财经研究, 2008 (10): 4-14.

[100] 吴延兵. 自主研发、技术引进与生产率——基于中国地区工业的实证研究 [J]. 经济研究, 2008 (08): 51-65.

[101] 席艳乐, 胡强. 企业异质性、中间品进口与出口绩效——基于中国企业微观数据的实证研究 [J]. 产业经济研究, 2014 (05): 72-82.

[102] 辛大楞, 张源媛. 金融发展、国际R&D溢出与经济增长 [J]. 制度经济学研究, 2014 (02): 118-133.

[103] 许春明, 单晓光. 中国知识产权保护强度指标体系的构建及验证 [J]. 科学学研究, 2008 (04): 715-723.

[104] 许和连, 栾江艺. 知识产权保护对我国外商直接投资的影响研究 [J]. 国际贸易问题, 2010 (01): 93-100.

[105] 许和连, 成丽红. 制度环境、创新与异质性服务业企业TFP——基于

世界银行中国服务业企业调查的经验研究 [J]. 财贸经济, 2016 (10): 132-146.

[106] 颜鹏飞, 王兵. 技术效率、技术进步与生产率增长: 基于 DEA 的实证分析 [J]. 经济研究, 2004 (12): 55-66.

[107] 阳佳余. 融资约束与企业出口行为: 基于工业企业数据的经验研究 [J]. 经济学 (季刊), 2012 (04): 1503-1524.

[108] 阳佳余, 徐敏. 融资多样性与中国企业出口持续模式的选择 [J]. 世界经济, 2015 (04): 50-76.

[109] 杨俊, 李平. 要素市场扭曲、国际技术溢出与出口技术复杂度 [J]. 国际贸易问题, 2017 (03): 51-62.

[110] 杨连星, 刘晓光. 中国 OFDI 逆向技术溢出与出口技术复杂度提升 [J]. 财贸经济, 2016 (06): 97-112.

[111] 杨全发, 韩樱. 知识产权保护与跨国公司对外直接投资策略 [J]. 经济研究, 2006 (04): 28-34+89.

[112] 杨为国, 戚昌文, 朱雪忠. 我国知识产权保护工作调查与分析 [J]. 研究与发展管理, 2002 (05): 21-28.

[113] 杨珍增. 知识产权保护与跨国公司全球生产网络布局——基于垂直专业化比率的研究 [J]. 世界经济文汇, 2016 (05): 76-93.

[114] 姚利民, 饶艳. 中国知识产权保护的水平测量和地区差异 [J]. 国际贸易问题, 2009 (01): 114-120.

[115] 姚洋, 章奇. 中国工业企业技术效率分析 [J]. 经济研究, 2001 (10): 13-22.

[116] 叶静怡, 李晨乐, 雷震, 曹和平. 专利申请提前公开制度与技术知识传播 [J]. 世界经济, 2012 (08): 115-133.

[117] 易先忠, 张亚斌, 刘智勇. 自主创新、国外模仿与后发国知识产权保护 [J]. 世界经济, 2007 (03): 31-40.

[118] 易先忠, 张亚斌. 技术差距、知识产权保护与后发国技术进步 [J]. 数量经济技术经济研究, 2006 (10): 111-121.

[119] 尹今格,雷钦礼.国内研发、对外开放与偏向性技术进步——以我国工业行业为例 [J].当代经济科学,2015(02):77-88+127.

[120] 尹志锋,叶静怡,黄阳华,秦雪征.知识产权保护与企业创新:传导机制及其检验 [J].经济研究,2013(12):111-130.

[121] 余淼杰.中国的贸易自由化与制造业企业生产率 [J].经济研究,2010(12):97-111.

[122] 余淼杰,智琨.进口自由化与企业利润率 [J].经济研究,2016(08):57-71.

[123] 余长林.知识产权保护、模仿威胁与中国制造业出口 [J].经济学动态,2015(11):43-54.

[124] 余长林.知识产权保护如何影响中国的出口边际 [J].国际贸易问题,2015(09):43-54.

[125] 余长林.知识产权保护与国际R&D溢出 [J].世界经济研究,2011(08):70-77.

[126] 余长林.知识产权保护与我国的进口贸易增长:基于扩展贸易引力模型的经验分析 [J].管理世界,2011(06):11-23.

[127] 余长林.知识产权保护与中国出口比较优势 [J].管理世界,2016(06):51-66.

[128] 余长林.知识产权保护与中国企业出口增长的二元边际 [J].统计研究,2016(01):35-44.

[129] 余长林,王瑞芳.知识产权保护、东道国特征与外商直接投资:一个跨国的经验研究 [J].世界经济研究,2009(10):59-67+89.

[130] 张海洋.R&D的两面性、外资活动与中国工业生产率增长 [J].经济研究,2005(03):87-98.

[131] 张慧颖,邢彦.服务业FDI与服务贸易出口技术复杂度关系研究——基于知识产权保护的动态门槛效应 [J].经济体制改革,2018(01):92-100.

[132] 张杰,芦哲.知识产权保护、研发投入与企业利润 [J].中国人民大学学报,2012(05):88-98.

[133] 张杰, 郑文平. 全球价值链下中国本土企业的创新效应 [J]. 经济研究, 2017 (03): 151-165.

[134] 张杰, 郑文平. 创新追赶战略抑制了中国专利质量么? [J]. 经济研究, 2018 (05): 28-40.

[135] 张军, 吴桂英, 张吉鹏. 中国省际物质资本存量估算: 1952-2000 [J]. 经济研究, 2004 (10): 36-44.

[136] 张亚斌, 吴江, 易先忠. 知识产权保护与南北技术扩散 [J]. 世界经济研究, 2007 (01): 8-11.

[137] 张亚斌, 易先忠, 刘智勇. 后发国家知识产权保护与技术赶超 [J]. 中国软科学, 2006 (07): 60-67.

[138] 张宇. FDI技术外溢的地区差异与吸收能力的门限特征——基于中国省际面板数据的门限回归分析 [J]. 数量经济技术经济研究, 2008 (01): 28-40.

[139] 张源媛, 仇晋文. 知识产权保护与国际R&D溢出实证研究 [J]. 世界经济研究, 2013 (01): 35-40+88.

[140] 张源媛, 兰宜生. 知识产权保护对我国高新技术产品进口的影响 [J]. 中国流通经济, 2013 (08): 113-118.

[141] 张源媛, 兰宜生. 知识产权保护、技术溢出与中国经济增长——基于东部、中部和西部面板数据的检验 [J]. 当代经济研究, 2014 (07): 26-31.

[142] 章祥荪, 贵斌威. 中国全要素生产率分析: Malmquist指数法评述与应用 [J]. 数量经济技术经济研究, 2008 (06): 111-123.

[143] 赵桂芬, 安福元. 我国当前知识产权保护意识现状的实证调查与分析 [J]. 西北大学学报 (哲学社会科学版), 2008 (03): 143-149.

[144] 赵奇伟, 张诚. 金融深化、FDI溢出效应与区域经济增长: 基于1997-2004年省际面板数据分析 [J]. 数量济技术经济研究, 2007 (06): 74-82.

[145] 赵伟, 马瑞永, 何元庆. 全要素生产率变动的分解: 基于Malmquist生产力指数的实证分析 [J]. 统计研究, 2005 (07): 79-86.

[146] 钟佳桂. 中美知识产权保护强度测度与比较 [J]. 法学杂志, 2006

(03): 134-135.

[147] 周燕,蔡宏波. 中国工业行业全要素生产率增长的决定因素:1996-2007 [J]. 北京师范大学学报(社会科学版),2011 (01):133-142.

[148] 周黎安,罗凯. 企业规模与创新:来自中国省级水平的经验证据 [J]. 经济学季刊,2005 (03):78-91.

[149] 朱东平. 外商直接投资、知识产权保护与发展中国家的社会福利——兼论发展中国家的引资战略 [J]. 经济研究,2004 (01):93-101.

[150] 祝树金,钟腾龙,李仁宇. 中间品贸易自由化与多产品出口企业的产品加成率 [J]. 中国工业经济,2018 (01):41-59.

[151] 庄子银,李宏武. FDI、知识产权与中国的专利结构 [J]. 研究与发展管理,2018 (01):81-91.

[152] 宗庆庆,黄娅娜,钟鸿钧. 行业异质性、知识产权保护与企业研发投入 [J]. 产业经济研究,2015 (02):47-57.

[153] 邹彩霞.《中国知识产权发展的困境与思路》[M]. 上海社会科学出版社,2013年.

[154] 邹武鹰,许和连,赖明勇. 出口贸易的后向链接溢出效应——基于中国制造业数据的实证研究 [J]. 数量经济技术经济研究,2007 (07):25-35.

[155] Acemoglu, D., Aghion, P., Zilibotti, F. Distance to Frontier, Selection and Economic Growth [J]. Journal of the European Economic Association, 2006, 4 (1): 37-74.

[156] Alvaro Antnio, Zini Junio. Capital Flows Monetary Instability and Financial Sector Reform In Brazil [M]. Economic and Social Development, Dept. - Inter American Development Bank. 1994.

[157] Amy Jocelyn Glass, Xiao Dong Wu. Intellectual Property Rights and Quality Improvement [J]. Journal of Development Economics, 2007, 82 (5): 393-415.

[158] Andrei A. Levchenko. Institutional Quality and International Trade [J]. Review of Economic Studies, 2007, 74 (3): 791-819.

[159] Angus C. Chu. Effects of Patent Length on R&D: A Quantitative DGE

Analysis [J]. Journal of Economics, 2010 (99): 117 – 140.

[160] Arrow, K. J. Economic Welfare and the Allocation of Resources for Invention. In the Rate and Direction of Inventive Activity: Economic and Social Factors. Universities National Bureau of Economic Research [M]. 1962.

[161] Awokuse, T. O., and H. Yin. Does Stronger Intellectual Property Rights Protection Induce More Bilateral Trade? Evidence from China's Imports [J]. World Development, 2010, 38 (8): 1094 – 1104.

[162] Ayyagari, M., Demirguc-Kunt, A., Maksimovic, M. How Well do Institutional Theories Explain Firm's Perceptions of Property Rights? [J]. Review of Financial Studies, 2008a, 21 (4): 1833 – 1871.

[163] Baldwin, R., Harrigan, J., Zeros. Quality and Space: Trade Theory and Trade Evidence [J]. NBER Working Paper 13214, 2007.

[164] Barro, R. J., Sala-i-Martin, X. Technological Diffusion, Convergence, and Growth [J]. Journal of Economic Growth, 1997, 30 (2): 1 – 27.

[165] Beata, Smarzynska, Javorcik, B. S. The Composition of Foreign Direct Investment and Protection of Intellectual Property Rights: Evidence from Transition Economies [J]. European Economic Review, 2004, 48 (1): 39 – 62.

[166] Beata, Smarzynska, Javorcik. Does Foreign Direct Investment Increase the Productivity of Domestic Firms? In Search of Spillovers through Backward Linkages [J]. The American Economic Review, 2004, 94 (3): 605 – 627.

[167] Belderbos, R., E. Lykogianni, and R. Veugelers. Strategic R&D Location in European Manufacturing Industries [J]. Review of World Economics, 2008, 144 (2): 183 – 206.

[168] Borota, T. Innovation and Imitation in A Model of North-South Trade [J]. Journal of International Economics, 2012, 87 (2): 365 – 376.

[169] Braga, C. P., and C. Fink. The Relationship between Intellectual Property Rights and Foreign Direct Investment [J]. Duke Journal of Comparative and International Law, 1998, 31 (9): 163 – 188.

[170] Braga, H. and L. Willmore. Technological Imports and Technological Effort: an Analysis of Their Determinants in Brazilian Firms [J]. Journal of Industrial Economic, 1991, 39 (4): 421 -432.

[171] Branstetter, L., and K. Saggi. Intellectual Property Rights, Foreign Direct Investment and Industial Development [J]. Economic Journal, 2011, 121 (5): 1161 -1191.

[172] Branstetter, L., R. Fisman, and C. F. Foley. Do Stronger Intellectual Property Rights Increase International Technology Transfer? Empirical Evidence from Us Firm-Level Data [J]. Quarterly Journal of Economics, 2006, 121 (1): 321 -349.

[173] Brian Aitkena, Gordon H. Hanson, Ann E. Harrison. Spillovers, Foreign Investment, and Export Behavior [J]. Journal of International Economics, 1997, 43 (1): 103 -132.

[174] Briggs, K. Does Patent Harmonization Impact the Decision and Volume of High Technology Trade? [J]. International Review of Economics & Finance, 2013, 25 (3): 35 -51.

[175] Bronwyn H. Hall, Adam B. Jaffe, Manuel Trajtenberg. Market Value and Patent Citations: A First Look [J]. NBER Working Paper No. 7741. 2000: 578 -582.

[176] Bustos, P. Trade Liberalization, Exports, and Technology Upgrading: Evidence on the Impact of MERCOSUR on Argentinian Firms [J]. America Economic Review, 2011, 5 (101): 304 -340.

[177] Caves, D. W., Christensen, L. R., & Diewert, W. E. Multilateral Comparisons of Output, Input and Productivity Using Superlative Index Numbers. [J]. Economic Journal, 1982a (92): 73 -86.

[178] Che, J., L. D. Qiu, and W. Zhou. Entry, Reputation and Intellectual Property Rights Protection [J]. Canadian Journal of Economics, 2013, Forthcoming.

[179] Chee-Kenong Choong. Does Domestic Financial Development Enhance The Linkages Between Foreign Direct Investment And Economic Growth? [J]. NBER Working paper, 2009.

［180］ Chen, Y. and T. Puttitanun. Intellectual Property Rights and Innovation in Developing Countries［J］. Journal of Development Economics, 2005, 78（3）: 474 – 493.

［181］ Co, C. Y., Do Patent Rights Regimes Matter?［J］. Review of International Economics, 2004, 12（3）: 359 – 373.

［182］ Coe, David T., Helpman, Elhanan. International R&D Spillovers and Institutions［J］. European Economic Review, 2009, 53（7）: 723 – 741.

［183］ Coe, Helpman. International R&D Spillovers［J］. European Economic Review, 1995, 39（5）: 859 – 871.

［184］ Cull, R., Xu, C. Institutions, Ownership, and Finance: the Determinants of Profit Reinvestment Among Chinese Firms［J］. Journal of Financial Economics, 2005, 77（8）: 117 – 146.

［185］ Dang, J., Motohashi, K. Patent Statistics: A Good Indicator for Innovation in China? Patent Subsidy Program Impacts on Patent Quality［J］. China Economic Review, 2015, 35（3）: 137 – 155.

［186］ David Greenaway, Nuno Sousa, Katharine Wakelina. Do Domestic Firms Learn to Export From Multinationals?［J］. European Journal of Political Economy, 2004, 20（4）: 1027 – 1043.

［187］ David H. Hsu and Rosemarie H. Ziedonis. Patents as Quality Signals for Entrepreneurial Ventures［J］. Academy of Management, 2009.

［188］ Dinopoulos, E., and P. Segerstrom. Intellectual Property Rights, Multinational Firms and Economic Growth［J］. Journal of Development Economics, 2010, 92（1）: 13 – 27.

［189］ Du, J., Y. Lu and Z. Tao. Conomic Institutions and FDI Location Choice: Evidence from US Multinationals in China［J］. Journal of Comparative Economics, 2008, 36（3）: 412 – 429.

［190］ Edwin Goñi, William F. Maloney. Why Don't Poor Countries Do R&D? Varying Rates of Factor Returns Across the Development Process［J］. European Economic

Review, 2017, 2 (94): 126 – 147.

[191] Fan, J. P. H., S. L. Gillan and X. Yu, Innovation or Jmitation? [J]. Journal of Multinational Financial Management, 2013, 23 (3): 208 – 234.

[192] Fan, H. C., Li, Y. A. and Yeaple, S. R. Imported Intermediate Inputs, Export Prices and Trade Liberalization [J]. Mimeo, 2012.

[193] Fan, H. C., Y. A. Li, and S. R. Yeaple. Trade Liberalization, Quality, and Export Prices [J]. Review of Economics and Statistics, 2015b, 97 (5): 1033 – 1051.

[194] Fan, H. C., Y. A. Li, and T. A. Luong. Input-trade Liberalization and Markup [J]. HKUST IEMS Working Paper, 2015a, No. 2015 – 26.

[195] Fare, R., Grosskopf, S, & Lovell, C. A. K. Production Frontiers [M]. Cambridge University Press, 1994a.

[196] Fare, R., Grosskopf, S., Norris, M., & Zhang, Z. Productivity Growth, Technical Progress and Efficiency Change in Industrialized Countries [J]. American Economic Review, 1994b, 84 (10): 66 – 83.

[197] Feenstra, R. C. New Product Varieties and the Measurement of International Prices [J]. The American Economic Review, 1994, 84 (1): 157 – 177.

[198] Foster, Neil. Intellectual Property Rights and The Margins of International Trade & Economic Development, 2014, 23 (30): 1 – 30.

[199] Gallini, Nancy T. Patent Policy and Costly Imitation [J]. Rand Journal of Economics, 1992, 23 (5): 52 – 63.

[200] Gayle, P. G. Market Concentration and Innovation: New Empirical Evidence on the Schumpeterian Hypothesis [J]. Center for Economic Analysis, University of Colorado, Working Paper, 2003: 1 – 14.

[201] Gene, M. Grossman and Edwin, L. C. Lai. International Protection of Intellectual Property [J]. The American Economic Review, 2004, 94 (5): 1635 – 1653.

[202] Gene, M. Grossman and Elhanan Helpman. Endogenous Product Cycles

[J]. The Economic Journal, 1991a, 101, No (1): 1214 – 1229.

[203] Gene, M. Grossman and Elhanan Helpman. Quality Ladders and Product Cycles [J]. The Quarterly Journal of Economics, 1991b, 106, (2): 557 – 586.

[204] Gene, M. Grossman and Elhanan Helpman. Quality Ladders in the Theory of Growth [J]. Review of Economic Studies, 1991c, 58 (7): 43 – 61.

[205] Gershon Feder. On Exports and Economic Growth [J]. Journal of Development Economics, 1983, 12 (1): 59 – 73.

[206] Ginarte, J. C., Park, W. G. Determinations of Patent Rights: A Cross-national Study [J]. Research Policy, 1997, 26 (1): 283 – 301.

[207] Glass, A. J., and K. Saggi. Intellectual Property Rights and Foreign Direct Investment [J]. Journal of International Economics, 2002, 56 (2): 387 – 410.

[208] Goh, Ai-Ting and Jacques Oliver. Optimal Patent Protection in a Two Sector Economy [J]. International Economic Review, 2002, 43 (8): 1191 – 1214.

[209] Goldberg, Pinelopi Koujianou, Amit Kumar Khandelwal, Nina Pavcnik, and Petia Topalova. Imported Intermediate Inputs and Domestic Product Growth: Evidence from India [J]. Quarterly Journal of Economics, 2010, 125 (3): 1727 – 1767.

[210] Griliche, Zvi. Sibling. Models and Data in Economics: Beginnings of a Survey [J]. Journal of Political Economy, 1979, 87 (5): S37 – S64.

[211] Grossman, G. M., E. Helpman. Quality Ladders in the Theory of Growth [J]. Review of Economic Studies, 1991 (58): 43 – 61.

[212] Gui fang Yang and Keith E. Maskus. Intellectual Property Rights and Licensing: An Econometric Investigation Source [J]. Weltwirts Chaftliches Archiv, 2001a, 137 (1): 58 – 79.

[213] Haeussler, C., Harhoff, D. and Mueller, E. To Be Financed or Not-The Role of Patents for Venture Capital Financing [J]. ZEW Discussion Paper No. 09003, 2009.

[214] Hall, B. Exploring the Patent Explosion [J]. Journal of Technology Transfer, 2004, 30 (3): 195 - 208.

[215] Hall, B. H. and Ziedonis R. H. The Patent Paradox Revisited: An Empirical Study of Patenting in the U. S. Semiconductor Industry, 1979 - 1995 [J]. Rand Journal of Economics, 2001, 32 (5): 101 - 128.

[216] Hansen, B. E. Sample Splitting and Threshold Estimation [J]. Econometrica, 2000, 68 (3): 575 - 603.

[217] Hansen, B. E. Threshold Effects In Non-Dynamic Panels: Estimation, Testing And Inference [J]. Journal of Economics, 1999, 93 (3): 346 - 368.

[218] Helpman, E. Innovation, Imitation, and Intellectual Property Rights [J]. Econometrica, 1993, 61 (6): 1247 - 1280.

[219] Hermes, N. and Lensink, R. Foreign Direct Investment Financial Development And Economic Growth [J]. Journal of Development Studies, 2003, 40 (1): 142 - 163.

[220] Hugo A. Hopenhayn and Matthew F. Mitchell. Innovation variety and patent breadth [J]. Rand Journal of Economics, 2001, 32 (1): 152 - 166.

[221] Ishac Diwan and Dani Rodrik. Patents, Appropriate Technology, and North-South Trade [J]. Journal of International Economics, 1991, 30 (1): 27 - 47.

[222] Ivus, O. Trade-Related Intellectual Property Rights: Industry Variation and Technology Diffusion [J]. Canadian Journal of Economics, 2011, 44 (1): 201 - 226.

[223] Ivus, O. Do Stronger Patent Rights Raise High-Tech Exports to the Developing World? [J]. Journal of International Economics, 2010, 81 (1): 38 - 47.

[224] Ivus, O. The Quantity, Price, and Variety Response of U. S. Exports to Stronger Patent Protection [J]. Working Paper, Queen's School of Business Queen's University, 2012.

[225] Jaffe, A. B. The U. S. Patent System in Transition: Policy Innovation and the Innovation Process [J]. Research Policy, 2000, 29 (7): 531 - 557.

[226] Jeong-Yeon Lee and Edwin Mansfield. Intellectual Property Protection and U. S. Foreign Direct Investment [J]. The Review of Economics and Statistics, 1996, 78 (5): 181 – 186.

[227] Jerry R. Green and Suzanne Scotchmer. On the Division of Profit in Sequential Innovation [J]. The RAND Journal of Economics, 1995, 26 (1): 20 – 33.

[228] Jin Zhang, Lanfang Wang and Susheng Wang. Financial Development and Economic Growth: Recent Evidence from China [J]. Journal of Comparative Economics, 2012 (40): 393 – 412.

[229] Joel A. C. Baum, Brian S. Silverman. Picking Winners or Building Them? Alliance, Intellectual, and Human Capital as Selection Criteria in Venture Financing and Performance of Biotechnology Start Ups [J]. Journal of Business Venturing, 2004, 19 (8): 411 – 436.

[230] Johnson, S., McMillan, J., Woodruff, C. Property rights and Finance [J]. American Economic Review, 2002, 92 (8): 1335 – 1356.

[231] Johnson, D. K. N. and Popp, D. Forced Out of the Closet: The Impact of the American Inventors Protection Act on the Timing of Patent Disclosure [J]. NBER Working Paper No. 8374, 2001.

[232] Josh Lerner. The Empirical Impact of Intellectual Property Rights on Innovation: Puzzles and Clues [J]. The American Economic Review, 2009, 99 (2): 343 – 348.

[233] Judith C. Chin, Gene H. Gross Man. Intellectual Property Rights and North-South Trade [J]. NBER Working Paper No. 2769.

[234] Kasahara, Hiroyuki, and Beverly Lapham. Productivity and the Decision to Import and Export: Theory and Evidence [J]. Journal of International Economics [J]. 2013, 89 (2): 297 – 316.

[235] Khandelwal, A. K., P. K. Schott, and S. J. Wei. Trade Liberalization And Embedded Institutional Reform: Evidence from Chinese Exporters [J]. American Economic Review, 2013, 103 (6): 2169 – 2195.

[236] Klemperer, Paul. How Broad Should the Scope of Patent Protection Be? [J]. RAND Journal of Economics, 1990, 21 (3): 113 – 130.

[237] Kortum, S. And Lerner, J. Stronger Protection or Technological Revolution: What Is Behind the Recent Surge in Patenting? [J]. Carnegie-Rochester Conference Series on Public Policy, 1998 (48): 247 – 304.

[238] Krugman, P. A Model Of Innovation, Technology Transfer And The World Distribution of Income [J]. The Journal of Economy, 1979, 87 (5): 235 – 266.

[239] Lai, E. L. C. International Intellectual Property Rights Protection and the Rate of Product Innovation [J]. Journal of Development Economics, 1998, 55 (1): 133 – 153.

[240] Laura Alfro, Areedam Chanda, Sebnem Kalemli-Ozcan, Selin Sayek. FDI and Economic Growth: The Role of Local Financial Market [J]. Journal of International Economics, 2001, 23 (2): 198 – 213.

[241] Lawrence, M. Debrock. Market structure, Innovation and Optimal Patent Life [J]. Journal of Law and Economics, 1985, 28 (1): 223 – 244.

[242] Lee Branstetter, Raymond Fisman, C. Fritz Foley Kamal Saggi. Intellectual Property Rights, Imitation, and Foreign Direct Investment: Theory and Evidence [J]. NBER Working Paper Series (13033), 2007.

[243] Lee, J. Y., and E. Mansfield. Intellectual Property Protection and Us Foreign Direct Investment [J]. Review of Economics and Statistics, 1996, 78 (2): 181 – 186.

[244] Lee, J. Does Size Matter in Firm Performance? Evidence from US Public Firms [J]. International Journal of the Economics of Business, 2009, 16 (2): 189 – 203.

[245] Lesser W. The Effects of Trips-Mandated Intellectual Property Rights on Economic Activities In Developing Countries [R]. Prepared under WIPO Special Service Agreements, WIPO, 2001.

[246] Levinsohn J., Petrin A., Poibp. Production Function Estimation in Stata using Inputs to Control for Unobservables [J]. Stata Journal, 2003, 4 (2): 113 – 123.

[247] Levinsohn J, Petrin A. Estimating Production Functions using Inputs to control for Unobservables [J]. Review of Economic Studies, 2003, 70 (9): 317-341.

[248] Lichtenberg. Van Pottelsberghe dela Potterie. B. International R&D Spillovers: a comment, European Economic Review, 1998, 42 (8): 1483-1491.

[249] Lileeva, A., Trefler, D. Improved Access to Foreign Markets Raises Plant-level Productivity for Some Plants [J]. Quarterly Journal Economics, 2010, 125 (3): 1051-1099.

[250] Lin, C., Lin, P., Song, F., Property Rights Protection and Corporate R&D: Evidence from China [J]. Journal of Development Economics, 2010, 93 (9): 49-62.

[251] Ling Feng, Zhiyuan Li, Deborah L. Swenson. The Connection Between Imported Intermediate Inputs and Exports: Evidence From Chinese Firms [J]. Journal of International Economics, 2016, 4 (101): 86-101.

[252] Liu, Q., Lu, Y. Firm Investment and Exporting: Evidence From China's Value-Added Tax Reform [J]. Journal of International Economics, 2015, 97 (2): 392-403.

[253] Liu, Qing and Larry Qiu. Intermediate Input Imports and Innovations: Evidence from Chinese Firms' Patent Filings [J]. Journal of International Economics, 2016, 10 (103): 166-183.

[254] López, R. A., Yadav, N. Imports of Intermediate Inputs and Spillover Effects: Evidence From Chilean Plants [J]. Development Studies, 2010, 46 (8): 1385-1403.

[255] Luong T. A. The Impact of Input and Output Tariffs on Firms' Productivity: Theory and Evidence [J]. Review of International Economics. 2011 19 (5): 821-835.

[256] Mansfield E. International Property Protection, Direct Investment, and Technology Transfer: Germany, Japan, and the United States [J]. World Bank, International Finance Corporation, 1994, Discussion Paper 27.

[257] Marc J. Melitz. The Impact of Trade on Intra-Industry Real Locations and Aggregate Industry Productivity [J]. Econometrica, 2003, 71 (6): 1695 – 1725.

[258] Maskus, K. E., and M. Penubarti. How Trade-Related Are Intellectual Property Rights? [J]. Journal of International Economics, 1995, 39 (4): 227 – 248.

[259] Maskus, K. E., and M. Penubarti. Patents and International Trade: An Empirical Study [M]. 1997, University of Michigan Press.

[260] Maskus, K. E., the Role of Intellectual Property Rights In Encouraging Foreign Direct Investment and Technology Transfer [J]. Duke Journal of Comparative & International Law, 1998, (34) 9: 109 – 519.

[261] Mayer, T., Pfister, E. Do Stronger Patent Rights Attract Foreign Direct Investment? Evidence from French multinationals' location [J]. Région et Dévelopment, 2001, 13 (7): 99 – 122.

[262] Meghana Ayyagari, Asli Demirgüç-Kunt and Vojislav Maksimovic. How Important Are Financing Constraints? The Role of Finance in the Business Environment [J]. World Bank Economic Review, 2008, 22 (3): 483 – 516.

[263] MI Kamien, NL Schwartz. Market Structure and Innovation [M]. Cambridge University Press, 1982.

[264] Michael, W. Nicholson. Intellectual Property Rights, Internalization and Technology Transfer. [J]. Federal Trade Commission Working Paper, 2002.

[265] Michael, W. Nicholson. The Impact of Industry Characteristics and IPR Policy on Foreign Direct Investment [J]. Federal Trade Commission Working Paper, 2003.

[266] Morton, I. Kamien and Nancy L. Schwartz. Patent Life and R&D Rivalry [J]. American Economic Review, 1974, 64 (1): 183 – 187.

[267] Moser, P. Innovation Without Patents: Evidence from the Word Fairs [J]. Working Paper, No. 930241, 2011.

[268] Norhdaus, W. D. Invention, Growth and Welfare: A Theoretical Treat-

ment of Technological Change [M]. Cambridge Mass, 1969.

[269] Nunnenkamp, P., and J. Spatz. Intellectual Property Rights and Foreign Direct Investment: A Disaggregated Analysis [J]. Review of World Economics, 2004, 140 (3): 393 – 414.

[270] O' Donoghue, T., Zweimüller, J. Patents In A Model of Endogenous Growth [J]. Journal of Economic Growth, 2004, 81 (9): 114 – 123.

[271] O' donoghue, T., Scotchmer, S., and Thisse, J-F. Patent Breadth. Patent Life and the Pace of Technological Progress [J]. Journal of Economics and Management Strategy, 1998, 7 (5): 1 – 32.

[272] Olley S., Pakes A. The Dynamics of Productivity in the Telecommunications Equipment Industry [J]. Econometrica, 1996, 64 (3): 1263 – 1297.

[273] Ostergard and Robert. The Measurement of Intellectual Property Rights Protection [J]. Journal of International Business Studies, 2000, 12 (7): 349 – 360.

[274] Pamela, J. Smith. How Do Foreign Patent Rights Affect U. S. Exports, Affiliate Sales, and Licenses? [J]. Journal of International Economics, 2001, 55 (10): 411 – 439.

[275] Park, W. G. and D. Lippoldt. The Impact of Trade Related Intellectual Property Rights on Trade and Foreign Direct Investment in Developing Countries [J]. OECD Papers: Special Issue on Trade Policy, 2003 (4): 393 – 413.

[276] Park, W. G. Do Intellectual Property Rights Stimulate R&D and Productivity Growth? Evidence from Cross-National and Manufacturing Industries Data [J]. American University Working Paper, 2005.

[277] Philippe Aghion, Robin Burgess, Stephen Redding, and Fabrizio Zilibotti. Entry Liberalization and Inequality in Industrial Performance [J]. Journal of the European Economic, 2005, 3 (4): 291 – 302.

[278] Qian, Y. Do National Patent Laws Stimulate Domestic Innovation In A Global Patenting Environment? A Cross-Country Analysis of Pharmaceutical Patent Protection: 1978 – 2002 [J]. Review of Economics and Statistics, 2007, 89 (11): 436 – 453.

[279] R. Griffith, S. Redding and J. Van Reenen. Mapping Two Faces of R&D: Productivity Growth in a Panel of OECD Industries [J]. The Review of Economics and Statistics, 2000, 86 (4): 883 – 895.

[280] Raymond Vernon. International Investment and International Trade in the Product Cycle [J]. The Quarterly Journal of Economics, 1996, 80 (2): 190 – 207.

[281] Richard Blundell, Rachel Griffith and John Van Reenen. Dynamic Count Data Models of Technological Innovation [J]. The Economic Journal, 1995 (105): 333 – 344.

[282] Richard Gilbert and Carl Shapiro. Optimal Patent Length and Breadth [J]. The Rand Journal of Economics, 1990, 21 (1): 106 – 112.

[283] Ryo Horii and Tatsuro Iwaisako. Economic Growth with Imperfect Protection of Intellectual Property Rights [J]. Journal of Economics, 2007, 90 (1): 45 – 85.

[284] Sakakibara, M., and L. Branstetter. Do Stronger Patents Induce More Innovation? Evidence from the 1988 Japanese Patent Law Reforms [J]. Rand Journal of Economics, 2001, 32 (1): 71 – 100.

[285] Sanyal, P., Ghosh, S. Product Market Competition And Upstream Innovation: Evidence From The US Electricity Market Deregulation [J]. Review of Economic Statisics, 2013, 95 (1): 237 – 254.

[286] Scherer, F. M., Norhdaus. Theory of Optimal Patent Life: A Geometric Reinterpretation [J]. American Economic Review, 1972, 62 (6): 58 – 76.

[287] Seker, Murat. Importing, Exporting, and Innovation in Developing Countries [J]. Review of International Economics, 2012, 35 (20): 299 – 314.

[288] Sherwood R. M. Intellectual Property Systems and Investment Stimulation: The Rating of Systems in Eighteen Developing Countries [J]. Journal of Law and Technology, 1997, 37 (2): 261 – 370.

[289] Soete, L. L. G. Firms Size and Innovation Activity [J]. European Economic Reviews, 1999, 25 (12): 319 – 340.

[290] Taylor, M. S., Trips. Trade, and Technology Transfer [J]. The Canadian

Journal of Economics, 1993, 26 (3): 625 – 637.

[291] Vichyanond, J. Intellectual Property Protection and Patterns of Trade [J]. CEPS Working Paper, 2009, 197.

[292] Vishwasrao, S. Intellectual Property Rights and the Mode of Technology Transfer [J]. Journal of Development Economics, 1994, 44 (2): 381 – 402.

[293] Wunsch-Vincent, S., Kashcheeva, M., Zhou, H. International Patenting by Chinese Residents: Constructing A Database Of Chinese Foreign-oriented Patent Families. [J]. China Economic Review, 2015, 3 (36): 198 – 219.

[294] Xuemei Jiang, Xiaolin Lu & Jian Xu. How Do Interregional Spillovers Influence The Distribution of Technology? The Case of Chinese Manufacturing [J]. Economic Systems Research, 2017, 2 (3): 1 – 19.

[295] Yang, G. and M. K. Intellectual Property Rights, Licensing, And Innovation In an Endogenous Product-Cycle Model [J]. Journal of International Economics, 2001b, 53 (1): 169 – 187.

[296] Yang, L. and K. E. Maskus. Intellectual Property Rights, Technology Transfer And Exports In Developing Countries [J]. Journal of Development Economics, 2009, 90 (2): 231 – 236.

[297] Yeaple, S. R. A. Simple Model of Firm Heterogeneity, International Trade, and Wages [J]. Journal of International Economics, 2005, 65 (1): 1 – 20.

[298] Yuichi Furukawa. The Protection Of Intellectual Property Rights And Endogenous Growth: Is Stronger Always Better? [J]. Journal of Economic Dynamics and Control, 2007, 31 (9): 3644 – 3670.

[299] Yum, K. Kwan, Edwin L. – C. Lai. Intellectual Property Rights Protection And Endogenous Economic Growth [J]. Journal of Economic Dynamics and Control, 2003, 27 (5): 853 – 873.

[300] Zhiyuan Chen, Jie Zhang, Wenping Zheng. Import and innovation: Evidence from Chinese firms [J]. European Economic Review, 2017, 3 (94): 205 – 220.

后　　记

本书是在我的博士论文基础上修改完成的，也是本人主持的山西省软科学项目《山西知识产权保护对供给侧改革的影响和政策研究》（项目批准号：20170410105-7）部分研究成果的总结。从事国际贸易的研究有十余载，回首之前的学术之路，不禁感慨万千。

做个有学问的读书人一直是我多年来拼搏奋斗的目标，2001年我从山西财经大学国际贸易专业本科毕业到高校任教后，除了努力提高自己的教学能力外，还先后攻读了国际贸易专业的硕士、博士学位，不断提升自己的学术科研水平。这十几年的学术生涯，有艰辛汗水，也有欢声笑语，这一幕幕仿佛就发生在昨天。在不断向学术顶峰攀登的过程中，我有幸结识了许多可敬的学者、师长、同事和同学，他们无论是在学术上还是在生活上，都给予了我很多的指导和帮助，使我能在学术的道路上坚定地走下去。

在本书即将出版之际，我内心既激动又感激。首先，感谢我的博士生导师兰宜生教授，是他把我引进学术的大门。兰老师从事国际贸易研究三十余年，对国际贸易许多方面的研究都颇有建树，正是在他的指引下，我从进口贸易与经济增长关系的研究着手，后又深入研究知识产权与进口贸易的关系，正是在一步步深入扩展研究中，激起了我对知识产权保护研究浓厚的学习兴趣。在他循循善诱的教导与不断鼓励下，我克服了研究过程中出现的一个又一个"拦路虎"，顺利完成了博士论文的写作。其次，感谢母校上海财经大学，这里不仅提供了良好的学术研究平台、优秀的师资力量和丰富的学习资源，还创造了严谨的学术氛围，使我能紧跟国内外贸易发展中的前沿，深化和拓展自己的研究，在学术的道路上越走越远。再其次，感谢我的博士同窗好友和同门师兄妹，他们在我读博期间给予了很多无私的帮助。感谢所在工作单位领导和同事们给予的支持与帮助。另外，本书在写作过程中参阅了大量的国内外文献，对书中未提及的所有作者表示感谢。

最后，我要深深地感谢我的家人，父母为了让我安心学习与工作，任劳任怨，无怨无悔，竭尽全力替我分担生活中纷繁琐碎的事务，帮我带大了年幼的女儿；丈夫李学东驻守祖国边疆的同时，不忘做我思想上的坚强后盾，帮我排忧解难，使我能以更好的状态从事学术的研究；乖巧懂事的女儿李怡洋把对我们的思念默默放在心底，从小就很自立，在父母均不在身边的情况下，依然开朗乐观，还取得了优异的学习成绩。家人的鼓励与支持是我前行路上最大的动力。

本书的完成，仅是对我前期研究成果的一个总结与汇报，今后的学术研究中，还有很多需要继续深入挖掘之处。"路漫漫其修远兮，吾将上下而求索。"

由于研究水平和能力所限，本书还存在一些不足及需要完善之处，还请各位同仁与读者批评指正，我在今后的研究中将加以修正与改进。

张源媛